金融工具
会计准则讲解

毛新述 王晓珂 李梓◎编著

清华大学出版社
北 京

本书封面贴有清华大学出版社防伪标签，无标签者不得销售。
版权所有，侵权必究。侵权举报电话：010-62782989 13701121933

图书在版编目（CIP）数据

金融工具会计准则讲解/毛新述，王晓珂，李梓编著. —北京：清华大学出版社，2018（2019.12重印）
ISBN 978-7-302-50076-6

Ⅰ. ①金… Ⅱ. ①毛… ②王… ③李… Ⅲ. ①金融会计－会计准则 Ⅳ. ①F830.42

中国版本图书馆 CIP 数据核字(2018)第 096448 号

责任编辑：左玉冰
封面设计：汉风唐韵
责任校对：王凤芝
责任印制：刘海龙

出版发行：清华大学出版社
网　　址：http://www.TUP.com.cn，http://www.wqbook.com
地　　址：北京清华大学学研大厦A座　　　邮　编：100084
社 总 机：010-62770175　　　邮　购：010-62786544
投稿与读者服务：010-62776969，c-service@tup.tsinghua.edu.cn
质 量 反 馈：010-62772015，zhiliang@tup.tsinghua.edu.cn
课 件 下 载：http://www.tup.com.cn，010-83470158

印 装 者：三河市金元印装有限公司
经　　销：全国新华书店
开　　本：185mm×260mm　　　印　张：15.5　　　字　数：352千字
版　　次：2018年6月第1版　　　印　次：2019年12月第2次印刷
定　　价：69.00元

产品编号：078570-01

前　言

2017年3月31日，财政部修订发布了《企业会计准则第22号——金融工具确认和计量》《企业会计准则第23号——金融资产转移》和《企业会计准则第24号——套期会计》三项金融工具会计准则；2017年5月2日，财政部修订发布了《企业会计准则第37号——金融工具列报》，基本完成了对金融工具会计准则的修订（以下简称新金融工具会计准则）。在境内外同时上市的企业以及在境外上市并采用国际财务报告准则或企业会计准则编制财务报告的企业，自2018年1月1日起施行；其他境内上市企业自2019年1月1日起施行；执行企业会计准则的非上市企业自2021年1月1日起施行。同时，鼓励企业提前执行。执行本准则的企业，不再执行财政部之前发布的有关金融工具会计准则。新金融工具会计准则的发布，是财政部贯彻落实中央经济工作会议，防控金融风险、促进经济稳中求进的重要举措，也是我国企业会计准则体系修订完善、保持与国际财务报告准则持续全面趋同的重要成果。

本次金融工具会计准则的修订，涉及内容较多，主要包括以下几个方面：金融资产分类由现行"四分类"改为"三分类"，简化了嵌入衍生工具的会计处理，调整了非交易性权益工具投资的会计处理，金融资产减值会计由"已发生损失法"改为"预期损失法"，进一步明确了金融资产转移的判断原则及其会计处理，套期会计更加如实地反映企业的风险管理活动，增加了套期会计中期权时间价值的会计处理方法，增加了套期会计中信用风险敞口的公允价值选择权，修订了金融工具的列报和披露规定，等等。

为了便于广大会计、财务、审计人员理解和掌握新金融工具会计准则，确保准则的有效贯彻实施，我们依据《企业会计准则第22号——金融工具确认和计量》（CAS 22）、《企业会计准则第23号——金融资产转移》（CAS 23）、《企业会计准则第24号——套期会计》（CAS 24）、《企业会计准则第37号——金融工具列报》（CAS 37）的规定，参考《国际财务报告准则第9号——金融工具》（IFRS 9）、《国际财务报告准则第7号——金融工具披露》（IFRS 7）、《国际会计准则第32号——金融工具列报》（IAS 32）等应用指南和结论基础，以及财政部会计司编写的《企业会计准则讲解》（2010）、《企业会计准则第37号——金融工具应用指南》（2014）等资料，结合近十年来笔者在会计准则教学研究上的积累，以及为金融监管机构及数十家大型央企讲授企业会计准则的经验，编写了《金融工具会计准则讲解》（2018），对金融工具的四个准则进行了详细阐述。

本书由毛新述、王晓珂和李梓编著，毛新述负责全书大纲拟定和初稿撰写，王晓珂和李梓负责修改补充，由毛新述对全书进行统稿和定稿。

本书的阅读对象主要是从事实务工作的广大会计、财务和审计人员。同时也可为企业会计准则的学习者和理论研究者（包括本科生和研究生）提供重要参考，特别是可以作为会计专业硕士（MPAcc）"财务会计理论与实务"课程"金融工具会计专题"的参考教材。由于本书对准则的难点进行了重点梳理,对参加注册会计师(CPA)考试的考生也有帮助。

本书是北京工商大学一流专业建设和会计准则研究中心的重要成果。北京工商大学会计学科师资力量雄厚、专业建设成绩显著、学科建设优势特色明显。拥有财政部会计名家3人,全国会计领军人才9人,财政部企业会计准则、管理会计、内部控制咨询专家4人;拥有会计学和财务管理两个国家级特色专业,其中会计学是北京市首批一流专业;学科建设方面依托会计准则研究中心、投资者保护研究中心、管理会计创新与发展研究中心、企业集团研究中心、国有资产管理协同创新中心,在会计准则、投资者保护、管理会计、企业集团财务管理、国企改革等方面取得了一系列丰硕的成果。

探索理论前沿、扎根中国实践、服务政策制定一直是北京工商大学会计学科秉承的发展理念。会计准则研究中心自成立伊始,就将自己的目标定位为:致力于全球企业会计准则和政府会计准则制定中的前沿理论研究,以及准则实施后的政策效果评价,为国际组织和我国企业会计准则和政府会计准则的制定和完善提供理论和经验支撑。并雄心勃勃地规划了未来的工作,计划分步推出企业会计准则讲解系列和企业会计准则研究系列等研究成果,并将相关成果融入本科和研究生教材和课程建设之中,以为中国和全球会计准则的理论研究和制定发展,以及会计准则人才的培养提供重要支持。

中国会计学会金融企业会计专业委员会主任、中国人民大学戴德明教授,中国会计学会企业会计准则专业委员会副主任、安永大中华区行业发展主管合伙人和审计服务首席运营官王鹏程博士,中国会计学会内部控制专业委员会副主任、北京工商大学杨有红教授,中国华融王振林博士,中国农业银行张林博士,中国人民大学周华教授,首都经贸大学李百兴教授对书稿进行了审阅;北京工商大学何玉润教授、张宏亮副教授、刘婷副教授、张路博士、杨克智博士提出了相关修改建议,在此深表谢意!

由于编写能力有限,书中难免存在错误之处,欢迎广大读者批评指正,并将相关建议反馈至邮箱:maoxinshu@163.com,以便再版时修订完善。

毛新述

2018年1月

目 录

第1章 金融工具确认和计量 ... 1
  1.1 金融工具概述 ... 1
    1.1.1 基础金融工具 ... 4
    1.1.2 衍生工具 ... 4
  1.2 金融工具的确认和终止确认 ... 8
    1.2.1 金融资产和金融负债确认条件 ... 8
    1.2.2 金融资产的终止确认 ... 8
    1.2.3 金融负债的终止确认 ... 8
  1.3 金融资产和金融负债的分类 ... 10
    1.3.1 金融资产的三分类原则 ... 10
    1.3.2 以公允价值计量且其变动计入当期损益的金融资产或金融负债 ... 19
    1.3.3 以摊余成本计量的金融资产或金融负债 ... 21
    1.3.4 以公允价值计量且其变动计入其他综合收益的金融资产 ... 21
  1.4 金融资产和金融负债的计量 ... 22
    1.4.1 金融资产和金融负债的初始计量 ... 22
    1.4.2 金融资产的后续计量 ... 23
    1.4.3 金融负债的后续计量 ... 44
    1.4.4 常规买卖金融资产的确认和计量 ... 49
    1.4.5 融资融券业务的确认和计量 ... 50
  1.5 嵌入衍生工具的确认和计量 ... 51
  1.6 金融资产减值：预期信用损失模型 ... 54
    1.6.1 金融资产减值损失的确认 ... 54
    1.6.2 金融资产减值损失的计量 ... 68
  1.7 金融资产和金融负债的重分类及其会计处理 ... 83
    1.7.1 金融资产和金融负债的重分类 ... 83
    1.7.2 金融资产和金融负债重分类的会计处理 ... 83
  1.8 新旧比较与衔接 ... 88
    1.8.1 新旧比较 ... 88
    1.8.2 新旧衔接 ... 89

第2章 金融资产转移 ... 92
  2.1 金融资产转移概述 ... 92
  2.2 金融资产终止确认的一般原则 ... 94
    2.2.1 金融资产终止确认的定义与流程 ... 94
    2.2.2 金融资产的整体与部分终止确认 ... 95

2.3 金融资产转移的情形及其终止确认 ············· 97
2.3.1 金融资产转移的情形 ············· 97
2.3.2 金融资产转移与金融资产的终止确认 ············· 98
2.4 满足终止确认条件的金融资产转移的会计处理 ············· 104
2.4.1 金融资产转移整体满足终止确认条件的会计处理 ············· 104
2.4.2 金融资产被转移部分整体满足终止确认条件的会计处理 ············· 106
2.5 继续确认被转移金融资产的会计处理 ············· 108
2.6 继续涉入被转移金融资产的会计处理 ············· 110
2.7 向转入方提供非现金担保物的会计处理 ············· 117
2.8 金融资产转移终止确认总结 ············· 118
2.9 新旧比较与衔接 ············· 118
2.9.1 新旧比较 ············· 118
2.9.2 新旧衔接 ············· 119

第3章 套期会计 ············· 120
3.1 套期概述 ············· 120
3.1.1 套期的概念 ············· 120
3.1.2 套期的分类 ············· 121
3.2 套期工具和被套期项目 ············· 123
3.2.1 套期工具 ············· 123
3.2.2 被套期项目 ············· 125
3.3 套期关系评估 ············· 131
3.3.1 运用套期会计方法应满足的条件 ············· 132
3.3.2 符合套期有效性的要求 ············· 132
3.3.3 套期关系再平衡 ············· 138
3.4 套期会计：确认和计量 ············· 142
3.4.1 公允价值套期 ············· 142
3.4.2 现金流量套期 ············· 153
3.4.3 境外经营净投资套期 ············· 159
3.4.4 汇总风险敞口套期的会计处理 ············· 161
3.4.5 套期关系再平衡的会计处理 ············· 165
3.4.6 套期会计中期权时间价值的会计处理 ············· 166
3.4.7 套期会计的终止 ············· 167
3.5 信用风险敞口的公允价值选择权 ············· 169
3.6 新旧比较与衔接 ············· 170
3.6.1 新旧比较 ············· 170
3.6.2 新旧衔接 ············· 172

第4章 金融工具列报 ············· 173
4.1 金融工具列报概述 ············· 173

4.2 金融负债和权益工具的区分 ·· 174
4.2.1 金融负债和权益工具区分的总体要求 ································ 174
4.2.2 金融负债和权益工具区分的基本原则 ································ 176
4.2.3 以外币计价的配股权、期权或认股权证 ································ 188
4.2.4 或有结算条款 ·· 189
4.2.5 结算选择权 ·· 190
4.2.6 复合金融工具 ·· 190
4.2.7 合并财务报表中金融负债和权益工具的区分 ··························· 194
4.3 特殊金融工具的区分 ·· 195
4.3.1 可回售工具 ·· 195
4.3.2 发行方仅在清算时才有义务向另一方按比例交付其净资产的金融工具 ······· 196
4.3.3 特殊金融工具分类为权益工具的其他条件 ····························· 197
4.3.4 权益工具和金融负债的重分类 ····································· 197
4.3.5 特殊金融工具在母公司合并财务报表中的处理 ························· 198
4.4 收益和库存股 ·· 198
4.4.1 利息、股利、利得或损失的处理 ···································· 198
4.4.2 库存股 ·· 199
4.5 金融资产和金融负债的抵销 ·· 199
4.5.1 金融资产和金融负债相互抵销的条件 ································ 199
4.5.2 金融资产和金融负债不能相互抵销的情形 ····························· 201
4.5.3 总互抵协议 ·· 201
4.6 金融工具对财务状况和经营成果影响的列报 ····························· 202
4.6.1 一般性规定 ·· 202
4.6.2 资产负债表中的列示及相关披露 ···································· 203
4.6.3 利润表中的列示及相关披露 ······································· 208
4.6.4 套期会计相关披露 ··· 209
4.6.5 公允价值披露 ·· 213
4.7 与金融工具相关的风险披露 ·· 214
4.7.1 定性和定量信息 ·· 214
4.7.2 信用风险披露 ·· 217
4.7.3 流动性风险披露 ·· 224
4.7.4 市场风险披露 ·· 225
4.8 金融资产转移的披露 ·· 227
4.9 新旧比较与衔接规定 ·· 230
4.9.1 新旧比较 ·· 230
4.9.2 衔接规定 ·· 231

参考文献 ·· 232

示 例 目 录

【例 1.1.1】衍生工具的定义：价值衍生 ·········· 4
【例 1.1.2】衍生工具的定义：远期合同 ·········· 5
【例 1.1.3】衍生工具的定义：期货合同 ·········· 6
【例 1.1.4】衍生工具的定义：互换合同 ·········· 6
【例 1.1.5】衍生工具的定义：期权合同 ·········· 7
【例 1.2.1】金融负债的终止确认：应付账款的转销 ·········· 9
【例 1.3.1】管理金融资产业务模式的判断：贷款的发放与转让 ·········· 12
【例 1.3.2】管理金融资产业务模式的判断：利用金融资产为资本性支出融资 ·········· 12
【例 1.3.3】金融资产合同现金流量特征的判断：与通货膨胀指数挂钩的债券 ·········· 15
【例 1.3.4】金融资产合同现金流量特征的判断：浮动利率债券 ·········· 15
【例 1.3.5】金融资产合同现金流量特征的判断：具有利率上限的浮动利率债券 ·········· 16
【例 1.3.6】金融资产合同现金流量特征的判断：具有追索权的担保贷款 ·········· 16
【例 1.3.7】金融资产合同现金流量特征的判断：受监管的债券 ·········· 16
【例 1.3.8】金融资产合同现金流量特征的判断：可转换债券 ·········· 17
【例 1.3.9】金融资产合同现金流量特征的判断：支付逆向浮动利率的贷款 ·········· 17
【例 1.3.10】金融资产合同现金流量特征的判断：永续债券 ·········· 17
【例 1.4.1】金融资产的后续计量：以公允价值计量且其变动计入当期损益的金融资产（股票投资）·········· 27
【例 1.4.2】金融资产的后续计量：以公允价值计量且其变动计入当期损益的金融资产（债券投资）·········· 29
【例 1.4.3】金融资产的后续计量：以公允价值计量且其变动计入当期损益的金融资产（衍生工具投资）·········· 30
【例 1.4.4】金融资产的后续计量：以摊余成本计量的金融资产（分期付息一次还本、一次还本付息的债券投资）·········· 35
【例 1.4.5】金融资产的后续计量：以公允价值计量且其变动计入其他综合收益的金融资产（本币债券投资）·········· 39
【例 1.4.6】金融资产的后续计量：以公允价值计量且其变动计入其他综合收益的金融资产（外币债券投资）·········· 41
【例 1.4.7】金融负债的后续计量：交易性金融负债 ·········· 46
【例 1.4.8】金融负债的后续计量：企业自身信用风险变动引起的该金融负债公允价值变动的处理 ·········· 46
【例 1.4.9】金融负债的后续计量：以摊余成本计量的金融负债（债券发行）·········· 48
【例 1.4.10】常规买卖金融资产的会计处理：交易日会计 ·········· 49

【例 1.4.11】融券业务的会计处理 ··· 50
【例 1.6.1】信用风险显著增加 ··· 63
【例 1.6.2】信用风险无显著增加 ··· 64
【例 1.6.3】应对信用风险变化 ··· 65
【例 1.6.4】修改后的金融资产：合同现金流修改 ································ 67
【例 1.6.5】明确运用"违约概率"法计量 12 个月预期信用损失 ···················· 73
【例 1.6.6】基于损失率法计量 12 个月预期信用损失 ····························· 74
【例 1.6.7】应收账款的损失准备：准备矩阵法 ··································· 77
【例 1.6.8】预期信用损失模型下的会计处理：以摊余成本计量的金融资产的减值
（贷款减值） ··· 77
【例 1.6.9】预期信用损失模型下的会计处理：以公允价值计量且其变动计入其他
综合收益的金融资产的减值（债券投资减值） ······························· 81
【例 1.7.1】将以摊余成本计量的金融资产重分类为以公允价值计量且其变动计入
当期损益的金融资产 ··· 84
【例 1.7.2】将以摊余成本计量的金融资产重分类为以公允价值计量且其变动计入
其他综合收益的金融资产 ··· 85
【例 1.7.3】将以公允价值计量且其变动计入其他综合收益的金融资产重分类为以
公允价值计量且其变动计入当期损益的金融资产 ····························· 86
【例 1.7.4】将以公允价值计量且其变动计入当期损益的金融资产重分类为以公允
价值计量且其变动计入其他综合收益的金融资产 ····························· 87
【例 1.7.5】将以公允价值计量且其变动计入其他综合收益的金融资产重分类为以
摊余成本计量的金融资产：考虑减值 ··· 87
【例 2.2.1】金融资产终止确认的判断：可辨认现金流量 ··························· 96
【例 2.2.2】金融资产终止确认的判断：按比例转让金融资产部分 ··················· 96
【例 2.2.3】金融资产终止确认的判断：特定可辨认现金流量 ······················· 96
【例 2.2.4】金融资产终止确认的判断：调整贷款剩余期限 ························· 96
【例 2.3.1】金融资产转移情形：特定目的信托 ··································· 97
【例 2.3.2】过手测试：应收账款保理 ·· 97
【例 2.3.3】过手测试：为客户提供融资 ·· 98
【例 2.3.4】过手测试：向其控制的特殊目的主体（SPE）出售应收账款 ············· 98
【例 2.3.5】使用标准差统计法计算风险和报酬转移 ······························· 102
【例 2.3.6】对具有追索权的保理安排中风险和报酬转移的确定 ····················· 103
【例 2.3.7】评估控制权的转移：限制被担保贷款的转让 ··························· 104
【例 2.4.1】金融资产转移整体满足终止确认条件的会计处理：出售整个贷款组合 ···· 105
【例 2.4.2】金融资产转移整体满足终止确认条件的会计处理：转让应收账款 ········ 105
【例 2.4.3】金融资产被转移部分整体满足终止确认条件的会计处理：转让全部本
金和部分利息收入权利 ··· 107

示 例 目 录

- 【例 2.4.4】部分单项金融资产的终止确认 ··· 107
- 【例 2.5.1】继续确认被转移金融资产的会计处理：回购出售的债券 ················· 108
- 【例 2.5.2】继续确认被转移金融资产的会计处理：具有追索权的应收票据贴现 ········ 109
- 【例 2.5.3】继续确认被转移金融资产的会计处理：不具有表决权和利润分配权的股权转让 ··· 109
- 【例 2.5.4】继续确认被转移金融资产的会计处理：具有次级权益的贷款转让 ········· 110
- 【例 2.6.1】通过担保方式继续涉入的会计处理 ·· 111
- 【例 2.6.2】附期权合同并且所转移金融资产按摊余成本计量方式下的继续涉入 ······ 112
- 【例 2.6.3】企业持有看涨期权且所转移金融资产以公允价值计量方式下的继续涉入 ···· 113
- 【例 2.6.4】企业签出看跌期权且所转移金融资产以公允价值计量方式下的继续涉入 ···· 114
- 【例 2.6.5】企业持有看涨期权和签出看跌期权（即上下限期权）且所转移金融资产以公允价值计量方式下的继续涉入 ······································· 115
- 【例 2.6.6】企业保留次级权益方式的继续涉入 ·· 115
- 【例 2.6.7】住房抵押贷款证券化的会计处理 ··· 116
- 【例 3.1.1】空头套期或卖出套期 ·· 121
- 【例 3.1.2】多头套期或买入套期 ·· 121
- 【例 3.2.1】对一组项目的套期 ·· 129
- 【例 3.2.2】对一组项目风险净敞口的套期 ·· 130
- 【例 3.3.1】套期有效性评估：比率分析法 ·· 137
- 【例 3.4.1】利用远期合同和期货合同对持有存货进行公允价值套期的会计处理 ······ 143
- 【例 3.4.2】利用期权合同对持有金融资产（股票）进行公允价值套期的会计处理 ··· 146
- 【例 3.4.3】利用期权合同对持有金融资产（债券）进行公允价值套期的会计处理 ··· 148
- 【例 3.4.4】利用远期合同对确定承诺进行公允价值套期的会计处理 ·················· 151
- 【例 3.4.5】利用远期合同对预期商品销售进行现金流量套期的会计处理 ············ 155
- 【例 3.4.6】利用远期外汇合同对确定承诺进行套期的会计处理 ························ 156
- 【例 3.4.7】存在套期无效部分的现金流量套期的会计处理 ······························ 158
- 【例 3.4.8】利用外汇远期合同进行境外经营净投资套期的会计处理 ·················· 159
- 【例 3.4.9】商品价格风险和外汇风险组合套期（现金流量套期/现金流量套期组合）的会计处理。 ··· 161
- 【例 4.2.1】金融负债和权益工具区分：永续债 ·· 177
- 【例 4.2.2】金融负债和权益工具区分：对赌协议中的增资扩股 ························ 177
- 【例 4.2.3】用与特定金额等值的自身权益工具偿还债务 ································· 180
- 【例 4.2.4】用与特定黄金等值的自身权益工具偿还债务 ································· 181
- 【例 4.2.5】将特定金额的优先股转换为自身权益工具 ···································· 181
- 【例 4.2.6】企业发行期权约定出售固定数量的自身股份 ································· 181
- 【例 4.2.7】甲公司发行基于自身股票的看涨期权 ··· 182
- 【例 4.2.8】甲公司购入基于自身股票的看涨期权 ··· 183

【例 4.2.9】甲公司发行基于自身股票的看跌期权 ·········· 185
【例 4.2.10】甲公司购入基于自身股票的看跌期权 ·········· 186
【例 4.2.11】企业发行以外币计价的配股权 ·········· 188
【例 4.2.12】优先股发行中或有结算条款 ·········· 189
【例 4.2.13】复合金融工具：可转换债券发行的会计处理 ·········· 191
【例 4.2.14】复合金融工具：可转换债券赎回的会计处理 ·········· 193
【例 4.2.15】个别和合并财务报表中金融负债和权益工具的区分 ·········· 194
【例 4.3.1】可回售工具：A、B 类股份 ·········· 196
【例 4.3.2】可回售工具：合伙人入股合同 ·········· 196
【例 4.3.3】发行方仅在清算时才有义务向另一方按比例交付其净资产的金融工具 ·········· 197
【例 4.3.4】可回售工具在母公司合并财务报表中的处理 ·········· 198
【例 4.6.1】以公允价值计量且其变动计入当期损益的金融资产或金融负债有关的会计政策的披露 ·········· 202
【例 4.6.2】将应收款项指定为以公允价值计量且其变动计入当期损益的金融资产时的披露 ·········· 204
【例 4.6.3】指定为以公允价值计量且其变动计入当期损益的金融负债的相关信息披露 ·········· 204
【例 4.6.4】金融资产和金融负债抵销的相关披露 ·········· 206
【例 4.6.5】金融资产公允价值的披露 ·········· 213
【例 4.7.1】某集团有关金融工具风险管理的定性披露 ·········· 215
【例 4.7.2】某公司有关金融工具风险集中度的定量披露 ·········· 216
【例 4.7.3】某集团有关可利用担保物或其他信用增级信息的披露 ·········· 221
【例 4.7.4】利率风险和汇率风险的披露 ·········· 225
【例 4.7.5】市场风险中敏感性分析披露 ·········· 226

第 1 章

金融工具确认和计量

1.1 金融工具概述

金融体现了国家的核心竞争力,是国之重器和国民经济的血脉。金融市场的健康、可持续发展离不开金融工具(金融产品)的广泛运用和不断创新。近年来,我国的金融工具交易尤其是衍生工具交易发展迅速。这对相关会计准则的制订和完善提出了迫切要求。2006 年 2 月发布的《企业会计准则第 22 号——金融工具确认和计量》[CAS 22(2006)]规范了包括金融企业在内各类企业金融工具交易的会计处理,要求企业将几乎所有金融工具尤其是衍生工具纳入表内核算,以全面反映企业的金融工具交易,便于投资者更好地了解企业的财务状况和经营成果。该准则实施十余年来,对改进金融工具的确认和计量,实现国际趋同起到了十分重要的作用。但会计准则制定机构没有停止改进和简化金融工具确认和计量的步伐,国际会计准则理事会(IASB)2014 年发布了《国际财务报告准则第 9 号——金融工具》(IFRS 9)。为了实现同 IFRS 的持续趋同,2017 年 3 月 31 日,财政部正式发布了《关于印发修订〈企业会计准则第 22 号——金融工具确认和计量〉的通知》[CAS 22(2017)]。在境内外同时上市的企业以及在境外上市并采用国际财务报告准则或企业会计准则编制财务报告的企业,自 2018 年 1 月 1 日起施行;其他境内上市企业自 2019 年 1 月 1 日起施行;执行企业会计准则的非上市企业自 2021 年 1 月 1 日起施行。同时,鼓励企业提前执行。执行 CAS 22(2017)的企业,不再执行 CAS 22(2006),并且应当同时执行 2017 年修订印发的《企业会计准则第 23 号——金融资产转移》(财会〔2017〕8 号)、《企业会计准则第 24 号——套期会计》(财会〔2017〕9 号)和《企业会计准则第 37 号——金融工具列报》(财会〔2017〕14 号)。新的金融工具准则与国际会计准则理事会 2014 年发布的《国际财务报告准则第 9 号——金融工具》(IFRS 9)趋同。修订的金融工具确认和计量准则对金融工具确认和计量做了较大改进,旨在减少金融资产分类,简化嵌入衍生工具的会计处理,强化金融工具减值会计要求。

金融工具是指形成一方的金融资产并形成其他方的金融负债或权益工具的合同。因此,金融工具本质上是一项合同,具有以下特点:第一,具有法律约束力;第二,通常是双向的,涉及发行方和持有方,分别享有权利并承担义务;第三,合同可以是多种形式,不一定是书面的。例如,股票、债券都是常见的金融工具。就股票而言,对发行方来说,是权益工具,对持有方来说,则是金融资产;就债券而言,对发行方来说,是金融负债,对持有方来说,则是金融资产。

需要指出的是，并不是所有的合同都形成金融工具，如商品购销合同。也不是所有的金融工具都适用 CAS 22（2017）。例如，下列各项不适用 CAS 22（2017）。

（1）由《企业会计准则第 2 号——长期股权投资》规范的对子公司、合营企业和联营企业的投资，适用《企业会计准则第 2 号——长期股权投资》，但是企业根据《企业会计准则第 2 号——长期股权投资》对上述投资按照 CAS 22（2017）相关规定进行会计处理的，适用 CAS 22（2017）。企业持有的与在子公司、合营企业或联营企业中的权益相联系的衍生工具，适用 CAS 22（2017）；该衍生工具符合《企业会计准则第 37 号——金融工具列报》规定的权益工具定义的，适用《企业会计准则第 37 号——金融工具列报》。

（2）由《企业会计准则第 9 号——职工薪酬》规范的职工薪酬计划形成企业的权利和义务，适用《企业会计准则第 9 号——职工薪酬》。

（3）由《企业会计准则第 11 号——股份支付》规范的股份支付，适用《企业会计准则第 11 号——股份支付》。但是，股份支付中属于 CAS 22（2017）第八条范围的买入或卖出非金融项目的合同，适用 CAS 22（2017）。

（4）由《企业会计准则第 12 号——债务重组》规范的债务重组，适用《企业会计准则第 12 号——债务重组》。

（5）因清偿按照《企业会计准则第 13 号——或有事项》所确认的预计负债而获得补偿的权利，适用《企业会计准则第 13 号——或有事项》。

（6）由《企业会计准则第 14 号——收入》规范的属于金融工具的合同权利和义务，适用《企业会计准则第 14 号——收入》，但该准则要求在确认和计量相关合同权利的减值损失和利得时应当按照 CAS 22（2017）规定进行会计处理的，适用 CAS 22（2017）有关减值的规定。

（7）购买方（或合并方）与出售方之间签订的，将在未来购买日（或合并日）形成《企业会计准则第 20 号——企业合并》规范的企业合并且其期限不超过企业合并获得批准并完成交易所必需的合理期限的远期合同，不适用 CAS 22（2017）。

（8）由《企业会计准则第 21 号——租赁》规范租赁的权利和义务，适用《企业会计准则第 21 号——租赁》。但是，租赁应收款的减值、终止确认，租赁应付款的终止确认，以及租赁中嵌入的衍生工具，适用 CAS 22（2017）。

（9）金融资产转移适用《企业会计准则第 23 号——金融资产转移》。

（10）套期会计适用《企业会计准则第 24 号——套期会计》。

（11）由保险合同相关会计准则规范的保险合同所产生的权利和义务，适用保险合同相关会计准则。因具有相机分红特征而由保险合同相关会计准则规范的合同所产生的权利和义务，适用保险合同相关会计准则。但对于嵌入保险合同的衍生工具，该嵌入衍生工具本身不是保险合同的，适用 CAS 22（2017）。

对于财务担保合同，发行方之前明确表明将此类合同视作保险合同，并且已按照保险合同相关会计准则进行会计处理的，可以选择适用本准则或保险合同相关会计准则。该选择可以基于单项合同，但选择一经做出，不得撤销。否则，相关财务担保合同适用 CAS 22

（2017）。

财务担保合同是指当特定债务人到期不能按照最初或修改后的债务工具条款偿付债务时，要求发行方向蒙受损失的合同持有人赔付特定金额的合同。

（12）企业发行的按照《企业会计准则第37号——金融工具列报》规定应当分类为权益工具的金融工具，适用《企业会计准则第37号——金融工具列报》。

金融工具涉及金融资产、金融负债和权益工具。

金融资产是指企业持有的现金、其他方的权益工具以及符合下列条件之一的资产。

（1）从其他方收取现金或其他金融资产的合同权利。如应收账款、应收票据、贷款、债权投资、股权投资等。

（2）在潜在有利条件下，与其他方交换金融资产或金融负债的合同权利。如买入期权等。

（3）将来须用或可用企业自身权益工具进行结算的非衍生工具合同，且企业根据该合同将收到可变数量的自身权益工具。如企业与其他单位签订在未来某日以每股10元的价格买入与100盎司黄金等价的自身发行在外的股票合同形成的合同权利（由于黄金的价格是变动的，因此收到的自身发行在外的股票是非固定的）。

（4）将来须用或可用企业自身权益工具进行结算的衍生工具合同，但以固定数量的自身权益工具交换固定金额的现金或其他金融资产的衍生工具合同除外。其中，企业自身权益工具不包括应当按照《企业会计准则第37号——金融工具列报》（2017）分类为权益工具的可回售工具或发行方仅在清算时才有义务向另一方按比例交付其净资产的金融工具，也不包括本身就要求在未来收取或交付企业自身权益工具的合同。如以现金净额结算（现金换现金）或股票净额结算（股票换股票）购入的股票远期合同，购入的股票看涨期权（见【例4.2.8】），购入的股票看跌期权（见【例4.2.10】）等。

金融负债是指企业符合下列条件之一的负债。

（1）向其他方交付现金或其他金融资产的合同义务。如应付账款、应付票据、应付债券等。

（2）在潜在不利条件下，与其他方交换金融资产或金融负债的合同义务。如卖出或签出期权等。

（3）将来须用或可用企业自身权益工具进行结算的非衍生工具合同，且企业根据该合同将交付可变数量的自身权益工具。如企业与其他单位签订在未来某日以每股10元的价格卖出与100盎司黄金等价的自身发行在外股票合同形成的合同义务（由于黄金的价格是变动的，因此交付的自身发行在外的股票是非固定的）。

（4）将来须用或可用企业自身权益工具进行结算的衍生工具合同，但以固定数量的自身权益工具交换固定金额的现金或其他金融资产的衍生工具合同除外。企业对全部现有同类别非衍生自身权益工具的持有方同比例发行配股权、期权或认股权证，使之有权按比例以固定金额的任何货币换取固定数量的该企业自身权益工具的，该类配股权、期权或认股权证应当分类为权益工具。其中，企业自身权益工具不包括应当按照《企业会计准则第37号——金融工具列报》分类为权益工具的可回售工具或发行方仅在清算时才有义务向另一方按比例交付其净资产的金融工具，也不包括本身就要求在未来收取或交付企业自身权益工具的合同。如以现金净额结算（现金换现金）或股票净额结算（股票换股票）出售的股票远期合同，签出的股票看涨期权（见【例 4.2.7】），签出的股票看跌期权（见【例 4.2.9】）等。

权益工具通常指企业发行的普通股、认股权证等。有时，金融负债和权益工具的区分并不明显，如优先股和永续债的归属问题。有关金融负债和权益工具的区分详见第 4 章。

金融工具可以分为基础金融工具和衍生工具。

1.1.1 基础金融工具

基础金融工具包括企业持有的现金、存放于金融机构的款项、普通股，以及代表在未来期间收取或支付金融资产的合同权利或义务等，如应收账款、应付账款、其他应收款、其他应付款、存出保证金、存入保证金、客户贷款、客户存款、债券投资、应付债券等。

1.1.2 衍生工具

衍生工具是指金融工具确认和计量准则涉及的，具有下列特征的金融工具或其他合同。

（1）其价值随特定利率、金融工具价格、商品价格、汇率、价格指数、费率指数、信用等级、信用指数或其他变量的变动而变动，变量为非金融变量的（比如特定区域的地震损失指数、特定城市的气温指数等），该变量不应与合同的任何一方存在特定关系。

衍生工具的价值变动取决于标的变量或基础变量（underlyings）的变化。任何含有基础变量的合同都可能是衍生工具。

【例 1.1.1】衍生工具的定义：价值衍生

甲金融企业与境外乙金融企业签订了一份一年期利率互换合同，每半年末甲企业向乙企业支付美元固定利息、从乙公司收取以 6 个月美元伦敦银行同业拆借利率（LIBOR）计算确定的浮动利息，合约名义金额为 1 亿美元。合同签订时，其公允价值为零。假定合约签订半年后，浮动利率（6 个月美元 LIBOR）与合同签订时不同，甲企业将根据未来可收取的浮动利息现值扣除将支付的固定利息现值确定该合同的公允价值。显然，合同的公允价值因浮动利率的变化而改变。

（2）不要求初始净投资，或者与对市场因素变化预期有类似反应的其他合同相比，要求较少的初始净投资。

企业从事衍生工具交易不要求初始净投资，通常指签订某项衍生工具合同时不需要支付现金。例如，某企业与其他企业签订一项将来买入债券的远期合同，就不需要在签订合同时支付将来购买债券所需的现金。但是，不要求初始净投资，并不排除企业按照约定的交易惯例或规则相应缴纳一笔保证金，比如企业进行期货交易时要求缴纳一定的保证金。缴纳保证金不构成一项企业解除负债的现时支付，因为保证金仅具有"保证"性质。

在某些情况下，企业从事衍生工具交易也会遇到要求进行现金支付的情况，但该现金支付只是相对很少的初始净投资。例如，从市场上购入备兑认股权证，就需要先支付一笔款项，但相对于行权时购入相应股份所需支付的款项，此项支付往往是很小的。又如，企业进行货币互换时，通常需要在合同签订时支付某种货币表示的一笔款项，但同时也会收到以另一种货币表示的"等值"的一笔款项，无论是从该企业的角度，还是从其对手（合同的另一方）角度看，初始净投资均为零。

（3）在未来某一日期结算。

衍生工具在未来某一日期结算，表明衍生工具结算需要经历一段特定期间。衍生工具通常在未来某一特定日期结算，也可能在未来多个日期结算。例如，利率互换可能涉及合同到期前多个结算日期。另外，有些期权可能由于是价外期权而到期不行权，也是在未来日期结算的一种方式。

常见的衍生工具包括远期合同、期货合同、互换合同和期权合同等。常见衍生工具及其基础变量如表1.1.1所示。

表1.1.1 常见的衍生工具及其基础变量

衍生工具类型	衍生产品	用于定价/结算的主要变量（基础变量）
互换合同	利率互换	利率
	货币互换（外汇互换）	汇率
	商品互换	商品价格
	权益互换	权益价格（另一个主体的权益）
	信用互换	信用等级、信用指数或信用价格
	总回报互换	所参照资产和利率的公允价值总额
期权合同	购入或签出的国债期权（看涨或看跌）	利率
	购入或签出的货币期权（看涨或看跌）	汇率
	购入或签出的商品期权（看涨或看跌）	商品价格
	购入或签出的股票期权（看涨或看跌）	权益价格（另一个主体的权益）
期货合同	和政府债挂钩的利率期货（国债期货）	利率
	货币期货	汇率
	商品期货	商品价格
远期合同	和政府债挂钩的利率远期（国债远期）	利率
	货币远期	汇率
	商品远期	商品价格
	权益远期	权益价格（另一个主体的权益）

（1）远期合同。

远期合同是指合同双方同意在未来某一时间按约定价格交换金融资产的合同，主要由远期贷款合同、远期利率协议、远期外汇合同等构成。

【例1.1.2】衍生工具的定义：远期合同

20×7年1月1日甲公司与A银行签订一份合同，A银行将于3个月后以5.84%的利率向甲公司提供一笔金额1000万、期限为9个月的贷款，20×7年1月1日3个月的贷款利率为5.25%，1年期的贷款利率为5.75%。

分析：该合同属于3×12远期贷款合同。通过该合同，将3个月后借入或贷出款项的利率进行了锁定。该合同属于衍生工具，因为满足衍生工具定义中的三项标准。

① 价值衍生：远期合同的价值随利率的变化而变化（价值衍生）。

② 初始净投资很少或为0：初始净投资为0。

③ 未来结算：3个月后。

（2）期货合同。

期货合同是指在交易所交易的，协议双方约定在将来某一时间以约定价格买入或卖出某一资产的标准化合同。与远期相比，期货只不过是在交易所进行标准化交易的远期。

【例1.1.3】 衍生工具的定义：期货合同

20×7年10月25日（周三）10:00 A公司开仓，购入10手看涨IF1311股指期货，点位2 400，当日IF1311的收盘点位为2 360。10月26日（周四）的收盘点位为2 370。10月27日（周五）13:00平仓，平仓时的点位为2 390。假设A公司实际缴纳的交易保证金比例为15%。

分析：该股指期货合同属于衍生工具，因为满足衍生工具定义中的三项标准。

① 价值衍生：期货合同的价值随IF1311股指的变化而变化（价值衍生）。

② 初始净投资很少或为0：尽管需要缴纳交易金额15%的保证金，但初始净投资为0。

③ 未来结算：2天后平仓结算。

（3）互换合同。

互换合同也称掉期，是指两个或两个以上当事人按共同商定的条件，在约定时间内交换一定支付款项的协议。这一协议规定了现金流支付的时间和计算现金流的方式。通常现金流的计算会涉及未来利率、汇率或其他市场变量。因此互换交易通常包括利率互换和货币互换。

【例1.1.4】 衍生工具的定义：互换合同

A公司和B公司都希望取得一笔贷款，它们在固定利率和浮动利率资金市场上借款所负担的利率参见表1.1.2。

表1.1.2　A、B公司在固定利率及浮动利率市场借款利率表

项　目	固定利率（半年期）	浮动利率
A公司	5.00%	6个月SHIBOR+0.50%*
B公司	6.50%	6个月SHIBOR+1.00%
差异	−1.5%	−0.5%

*SHIBOR是指上海银行间同业拆放利率（Shanghai Interbank Offered Rate），是由信用等级较高的银行自主报出的人民币同业拆出利率计算确定的算术平均利率，是单利、无担保、批发性利率。

由表1.1.2可以看出，无论是固定利率借款还是浮动利率借款，A公司在借款上均具有绝对优势。但相对而言，A公司在固定利率上支付得更少，B公司在浮动利率上支付相对不那么多。因此A公司在固定利率借款上有比较优势，B公司在浮动利率借款上有比较优势。

假设A公司需要浮动利率借款，B公司需要固定利率借款，如果A公司和B公司分别以固定利率和浮动利率借款，然后交换各自的利息负担，A公司承诺支付B公司以浮动

利率SHIBOR计算的利息，而B公司支付A公司5.00%的固定利率，6个月后结算，则双方都能达到节约利息开支的目的。利率互换后两个公司实际负担的利息分别为：A公司为SHIBOR，B公司为6.00%。通过利率互换，A公司实际支付的利息比直接以浮动利率从银行借款节约利息开支0.50%，B公司实际支付的利息比直接以固定利率从资金市场上借款节约利息开支0.50%。

分析：该互换合同属于衍生工具，因为满足衍生工具定义中的三项标准。

① 价值衍生：互换合同的价值随利率的变化而变化（价值衍生）。

② 初始净投资很少或为0：初始净投资为0。

③ 未来结算：6个月后结算。

（4）期权合同。

期权合同是为给予期权买方（多头）在合同到期日前或到期日以约定价格购买或出售一定数量某种金融资产的权利而签订的合同。

【例1.1.5】衍生工具的定义：期权合同

甲公司20×8年1月买入1份标的资产为10 000股S公司股票的6月份看涨期权。股票现价为9.8元/股，执行价格为10元/股，每股股票的期权价格为0.5元。

分析：该期权合同属于衍生工具，因为满足衍生工具定义中的三项标准。

① 价值衍生：期权合同的价值随股票价格的变化而变化（价值衍生）。

② 初始净投资很少或为0：初始净投资为5 000元（10 000×0.5）。

③ 未来结算：20×8年6月结算。

需要指出的是，金融工具确认和计量准则不涉及按预定的购买、销售或使用要求所签订并到期履行买入或卖出非金融项目的合同。但是，能够以现金或其他金融工具净额结算，或通过交换金融工具结算的买入或卖出非金融项目的合同，应按金融工具确认和计量准则处理。具体应结合以下方面来理解。

（1）买卖非金融项目的合同不符合金融工具的定义，因为合同的某一方收取非金融资产或服务的合同权利和另一方的相应义务并不形成任何一方收取、交付或交换金融资产的现时权利或义务。许多商品合同都属于这种类型。

有些合同在形式上是标准化的，并在有组织的市场上按照与某些衍生工具大致相同的交易方式进行交易，如商品期货合同可以比较容易地用现金买进或卖出，因为它在交易所挂牌交易，并可多次易手。但是，买卖商品合同的双方实际上是在交易标的商品。商品合同可以现金方便地进行买卖，且能够通过协商采用现金结算方式来履行收取或交付商品的义务，并不改变商品合同的基本特征，不会产生金融工具。但是，如果某些非金融项目的买卖合同可以进行净额结算或与金融工具交换，或者合同中的非金融项目可以方便地转换为现金，则这些合同应视同金融工具，根据金融工具确认和计量准则进行处理。

（2）涉及实物资产的收取或交付的合同并不形成一方的金融资产和另一方的金融负债，除非相关的支付推迟到实物转移日之后。赊购或赊销货物就属于这种情况。

（3）有些合同与商品挂钩，但并不通过商品实物的收取或交付进行结算。合同规定用现金结算，支付金额根据合同中约定的计算方法确定，不是支付固定金额。例如，某一债券的本金数额可能通过将债券到期日原油的市场价乘以固定数量的原油确定，其中，本金与某种商品的价格挂钩，但只以现金支付。这种合同构成金融工具。

（4）金融工具的定义也涵盖了在产生一项金融资产或金融负债之外，同时还产生一项非金融资产或非金融负债的合同。这种金融工具通常给予一方以金融资产换取非金融资产的期权。例如，与石油挂钩的债券给予持有方定期收取一系列固定利息支付和在到期日收取固定金额现金的权利，同时给予债券持有方以债券本金换取固定数量石油的期权。行使这种期权的愿望将随着债券规定的现金对石油的交换比率（交换价格）相对于石油的公允价值的变化而变化。债券持有方行使期权的意图对于资产各个组成部分的实质并无影响。持有方的金融资产和发行方的金融负债使该债券成为金融工具，而不论是否同时产生了其他类型的资产和负债。

1.2　金融工具的确认和终止确认

金融工具的确认是将符合金融工具定义和确认条件的交易或事项纳入资产负债表的过程，包括金融资产的确认和金融负债的确认。金融工具终止确认指因权利已终止、义务已解除等原因将金融工具移出资产负债表的过程，包括金融资产终止确认和金融负债终止确认。

1.2.1　金融资产和金融负债确认条件

企业成为金融工具合同的一方时，应当确认一项金融资产或金融负债。

根据此确认条件，企业应将金融工具确认和计量准则范围内的衍生工具合同形成的权利或义务，确认为金融资产或金融负债。但是，如果衍生工具涉及金融资产转移，且导致该金融资产转移不符合终止确认条件，则不应将其确认，否则会导致衍生工具形成的义务被重复确认。

以常规方式购买或出售金融资产的确认和计量见1.4.4节和【例1.4.10】。

1.2.2　金融资产的终止确认

金融资产满足下列条件之一的，应当终止确认。

（1）收取该金融资产现金流量的合同权利终止。

（2）该金融资产已转移，且该转移满足《企业会计准则第23号——金融资产转移》（2017）关于金融资产终止确认的规定。金融资产或金融负债终止确认，是指企业将之前确认的金融资产或金融负债从其资产负债表中予以转出。

有关金融资产终止确认的讲解，详见第2章金融资产转移。

1.2.3　金融负债的终止确认

金融负债（或其一部分）的现时义务已经解除的，企业应当终止确认该金融负债（或该部分金融负债)。

当债务人出现以下两种情况之一时,金融负债(或其一部分)应予以终止确认。

(1)债务人通过偿付债权人解除了负债(或其一部分),其中,通常用于偿债的有现金、其他金融资产、商品或劳务。

(2)债务人通过法定程序或债权人,合法地解除了对负债(或其一部分)的主要责任(如果债务人作出担保,这一条件仍可以满足)。

如果一项债务工具的发行人回购了该工具,那么,即使该发行人是该工具的做市商或打算在近期内将其再次出售,该债务也应予以消除。

【例1.2.1】 金融负债的终止确认:应付账款的转销

甲公司因购买商品于20×7年3月1日确认了一项应付账款1 000万元。按合同约定,该企业于20×7年4月1日支付银行存款1 000万元解除了相关现时义务,为此,该企业应将应付账款1 000万元从账上转销。如果按合同约定,货款应于20×7年4月1日、4月30日分两次等额清偿。那么,该企业应在4月1日支付银行存款500万元时,终止确认应付账款500万元(终止确认该金融负债的50%),在4月30日支付剩余的货款500万元时终止确认应付账款500万元。

企业(借入方)与借出方之间签订协议,以承担新金融负债方式替换原金融负债,且新金融负债与原金融负债的合同条款实质上是不同的,企业应当终止确认原金融负债,同时确认一项新金融负债。

企业对原金融负债(或其一部分)的合同条款做出实质性修改的,应当终止确认原金融负债,同时按照修改后的条款确认一项新金融负债。

其中,"实质上不同"是指按照新的合同条款,金融负债未来现金流量现值与原金融负债的剩余期间现金流量现值之间的差异至少相差10%。有关现值的计算均采用原金融负债的实际利率。

金融负债(或其一部分)终止确认的,企业应当将其账面价值与支付的对价(包括转出的非现金资产或承担的负债)之间的差额,计入当期损益。

企业回购金融负债一部分的,应当按照继续确认部分和终止确认部分在回购日各自的公允价值占整体公允价值的比例,对该金融负债整体的账面价值进行分配。分配给终止确认部分的账面价值与支付的对价(包括转出的非现金资产或承担的负债)之间的差额,应当计入当期损益。

在某些情况下,债权人解除了债务人还款的现时义务,但债务人却承担了担保义务,保证在承担主要责任的合同方拖欠时进行支付。在这种情况下,债务人应当做到以下两点。

(1)以其担保义务的公允价值为基础确认一项新的金融负债。

(2)以下列两者之间的差额为基础确认利得或损失:①收到的任何价款;②原金融负债的账面金额减去新金融负债的公允价值后的余额。

金融负债现时义务的解除可能还会涉及其他复杂情形,企业应当注重分析交易的法律形式和经济实质。例如,企业将用于偿付金融负债的资产转入某个机构或设立信托,偿付债务的义务仍存在的,不应当终止确认该金融负债,也不能终止确认转出的资产。也就是说，虽然企业已为金融负债设立了"偿债基金"，但金融负债对应的债权人拥有全额追索的权利时，不能认为企业的相关现时义务已解除，因此不能终止确认金融负债。

1.3 金融资产和金融负债的分类

1.3.1 金融资产的三分类原则

金融资产的分类是其确认和计量的基础。金融资产的分类并不是一成不变的。《国际会计准则第39号》和CAS 22（2006）要求根据管理层的意图将金融资产分为交易性金融资产、持有至到期投资、贷款和应收款项以及可供出售金融资产。2009年11月，IASB发布了《国际财务报告准则第9号》与金融资产分类和计量相关的章节，要求基于持有该等资产的业务模式及其合同现金流量特征将金融资产分类为以公允价值计量的金融资产和以摊余成本计量的金融资产两类，以简化金融资产的分类。2014年7月，IASB对《国际财务报告准则第9号》中金融资产的分类和计量的要求作出有限的修订，要求将金融资产分为以摊余成本计量的金融资产、以公允价值计量且其变动计入当期损益的金融资产和以公允价值计量且其变动计入其他综合收益的金融资产三类。引入"以公允价值计量且其变动计入其他综合收益"的计量类别旨在回应利益相关方（包括许多保险公司）的反馈意见，即对于通过既收取合同现金流量又出售金融资产来实现其目标的业务模式持有的金融资产而言，这将是最为相关的计量基础。

CAS 22（2017）对金融资产的分类与IFRS 9（2014）一致，要求企业应当根据其管理金融资产的业务模式和金融资产的合同现金流量特征，将金融资产划分为以下三类。

（1）以摊余成本计量的金融资产。

（2）以公允价值计量且其变动计入其他综合收益的金融资产。

（3）以公允价值计量且其变动计入当期损益的金融资产。

1. 企业管理金融资产的业务模式

企业管理金融资产的业务模式，是指企业如何管理其金融资产以产生现金流量。业务模式决定企业所管理金融资产现金流量的来源是收取合同现金流量、出售金融资产还是两者兼有。相应地，管理金融资产的业务模式可以分为：持有资产以收取合同现金流量的业务模式，通过既收取合同流量又出售金融资产来管理金融资产的业务模式，以及其他业务模式。

理解企业管理金融资产的业务模式，应把握以下几点。

第一，企业管理金融资产的业务模式，应当以企业关键管理人员决定的对金融资产进行管理的特定业务目标为基础确定。

第二，企业的业务模式应当在反映如何对多组金融资产一起进行管理以实现特定业务目标的层次上确定，即从金融资产组合的层次上确定，而非取决于管理层对单项金融资产的持有意图。因此，该条件不是一种逐项资产的分类方法，而是应在一个更高的汇总层次上确定。

第三，单个企业可能具有一个以上管理其金融资产的业务模式。例如，企业可能持有一项为收取合同现金流量而进行管理的投资组合，同时还持有另一项为通过交易实现公允价值变动而进行管理的投资组合。

第四，企业确定管理金融资产的业务模式，应当以客观事实为依据，不得以按照合理预期不会发生的情形为基础确定。例如，不应基于企业合理预期不会发生的情形（如所谓"最坏情形"或"压力情景"）来执行该评估。如果企业预期其仅会在压力情景下出售特定的金融资产组合，而企业合理预期该压力情景不会发生，则该情形将不会影响企业对该等资产的业务模式的评估。

以客观事实为依据通常要求企业对为实现业务模式的目标而开展的活动进行观察。企业在评估其管理金融资产的业务模式时需要进行判断，且该评估并非由单一因素或活动所决定。取而代之的是，企业必须考虑在评估日可获得的所有相关证据。此类相关证据包括但不限于以下几个。

① 如何评价及向企业的关键管理人员报告业务模式及在该业务模式中持有的金融资产的业绩。

② 影响业务模式及在该业务模式中持有的金融资产的业绩的风险，特别是管理此类风险的方式。

③ 业务管理者获得报酬的方式（例如，报酬是基于所管理资产的公允价值还是基于所收取的合同现金流量）。

（1）持有资产以收取合同现金流量的业务模式。

对于目标为持有资产以收取合同现金流量的业务模式，在该业务模式中持有的金融资产的管理方式旨在通过收取工具存续期内的合同付款额来实现现金流量，而不是通过持有及出售资产来管理该组合产生的整体回报。

在确定现金流量是否将通过收取金融资产的合同现金流量来实现时，有必要考虑前期出售的频率、价值和时间，此类出售的原因以及对未来出售活动的预期。然而，出售本身并不能决定业务模式，因此不能孤立地进行考虑。取而代之的是，有关过往出售的信息和对未来出售的预期能够为企业如何实现管理金融资产的既定目标以及如何实现现金流量提供证据。

问题1：该业务模式下是否需要将所有金融资产持有至到期

尽管企业的业务模式目标可能是持有金融资产以收取合同现金流量，但企业无须将所有此类工具持有至到期。因此，即使发生或预期在未来发生金融资产的出售，企业的业务模式也可以是持有金融资产以收取合同现金流量。

问题2：因信用风险增加出售金融资产是否影响该模式下的目标

即使企业在资产信用风险增加时出售金融资产，业务模式也可以是持有资产以收取合同现金流量。因资产信用风险增加而发生的出售（无论其频率和价值如何）并不与持有金融资产以收取合同现金流量的业务模式的目标相悖，因为金融资产的信用质量与企业收取合同现金流量的能力相关。旨在最大限度减少因信用恶化导致的潜在信用损失的信用风险管理活动对该业务模式而言是不可或缺的。

问题3：因信用风险增加以外的其他原因出售金融资产是否影响该模式下的目标

情形1：小幅非频繁出售

因信用风险增加以外的其他原因发生的出售，例如，为管理信用集中风险而进行的出售（资产的信用风险并未增加），也可能符合持有金融资产以收取合同现金流量的业务模式的目标。特别是，如果出售的发生并不频繁（即使价值重大），或者单独及汇总而言价值非常小（即使发生频繁），则此类出售可能符合持有金融资产以收取合同现金流量的业务模式的目标。

情形2：大幅频繁出售

对于特定期间内出售频率或价值的增加，如果企业能够解释此类出售的原因并且表明为何此类出售并未反映企业业务模式的变更，则该情况不一定不符合持有金融资产以收取合同现金流量的目标。

问题4：到期前出售金融资产是否影响该模式下的目标

如果出售日临近金融资产的到期日，且出售产生的收入接近所收取的剩余合同现金流量，则该出售可能符合持有金融资产以收取合同现金流量的目标。

【例1.3.1】管理金融资产业务模式的判断：贷款的发放与转让

甲银行的业务模式目标为向客户发放贷款并随后出售给结构化主体，并由后者向投资者发行金融工具。甲银行控制该结构化主体，并由此将其纳入合并范围。结构化主体收取贷款的合同现金流量，并将该等现金流量转付给其投资者。假定贷款继续在合并财务状况表中确认，因为结构化主体并未对其终止确认。

分析：该合并的集团发放贷款的目标是持有该贷款以收取合同现金流量。

然而，发放贷款的甲银行具有通过向结构化主体出售贷款以实现贷款组合现金流量的目标，因此就其单独财务报表而言，不应认为其管理该组合的目标是收取合同现金流量。

（2）通过既收取合同流量又出售金融资产来管理金融资产的业务模式。

企业可能在通过既收取合同现金流量又出售金融资产来实现其目标的业务模式中持有金融资产。在此类业务模式中，企业的关键管理人员认为收取合同现金流量和出售金融资产对于实现业务模式的目标都是不可或缺的，存在多种可能符合此类业务模式的目标。例如，业务模式的目标可以是管理每日的流动性需求以维持特定的利息收益比例，或者将金融资产的存续期与为此类资产进行融资的负债存续期相匹配。为实现该目标，企业将需要同时收取合同现金流量及出售金融资产。

与目标为持有金融资产以收取合同现金流量的业务模式相比，该业务模式通常涉及更高频率和更大价值的出售。这是因为出售金融资产对于实现业务模式目标是不可或缺的，而非仅仅是附带性质的活动。但是，并不存在针对该业务模式必须发生的出售频率或价值的明确界限，因为同时收取合同现金流量及出售金融资产是实现该目标不可分割的一部分。

【例1.3.2】管理金融资产业务模式的判断：利用金融资产为资本性支出融资

乙公司预计在未来数年内发生资本性支出。乙公司将超出资本性支出部分的现金投资于短期和长期的金融资产，而在有需要时出售这些金融资产为相应的支出提供资金。许多金融资产的合同存续期均超过乙公司预计的投资期间。乙公司将持有金融资产以收取合同现金流量，并将在机会出现时出售金融资产以将现金再投资于回报率更高的金融资产。负责投资组合的经理基于组合所产生的整体回报获得报酬。

分析：该业务模式是通过既收取合同现金流量又出售金融资产来实现其目标。乙公司将在持续基础上决定是通过收取合同现金流量还是出售金融资产来使组合的回报最大化，直至产生对被投资现金的需求。

考虑另外一种情况，乙公司预计在未来五年内为资本性支出提供资金而存在现金流出，并将超出部分的现金投资于短期金融资产。当投资到期时，乙公司将现金再投资于新的短期金融资产。乙公司一直维持该策略直至需要使用资金，届时乙公司将以从到期金融资产获得的收入为资本性支出提供资金。在到期前仅会发生价值非常小的出售（除非涉及信用风险增加的情况）。那么这一业务模式的目标是持有金融资产以收取合同现金流量。

（3）其他业务模式。

如果持有金融资产的业务模式的目标并非持有资产以收取合同现金流量，也不是通过既收取合同现金流量又出售金融资产来实现其目标，则该金融资产应当以公允价值计量且其变动计入当期损益。导致金融资产以公允价值计量且其变动计入当期损益的业务模式的其中一个例子是，企业以通过出售资产来实现现金流量为目标管理金融资产。企业基于资产的公允价值作出决策并管理资产以实现其公允价值。在该情况下，企业的目标通常导致其积极进行购买和出售。即使企业在其持有金融资产的过程中收取合同现金流量，该业务模式的目标也并非通过既收取合同现金流量又出售金融资产来实现。这是因为收取合同现金流量并非实现该业务模式目标不可分割的一部分，而只是附带性质的活动。

在公允价值基础上进行管理并评价其业绩的金融资产组合，不是为收取合同现金流量，或既收取合同现金流量又出售金融资产而持有的。企业主要重点关注公允价值信息并使用该信息来评估资产的业绩及作出决策。此外，符合为交易而持有的金融资产组合也并非为了收取合同现金流量或是既收取合同现金流量又出售金融资产而持有的。对于此类组合而言，收取合同现金流量对实现业务模式的目标而言只是附带性质的活动。据此，此类金融工具组合必须以公允价值计量且其变动计入当期损益。

2. 金融资产的合同现金流量特征

金融资产的合同现金流量特征，是指金融工具合同约定的、反映相关金融资产经济特征的现金流量属性。金融资产的合同现金流量特征包括仅为对本金和以未偿付本金金额为基础的利息的支付，以及其他合同现金流量特征。

（1）仅为对本金和以未偿付本金金额为基础的利息的支付。

企业分类为以摊余成本计量的金融资产和以公允价值计量且其变动计入其他综合收益的金融资产，其合同现金流量特征，应当与基本借贷安排相一致。即相关金融资产在特定日期产生的合同现金流量仅为对本金和以未偿付本金金额为基础的利息的支付，其中，本金是指金融资产在初始确认时的公允价值，本金金额可能因提前还款等原因在金融资产的存续期内发生变动；利息包括对货币时间价值、与特定时期未偿付本金金额相关的信用风险以及其他基本借贷风险、成本和利润的对价。其中，货币的时间价值和信用风险的对价通常是最重要的利息要素。

① 针对货币时间价值的对价。货币时间价值是利息要素中仅因为时间流逝而提供对价的部分，不包括为所持有金融资产的其他风险或成本提供的对价。为评估特定要素是否仅针对时间的推移提供对价，企业应当进行研究进而做出判断并考虑相关的因素，例如金融资产的计价货币以及利率设置的期间。

但货币时间价值要素有时可能存在修正。例如，如果金融资产的利率定期予以重设，但重设的频率与利率的期限错配（例如，利率每月被重设为一年期利率），或者如果金融资产的利率定期重设为特定短期和长期利率的平均值，则属于这种情况。

在货币时间价值要素存在修正的情况下，企业应当对相关修正进行评估，以确定其是否满足上述合同现金流量特征的要求。

评估经修正的货币时间价值要素的目标在于，确定合同（未折现的）现金流量与若货币时间价值要素未作出修正时（未折现的）现金流量（即基准现金流量）之间有何差异。例如，如果被评估的金融资产包含每月重设为一年期利率的浮动利率，则企业可将该金融资产与具有相同合同条款及相同信用风险的，但浮动利率每月重设为1个月利率的金融工具进行比较。如果经修正的货币时间价值要素可能导致合同（未折现的）现金流量显著不同于（未折现的）基准现金流量，则该金融资产不符合仅为对本金和以未偿付本金金额为基础的利息的支付的要求。为作出该判定，企业必须考虑经修正的货币时间价值在每一报告期间的影响以及在金融工具整个存续期内的累积影响。

在评估经修正的货币时间价值要素时，企业必须考虑可能影响未来合同现金流量的因素。例如，如果企业评估一项5年期债券且该债券的浮动利率每6个月重设为5年期利率，企业不能简单地因为执行评估当时的利率曲线表明5年期利率与6个月利率之间不存在显著差异，便得出合同现金流量仅为对本金和以未偿付本金金额为基础的利息的支付的结论。取而代之的是，企业必须同时考虑5年期利率与6个月利率之间的关系在债券存续期内是否可能发生变化，从而致使债券存续期内的合同（未折现的）现金流量可能与（未折现的）基准现金流量存在显著差异。然而，企业必须仅考虑合理可能发生的情形，而无须考虑每一种可能的情况。

在某些地区，利率是由政府或监管机构设定。例如，此类政府对利率的调控可能是大范围宏观经济政策的一部分，或是为了鼓励企业对特定经济部门进行投资而引入的。在此类情况下，有时货币时间价值要素的目标并非仅对时间推移提供对价。但如果受管制的利率所提供的对价与时间的推移大致相符，且并未提供与基本借贷安排不一致的合同现金流量风险敞口或波动性敞口，则该受管制的利率应被视为代表货币时间价值的要素。

② 导致合同现金流量的时间分布或金额发生变更的合同条款。金融资产包含可能导致其合同现金流量的时间分布或金额发生变更的合同条款（如包含提前还款特征）的，企业应当对相关条款进行评估（如评估提前还款特征的公允价值是否非常小），以确定其是否满足合同现金流量特征仅为对本金和以未偿付本金金额为基础的利息的支付的要求。

为作出该判定，企业必须同时评估在合同现金流量变更之前及之后可能产生的合同现金流量。企业可能还需要评估将导致合同现金流量的时间或金额变更的任何或有事项（即触发事件）的性质。尽管或有事项的性质本身并非评估合同现金流量是否仅为本金及利息付款额的决定性因素，但可作为一项指标进行考虑。例如，将当债务人欠付特定数量的款项时利率将重设为较高利率的金融工具，与当指定的权益指数达到特定水平时利率将重设为较高利率的金融工具进行比较。鉴于欠付款项与信用风险增加之间的关系，前者更有可能出现金融工具整个存续期内的合同现金流量将仅为对本金和以未偿付本金金额为基础的利息的支付的情况。

合同现金流量仅为对本金和以未偿付本金金额为基础的利息的支付的合同条款，示例如下。

a. 浮动利率包含对货币的时间价值、与特定时期内未偿付本金金额相关的信用风险（对信用风险的对价仅可在初始确认时确定，因此可能是固定的）及其他基本借贷风险和成本以及利润率的对价。

b. 合同条款允许发行人（即债务人）在到期前提前偿付债务工具，或者允许持有人（即债权人）在到期前将债务工具卖还给发行人，并且提前偿付金额实质上反映了尚未支付的本金及未偿付本金金额的利息，其中可能包括为提前终止合同而支付的合理的额外补偿。

c. 合同条款允许发行人或持有人延长债务工具的合同期限（即展期选择权），并且展期选择权的条款导致展期期间的合同现金流量仅为对本金和以未偿付本金金额为基础的利息的支付，其中可能包括为合同展期而支付的合理的额外补偿。

满足合同现金流量仅为对本金和以未偿付本金金额为基础的利息的支付的要求，但存在合同现金流量的时间分布或金额变更合同条款的金融资产，并且该金融资产并非仅因为合同条款允许或要求发行人在到期前提前偿付债务工具或者允许（或要求）持有人在到期前将债务工具卖还给发行人而符合此类条件，如果满足下列情形，则符合以摊余成本计量或者以公允价值计量且其变动计入其他综合收益关于合同现金流量要求的条件。

a. 企业按合同所载金额的溢价或折价取得或源生该金融资产。

b. 提前偿付金额实质上反映了合同所载金额及应计（但尚未支付）的合同利息，其中可能包括为提前终止合同而支付的合理的额外补偿。

c. 在企业初始确认该金融资产时，提前偿付特征的公允价值非常小。

【例1.3.3】金融资产合同现金流量特征的判断：与通货膨胀指数挂钩的债券

金融工具A是一项具有固定到期日的债券。本金及未偿付本金金额的利息的支付与发行该工具所用货币的通货膨胀指数挂钩。与通货膨胀挂钩未利用杠杆，并且对本金进行保护。

分析：合同现金流量仅为对本金和以未偿付本金金额为基础的利息的支付。本金和以未偿付本金金额为基础的利息的支付通过与非杠杆的通货膨胀指数挂钩，而将货币时间的价值重设为当前水平。换言之，该金融工具的利率反映的是"真实的"利率。因此，利息金额是未偿付本金金额的货币时间价值的对价。

然而，如果利息支付额与涉及债务人业绩的另一变量（如债务人的净收益）挂钩或者与权益指数挂钩，则合同现金流量就不是本金和以未偿付本金金额为基础的利息的支付（除非与债务人的业绩挂钩导致一项仅对金融工具信用风险的变化而向持有人作出补偿的调整，致使合同现金流量仅为对本金及利息的支付）。这是因为合同现金流量所反映的回报与基本借贷安排不一样。

【例1.3.4】金融资产合同现金流量特征的判断：浮动利率债券

金融工具B是一项具有固定到期日的浮动利率债券，其允许借款人在持续基础上选择市场利率。例如，在每一个利率重设日，借款人可以选择为3个月期间支付3个月的伦敦银行同业拆借利率（LIBOR），或为1个月期间支付1个月的LIBOR。

分析：只要金融工具存续期内支付的利息反映了对货币的时间价值、与该工具相关的信用风险及其他基本借贷风险和成本以及利润率的对价，合同现金流量就仅为对本金和以未偿付本金金额为基础的利息的支付。金融工具在存续期内对 LIBOR 利率重设的事实本身并未导致该工具不符合上述条件。但是，如果借款人能够选择支付 1 个月的利率，而该利率每 3 个月重设一次，则利率重设的频率与利率的期限错配。据此，货币的时间价值要素作做了修正。类似地，如果工具的合同利率是以超出工具剩余存续期的期限为基础（例如，如果一项 5 年期的工具支付浮动利率，该浮动利率定期重设但始终反映 5 年的到期期限），则货币的时间价值要素作出了修正。这是因为每一期间的应付利息与利息期间并不存在关联。在该情况下，企业必须从定性或定量的角度，通过比较合同现金流量与在所有方面均与该工具相同，但利率期限与利息期间相匹配的工具的合同现金流量进行评估，以确定现金流量是否仅为对本金和以未偿付本金金额为基础的利息的支付。例如，在评估一项 5 年期的支付浮动利率（浮动利率每 6 个月重设一次但始终反映 5 年的到期期限）的债券时，企业应考虑在所有其他方面均与该金融工具相同，但利率每 6 个月重设为 6 个月利率的金融工具的合同现金流量。对于借款人能够在出借人公布的多个利率之间进行选择的情况（例如，借款人可在出借人公布的 1 个月浮动利率与 3 个月浮动利率之间进行选择），适用相同的分析。

【例 1.3.5】金融资产合同现金流量特征的判断：具有利率上限的浮动利率债券

金融工具 C 是一项具有固定到期日且支付浮动市场利率的债券。该浮动利率有上限规定。

分析：只要利息反映了货币的时间价值、在工具存续期内与该工具相关的信用风险及其他基本借贷风险和成本以及利润率的对价，则以下两者的合同现金流量：①固定利率金融工具；②浮动利率金融工具，都是对本金和以未偿付本金金额为基础的利息的支付。据此，将①和②相结合的金融工具（例如，具有利率上限的债券）可产生仅为本金和以未偿付本金金额为基础的利息的支付的现金流量。该合同条款通过设定利率波动的限制（如利率的上下限）有可能减少现金流量的波动性，或者通过将固定利率变为浮动利率增加现金流量的波动性。

【例 1.3.6】金融资产合同现金流量特征的判断：具有追索权的担保贷款

金融工具 D 是一项具有完全追索权的贷款，并有抵押品作为担保。

分析：具有完全追索权的贷款存在抵押品这一事实本身并不影响对合同现金流量是否仅为对本金和以未偿付本金金额为基础的利息的支付的分析。

【例 1.3.7】金融资产合同现金流量特征的判断：受监管的债券

金融工具 E 为由受监管的银行发行且具有固定到期日的债券。该债券支付固定利率，并且所有合同现金流量均无法自行确定。然而，监管该发行人的法规允许或要求国家调解机构在特定情况下使特定工具（包括金融工具 E）持有人承担损失。例如，如果国家调解机构确定发行人面临严重财务困难、需要额外监管资本或者"经营失败"，则国家调解机构有权下调金融工具 E 的票面价值或将其转换成固定数量的发行人普通股。

分析：持有人应当分析金融工具的合同条款，以确定其是否产生仅为对本金和以未偿付本金金额为基础的利息的支付的现金流量，从而与基本借款安排相一致。该分析不应考虑仅由于国家调解机构有权让金融工具 E 持有人承担损失而支付的金额。这是因为该权力及相应的付款额并非金融工具的合同条款。与此相反，如果金融工具的合同条款允许或要求发行人或另一主体使持有人承担损失（例如，通过下调票面价值或将该工具转换成固定数量的发行人普通股），只要该等条款是真实的（即使该限定损失的情况发生的可能性极低），合同现金流量就并非仅为对本金和以未偿付本金金额为基础的利息的支付。

（2）其他合同现金流特征。

杠杆是某些金融资产的合同现金流量特征。杠杆增加了合同现金流量的可变性，结果使其不具有利息的经济特征。单独的期权、远期合同和互换合同是包含此类杠杆特征的金融资产的例子。因此，此类合同不满足合同现金流量仅为对本金和以未偿付本金金额为基础的利息的支付的要求，因此不得以摊余成本进行后续计量或者以公允价值计量且其变动计入其他综合收益。

如果金融资产代表对特定资产或现金流量的投资，从而合同现金流量并非仅为对本金和以未偿付本金金额为基础的利息的支付，则可能属于这种情况。例如，如果合同条款规定，随着使用特定收费公路的车辆数目增多，金融资产的现金流量将增加，则该等合同现金流量与基本借款安排不一致。

【例1.3.8】金融资产合同现金流量特征的判断：可转换债券

金融工具F是一项可转换成固定数量的发行人权益工具的债券。

分析：债券持有人应对该可转换债券执行整体分析。合同现金流量并非仅为对本金和以未偿付本金金额为基础的利息的支付，因为其反映的回报与基本借款安排不一致，即回报与发行人的权益价值挂钩。

【例1.3.9】金融资产合同现金流量特征的判断：支付逆向浮动利率的贷款

金融工具G是一项支付逆向浮动利率的贷款（即利率与市场利率呈负相关关系）。

分析：合同现金流量并非仅为对本金和以未偿付本金金额为基础的利息的支付。利息金额不是对未偿付本金金额的货币时间价值的对价。

【例1.3.10】金融资产合同现金流量特征的判断：永续债券

金融工具H是一项永续金融债券，但发行人可在任何时候回购该工具，并向持有人支付票面金额加累计应付利息。金融工具H按市场利率支付利息，但除非发行人能够保持后续即付能力，否则利息无法支付。递延未付利息不产生额外的利息。

分析：合同现金流量并非仅为对本金和以未偿付本金金额为基础的利息的支付。这是因为发行人可能被要求延迟支付利息，而这些递延利息金额并不产生额外利息。因此，利息金额不是未偿付本金金额的货币时间价值的对价。

如果对递延金额计息，则合同现金流量可能是仅为对本金和以未偿付本金金额为基础的利息的支付。

金融工具H是无限期工具的事实本身并不意味着合同现金流量并非为本金和以未偿付本金金额为基础的利息的支付。实际上，永续债具有连续性的（多项）展期选择权。如果利息支付是强制性的并且必须无限期支付，则此类选择权可能导致合同现金流量仅为对本金和以未偿付本金金额为基础的利息的支付。另外，金融工具H可赎回的事实并不意味着合同现金流量并非仅为对本金和以未偿付本金金额为基础的利息的支付，除非赎回金额实质上并未反映对仅为对未偿付本金和以未偿付本金金额为基础的利息的支付。即使赎回金额包含因提前终止该工具而对持有人作出补偿的金额，合同现金流量也可能仅为对本金和以未偿付本金金额为基础的利息的支付。

> **相关链接 1-1：业务模式测试和应收账款、票据的核算**
>
> 　　按照 CAS（2006），由于应收款项在活跃市场中没有报价且回收金额固定或可确定，因此应收账款和票据一般分类为贷款和应收款项，以摊余成本计量。但按照 CAS（2017），对于应收账款和票据而言，也和其他金融资产一样，应当进行业务模式测试和现金流量测试，然后进行分类和计量。
>
> 　　按照 CAS（2017），少数特殊的应收账款，如结算金额与特定商品价格挂钩的应收账款，作为非紧密相关嵌入衍生工具的商品价格挂钩条款将不再与主合同进行拆分，而是将该金融资产作为一个整体进行现金流量测试。该类应收账款的合同现金流量并非仅为对本金和以未偿付本金金额为基础的利息的支付。因此，该类应收账款不能通过现金流量测试，应当分类为以公允价值计量且其变动计入当期损益的金融资产。除类似上述情况外，应收账款和票据的合同现金流量特征一般情况下仅为对本金和以未偿付本金金额为基础的利息的支付。除此之外，其分类和计量将取决于业务模式测试的结果，并分别以摊余成本计量、以公允价值计量且其变动计入其他综合收益以及以公允价值计量且其变动计入当期损益。
>
> 　　模式一：持有至对手方付款，期间不发生转让
> 　　企业持有应收账款和票据，并预期在信用期满或票据到期时从交易对手方收回。
> 　　分析：企业持有应收账款和票据的业务模式为收取该类资产的合同现金流量，符合业务模式测试中的"为收取合同现金流量而持有"的业务模式，在通过现金流量测试的情况下，该类应收账款和票据应当以摊余成本计量。
> 　　模式二：持有至对手方付款，但当对手方信用状况恶化时，考虑处置以控制信用风险
> 　　通常情况下，企业持有应收账款和票据，并预期在信用期满或票据到期时从交易对手方收回；对手方信用状况发生恶化，应收账款的可回收性产生一定风险时，企业考虑通过将应收账款卖断给不良资产管理公司等方式处置应收账款，以控制企业可能面临的信用风险。
> 　　分析：尽管企业存在处置部分应收账款的可能性，但该情形只有在对手方信用状况发生恶化的情况下才可能发生。按照 CAS（2017）的规定，由于对手方信用状况发生恶化而导致的出售，并不会使得企业持有该类金融资产的业务模式不再满足"为收取合同现金流量而持有"，因此，企业以这种模式持有的应收账款和票据仍然满足"为收取合同现金流量而持有"的业务模式，在通过现金流量测试的情况下，该类应收账款和票据应当以摊余成本计量。
> 　　模式三：企业通过保理、证券化、贴现、背书转让等方式提前处置部分或全部应收账款和票据
> 　　从流动性考虑，企业可能通过应收账款保理、证券化、应收票据贴现、背书转让等

方式，在应收账款信用期满或票据到期前，提前处置并终止确认部分或全部应收账款和票据，以提前收回现金流。

模式四：银行通过转贴现将贴现取得的票据转让给其他同业

作为主要日常业务之一，银行通过与企业进行的票据贴现交易取得大量的银行承兑汇票；从获取收益或流动性管理考虑，银行可能通过转贴现的形式，将取得的票据再次转贴现给其他同业，终止确认相关票据并提前收回现金流。

分析：就模式三和模式四而言，企业通过保理、证券化、贴现、背书转让及转贴现等方式，将持有的应收账款和票据进行转让并终止确认以提前收取现金流的，这类交易的实质为应收账款和票据的处置（出售）。在通过现金流量测试的情况下，进行业务模式测试时，应当考虑该类处置的金额和频繁程度，判断其业务模式是"为收取合同现金流量和出售而持有"或"其他策略"，而无论哪种模式，此类应收账款和票据均以公允价值计量。如属于"为收取合同现金流量和出售而持有"模式，应收账款和票据应当以公允价值计量且其变动计入其他综合收益；如属于"其他策略"模式，应收账款和票据应当以公允价值计量且其变动计入当期损益。

实务中，在企业不同的业务领域，如果资产管理方式不同，其对应的应收账款和票据可能也存在不止一项业务模式。企业如果仅对部分（如特定客户或业务）应收账款和票据进行保理、证券化、贴现或背书转让，则可以考虑根据自身的应收账款和票据管理方式，对不同类别的应收账款和票据组合分别根据业务模式确定其分类方式。

需要指出的是，如果上述应收账款和票据的处置是偶发且企业预计未来不会再发生（无论金额是否重大），或处置的金额是不重大的（无论是否频繁），则按照CAS（2017）的规定，该类的处置不会使得企业持有该类金融资产的业务模式不再满足"为收取合同现金流量而持有"，因此，在这种情形下，企业仍然以摊余成本计量该类应收账款和票据。

此外，对于以摊余成本计量和以公允价值计量的应收账款和票据，除需要采用不同的核算方法外，金融工具披露和公允价值准则的披露要求也存在差异。

资料来源：来自"德勤会计准则视点"新金融工具篇：（二）业务模式测试和应收账款、票据的核算。

1.3.2 以公允价值计量且其变动计入当期损益的金融资产或金融负债

以公允价值计量且其变动计入当期损益的金融资产或金融负债，可以进一步分为交易性金融资产或金融负债、直接指定为以公允价值计量且其变动计入当期损益的金融资产或金融负债。

1. 交易性金融资产或金融负债

满足以下条件之一的金融资产或金融负债，应当划分为交易性金融资产或金融负债。

（1）取得相关金融资产或承担相关金融负债的目的，主要是为了近期出售或回购。例如，企业以赚取差价为目的从二级市场购入的股票、债券和基金等。

（2）相关金融资产或金融负债在初始确认时属于集中管理的可辨认金融工具组合的一部分，且有客观证据表明近期实际存在短期获利模式。在这种情况下，即使组合中有某个组成项目持有的期限稍长也不受影响。其中，"金融工具组合"指金融资产组合或金融负

金融工具会计准则讲解

债组合。

（3）相关金融资产或金融负债属于衍生工具，但被指定为有效套期工具的衍生工具除外。衍生工具通常划分为交易性金融资产或金融负债。但是，符合财务担保合同定义的衍生工具以及被指定为有效套期工具的衍生工具除外。其中，财务担保合同是指保证人和债权人约定，当债务人不履行债务时，保证人按照约定履行债务或者承担责任的合同。

2. 直接指定为以公允价值计量且其变动计入当期损益的金融资产或金融负债

在初始确认时，如果能够消除或显著减少会计错配，企业可以将金融资产或金融负债指定为以公允价值计量且其变动计入当期损益的金融资产或金融负债。

会计错配是指当企业以不同的会计确认方法和计量属性，对在经济上相关的资产和负债进行确认或计量而产生利得或损失时，可能导致的会计确认和计量上的不一致。

设立这项条件，目的在于通过直接指定为以公允价值计量，并将其变动计入当期损益，以消除会计上可能存在的错配现象。举例如下。

（1）按照金融工具确认和计量准则规定，有些金融资产被划分为以公允价值计量且其变动计入其他综合收益，从而其公允价值变动计入其他综合收益，但与之直接相关的金融负债却划分为以摊余成本进行后续计量的金融负债，从而导致"会计错配"。但是，如果将以上金融资产和金融负债均直接指定为以公允价值计量且其变动计入当期损益类，那么这种会计错配就能够消除。

（2）企业拥有某金融资产且承担某金融负债，该金融资产和金融负债承担某种相同的风险，且各自的公允价值变动方向相反，趋于相互抵销。但是，由于金融资产或金融负债不是以公允价值计量且其变动计入当期损益，从而不符合被指定为套期工具的条件，因此不能运用套期会计方法，从而出现在相关利得或损失的确认方面存在重大不一致。在这种情况下，如果将该金融资产和金融负债进行公允价值指定，则可以消除"会计错配"现象。例如，企业通过发行上市债券为一组特定贷款提供融资，且债券与贷款的公允价值变动可相互抵销。此外，如果企业定期买卖该债券但是很少（即使有过的话）买卖该贷款，则同时以公允价值计量且其变动计入当期损益的方式报告该贷款和债券，将消除两者均以摊余成本计量且每次回购债券时确认一项利得或损失所导致的利得和损失确认时间的不一致。

需要指出的是，对于上述情况，实务中企业可能难以做到将所涉及的金融资产和金融负债在同一时间进行公允价值指定。如果企业能够做到将每项相关交易在初始确认时予以公允价值指定，且能预期剩下的交易将会发生，那么合理的延迟是可以的。

此外，对于实务中是否可以只就金融资产和金融负债的一部分进行指定，要视指定后是否能够消除或显著减少"会计错配"现象来定。如果能够消除或显著减少，则可以指定；否则，不能指定。例如，假定企业拥有许多类似的金融负债（总金额为1 000万元）并同时拥有许多类似的金融资产（总金额为500万元），但两者按不同的基础计量。企业可通过在初始确认时将全部资产和一部分负债（例如，合计金额为450万元的单项负债）指定为以公允价值计量且其变动计入当期损益，以显著减少计量的不一致。但是，由于以公允价值计量且其变动计入当期损益的指定只能应用于一项金融工具的整体，因此在本例中，企业必须指定一项或多项负债的整体。企业不能指定负债的某一组成部分（例如，仅受一种风险影响的价值变动，如基准利率变动）或负债的某一比例部分。

对直接指定为以公允价值计量且其变动计入当期损益的金融负债，还要求根据正式书面文件载明的企业风险管理或投资策略，以公允价值为基础对金融负债组合或金融资产和金融负债组合进行管理和业绩评价，并在企业内部以此为基础向关键管理人员报告。例如，企业发行包含多项嵌入衍生工具的"结构性产品"，并且通过使用衍生和非衍生金融工具的组合以公允价值为基础管理相应的风险。此项条件注重企业日常管理和评价业绩的方式，而不是关注金融工具组合中各组成部分的性质。例如，风险投资机构、证券投资基金或类似会计主体，其经营活动的主要目的在于从投资工具的公允价值变动中获取回报，它们在风险管理或投资策略的正式书面文件中对此也有清楚的说明。在这种情况下，应将该组合进行指定。

上述指定一经做出，不得撤销。

1.3.3 以摊余成本计量的金融资产或金融负债

金融资产同时符合下列条件的，应当分类为以摊余成本计量的金融资产。

（1）企业管理该金融资产的业务模式是以收取合同现金流量为目标。

（2）该金融资产的合同条款规定，在特定日期产生的现金流量，仅为对本金和以未偿付本金金额为基础的利息的支付。

例如，普通公司债券、普通零售贷款和某些简单的资产证券化证券，均可分类为以摊余成本计量的金融资产。

除下列各项外，企业应当将金融负债分类为以摊余成本计量的金融负债。

（1）以公允价值计量且其变动计入当期损益的金融负债，包括交易性金融负债（含属于金融负债的衍生工具）和指定为以公允价值计量且其变动计入当期损益的金融负债。

（2）金融资产转移不符合终止确认条件或继续涉入被转移金融资产所形成的金融负债。对此类金融负债，企业应当按照《企业会计准则第 23 号——金融资产转移》相关规定进行计量。

（3）不属于（1）或（2）情形的财务担保合同，以及不属于（1）情形的以低于市场利率贷款的贷款承诺。企业作为此类金融负债发行方的，应当在初始确认后按照依据 CAS 22（2017）所确定的损失准备金额以及初始确认金额扣除依据《企业会计准则第 14 号——收入》相关规定所确定的累计摊销额后的余额孰高进行计量。

在非同一控制下的企业合并中，企业作为购买方确认的或有对价形成金融负债的，该金融负债应当按照以公允价值计量且其变动计入当期损益进行会计处理。

1.3.4 以公允价值计量且其变动计入其他综合收益的金融资产

金融资产同时符合下列条件的，应当分类为以公允价值计量且其变动计入其他综合收益的金融资产。

（1）企业管理该金融资产的业务模式既以收取合同现金流量为目标又以出售该金融资产为目标。

（2）该金融资产的合同条款规定，在特定日期产生的现金流量，仅为对本金和以未偿付本金金额为基础的利息的支付。

例如，企业购买的某些公司债券可以分类为以公允价值计量且其变动计入其他综合收益的金融资产。

在初始确认时，企业可以将非交易性权益工具投资指定为以公允价值计量且其变动计入其他综合收益的金融资产，并按照规定确认股利收入。该指定一经做出，不得撤销。企业在非同一控制下的企业合并中确认的或有对价构成金融资产的，该金融资产应当分类为以公允价值计量且其变动计入当期损益的金融资产，不得指定为以公允价值计量且其变动计入其他综合收益的金融资产。

例如，企业可以将战略性股权投资、非交易性权益工具投资指定为以公允价值计量且其变动计入其他综合收益的金融资产。

在 CAS 22（2017）"三分类"模型中，准则对分类为"以摊余成本计量的金融资产""以公允价值计量且其变动计入其他综合收益的金融资产"都设定了明确的条件，如果一项金融资产不满足上述设定的条件，则自动划入"以公允价值计量且其变动计入当期损益的金融资产"。这与 CAS 22（2006）"四分类"模型中，如果一项金融资产不满足设定的条件，则自动划入"可供出售金融资产"存在明显区别。

综上，金融资产分类判定流程如图 1.3.1 所示。

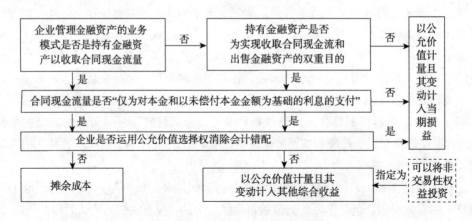

图 1.3.1　金融资产分类判定流程

1.4　金融资产和金融负债的计量

1.4.1　金融资产和金融负债的初始计量

企业初始确认金融资产或金融负债，应当按照公允价值计量。对于以公允价值计量且其变动计入当期损益的金融资产和金融负债，相关交易费用应当直接计入当期损益；对于其他类别的金融资产或金融负债，相关交易费用应当计入初始确认金额。但是，企业初始确认的应收账款未包含《企业会计准则第 14 号——收入》所定义的重大融资成分或根据《企业会计准则第 14 号——收入》规定不考虑不超过一年的合同中的融资成分的，应当按照该准则定义的交易价格进行初始计量。

交易费用是指可直接归属于购买、发行或处置金融工具的增量费用。增量费用是指企业没有发生购买、发行或处置相关金融工具的情形就不会发生的费用，包括支付给代理机构、咨询公司、券商、证券交易所、政府有关部门等的手续费、佣金、相关税费以及其他必要支出，不包括债券溢价、折价、融资费用、内部管理成本和持有成本等与交易不直接相关的费用。

企业应当根据《企业会计准则第 39 号——公允价值计量》的规定，确定金融资产和金融负债在初始确认时的公允价值。公允价值通常为相关金融资产或金融负债的交易价格。金融资产或金融负债公允价值与交易价格存在差异的，企业应当区别下列情况进行处理。

（1）在初始确认时，金融资产或金融负债的公允价值依据相同资产或负债在活跃市场上的报价或者以仅使用可观察市场数据的估值技术确定的，企业应当将该公允价值与交易价格之间的差额确认为一项利得或损失。

（2）在初始确认时，金融资产或金融负债的公允价值以其他方式确定的，企业应当将该公允价值与交易价格之间的差额递延。初始确认后，企业应当根据某一因素在相应会计期间的变动程度将该递延差额确认为相应会计期间的利得或损失。该因素应当仅限于市场参与者对该金融工具定价时将予考虑的因素，包括时间等。

例如，不带息的长期贷款或应收款项的公允价值可以按所有未来现金收款的现值计量，该现值应采用具有类似信用等级的类似工具（在币种、期限、利率类型及其他因素等方面相似）的当前市场利率进行折现。任何额外的借出金额均为一项费用或收益的扣减（在存续期内摊销），除非其符合某些其他类型资产的确认条件（利息资本化）。

又如，如果企业发放了一项以场外利率计息的贷款（例如，当类似贷款的市场利率为 8%时，该项贷款的利率为 5%），并收取一笔前端费用作为补偿，则企业应按公允价值（即扣除企业收取的费用后的净额）确认此项贷款。

企业取得金融资产所支付的价款中包含的已宣告但尚未发放的债券利息或现金股利，应当单独确认为应收项目进行处理。

许多衍生工具，例如期货合同和在交易所交易的签出期权，要求有保证金账户。此类保证金账户是否作为衍生工具初始净投资的一部分进行会计核算？此类保证金账户不是衍生工具中初始净投资的一部分。保证金账户是向交易对手方或清算所提供担保品的一种形式，并且可以体现为现金、证券或其他专门的资产，通常是流动资产。保证金账户是需要进行单独核算的独立资产。

1.4.2 金融资产的后续计量

1. 金融资产后续计量原则

初始确认后，企业应当对不同类别的金融资产，分别以摊余成本、以公允价值计量且其变动计入其他综合收益或以公允价值计量且其变动计入当期损益进行后续计量。

金融资产被指定为被套期项目的，企业应当根据《企业会计准则第 24 号——套期会计》（2017）规定进行后续计量。

企业对权益工具的投资和与此类投资相联系的合同应当以公允价值计量。但在有限情况下，如果用以确定公允价值的近期信息不足，或者公允价值的可能估计金额分布范围很广,而成本代表了该范围内对公允价值的最佳估计的,该成本可代表其在该分布范围内对公允价值的恰当估计。

企业应当利用初始确认日后可获得的关于被投资方业绩和经营的所有信息,判断成本能否代表公允价值。存在下列情形(包含但不限于)之一的,可能表明成本不代表相关金融资产的公允价值,企业应当对其公允价值进行估值。

(1)与预算、计划或阶段性目标相比,被投资方业绩发生重大变化。

(2)对被投资方技术产品实现阶段性目标的预期发生变化。

(3)被投资方的权益、产品或潜在产品的市场发生重大变化。

(4)全球经济或被投资方经营所处的经济环境发生重大变化。

(5)被投资方可比企业的业绩或整体市场所显示的估值结果发生重大变化。

(6)被投资方的内部问题,如欺诈、商业纠纷、诉讼、管理或战略变化。

(7)被投资方权益发生了外部交易并有客观证据,包括发行新股等被投资方发生的交易和第三方之间转让被投资方权益工具的交易等。

权益工具投资或合同存在报价的,企业不应当将成本作为对其公允价值的最佳估计。

这类似于以前对不具有重大影响的长期股权投资,区分权益投资的公允价值是否可以可靠取得,分别采用成本法和以公允价值计量的金融资产核算。

企业在对金融资产进行后续计量时,应注意以下几点。

(1)如果一项金融工具以前被确认为一项金融资产并以公允价值计量,而现在它的公允价值低于零,企业应将其确认为一项负债。

(2)对于以公允价值计量且其变动计入其他综合收益的金融资产相关交易费用的处理。例如,某项资产以100万元购入,划分为以公允价值计量且其变动计入其他综合收益的金融资产,购买时发生佣金2万元。该资产应以102万元进行初始确认。一天后即为下一个财务报告日,报告日该资产的市场标价是100万元。如果此时将该资产出售,需支付的佣金为3万元。报告日,该资产以100万元进行计量(不考虑销售时可能发生的佣金),2万元的损失计入其他综合收益。如果该金融资产有固定或可确定的收款额,交易费用应按实际利率法摊销计入损益;如果该金融资产没有固定或可确定的收款额,交易费用在该资产终止确认或发生减值时计入损益。

(3)对活跃市场报价的理解。如果企业方便且定期从交易所、经纪商、行业协会、定价服务机构等场所获得报价,且这些报价代表了正常情况下实际和经常发生的市场交易,说明金融工具在活跃市场上有报价。确定活跃市场中交易的金融工具公允价值的目的,就是要找到在资产负债表日企业可立即进入的最有利的活跃市场中该金融工具的交易价格(即没有对该金融工具的条款进行修改或重新组合)。但是,企业应调整在最有利的活跃市场中的交易价格,以反映交易对手的信用风险在此市场中交易的金融工具和拟计量的金融工具之间存在的差异。活跃市场上存在的公开报价通常是公允价值的最好依据。这种报价存在时,应用于计量金融资产或金融负债。

2. 金融资产会计处理的科目设置

会计科目的科学设定对于内部管理和外部报告都十分重要。会计科目设置应当简单明了、通俗易懂。

在 CAS 22（2006）的四分类下，金融资产主要通过"交易性金融资产""贷款""应收账款""持有至到期投资""可供出售金融资产"和"衍生工具"等科目来反映。其中"交易性金融资产"核算企业为交易目的所持有的债券投资、股票投资、基金投资等交易性金融资产的公允价值；企业持有的直接指定为以公允价值计量且其变动计入当期损益的金融资产，也在"交易性金融资产"科目核算；衍生金融资产在"衍生工具"科目核算。"贷款"核算企业（银行）按规定发放的各种客户贷款，包括质押贷款、抵押贷款、保证贷款、信用贷款等。企业（银行）按规定发放的具有贷款性质的银团贷款、贸易融资、协议透支、信用卡透支、转贷款以及垫款等，也可在"贷款"科目核算；也可以单独设置"银团贷款""贸易融资""协议透支""信用卡透支""转贷款"和"垫款"等科目。"应收账款"核算企业因销售商品、提供劳务等经营活动应收取的款项。"持有至到期投资"核算企业除贷款和应收款项以外的持有至到期投资的摊余成本，该科目可按持有至到期投资的类别和品种，分别"成本""利息调整"及"应计利息"等进行明细核算。"可供出售金融资产"核算企业持有的可供出售金融资产的公允价值，包括划分为可供出售的股票投资、债券投资等金融资产，该科目按可供出售金融资产的类别和品种，分别"成本""利息调整""应计利息"和"公允价值变动"等进行明细核算。"衍生工具"核算企业衍生工具的公允价值及其变动形成的衍生资产或衍生负债。衍生工具作为套期工具的，在"套期工具"科目核算。

在 CAS 22（2017）的三分类下，有关金融资产的会计科目应当如何设置，至少存在以下三种思路。

第一种思路是继续沿用以前的会计科目设置。金融资产从"四分类"到"三分类"其实并无质的变化。主要的变化包括：首先是将原有的"持有至到期投资"和"贷款和应收款项"合并为"以摊余成本计量的金融资产"。贷款和应收款项继续通过"贷款""应收账款"等科目核算，持有贷款和应收款项以外的金融资产并收取合同现金流量同持有至到期投资并没有本质区别，因此，除贷款和应收款项以外的持有收回投资仍可以通过"持有至到期投资"核算（也可以改为"持有收回债权投资"以示区别）。其次是将"可供出售金融资产"类变更为"以公允价值计量且其变动计入其他综合收益的金融资产"[①]，并且不允许出售时将可供出售权益工具公允价值变动从其他综合收益转入当期损益。对于分类为"以公允价值计量且其变动计入其他综合收益的金融资产"，管理该金融资产的业务模式属于既收取合同流量又出售金融资产，这意味着企业可以出售也可以不出售该金融资产，这同可供出售金融资产的内涵并无实质区别；同样，对于指定为"以公允价值计量且其变动计入其他综合收益的金融资产"的非交易性权益工具，企业可以出售也可以不出售该金融

---

① 注意，两者的内涵和外延还是有所不同。在 CAS 22（2017）三分类中，"以公允价值计量且其变动计入其他综合收益的金融资产"的含义是明确的（如持有收回和出售的债券投资和非交易性权益投资），而在 CAS 22（2006）四分类中，"可供出售金融资产"属于兜底的类别，很多不能分类到其他类别的金融资产，可以划分此类。显然，有些可以分类为四分类中的"可供出售金融资产"的基金投资不能分类为三分类中的"以公允价值计量且其变动计入其他综合收益的金融资产"。尽管内涵和外延不同，但并没有改变"以公允价值计量且其变动计入其他综合收益的金融资产"属于可供出售的本质特征。

资产。因此对于"以公允价值计量且其变动计入其他综合收益的金融资产"仍然可以通过"可供出售金融资产"科目来核算。当然，为了对分类为和指定为"以公允价值计量且其变动计入其他综合收益的金融资产"进行区分，也可以分别设置"可供出售债权投资"和"可供出售股权投资"科目核算。对于衍生工具，仍然通过"衍生工具"科目核算。

第二种思路是按新的分类进行会计科目设置。金融资产的"三分类"为"以摊余成本计量的金融资产""以公允价值计量且其变动计入其他综合收益的金融资产"及"以公允价值计量且其变动计入当期损益的金融资产"。显然，不宜按分类名称来设置会计科目，因为这不符合会计科目的设置应当简单明了的要求，考虑到前两类还需要进行减值，计提减值准备时还需要加上减值准备（如"以公允价值计量且其变动计入其他综合收益的金融资产减值准备"），科目就更长了。可行的方法是统一设置"金融资产"科目，然后按金融资产的类别和品种，分别设置"摊余成本类"（AC）、"其他综合收益类"（FVOCI）、"损益类"（FVPL）进行二级明细核算，在此基础上再分别"成本"或"面值""公允价值变动""利息调整"和"应计利息"等进行三级明细核算。例如，对从二级市场溢价购入的S公司债券：

① 如果分类为"以摊余成本计量的金融资产"，则
借：金融资产——S公司债券——摊余成本类（面值）
　　　　——S公司债券——摊余成本类（利息调整）
　　贷：其他货币资金

② 如果分类为"以公允价值计量且其变动计入其他综合收益的金融资产"，则
借：金融资产——S公司债券——其他综合收益类（面值）
　　　　——S公司债券——其他综合收益类（利息调整）
　　贷：其他货币资金

③ 如果分类为"以公允价值计量且其变动计入当期损益的金融资产"，则
借：金融资产——S公司债券——损益类（成本）
　　贷：其他货币资金

在此基础上，企业还可以进一步区分为分类为和指定为损益类或其他综合收益类的金融资产分别核算。

对于衍生工具，仍然通过"衍生工具"科目核算。

对于非衍生的以公允价值计量且其变动计入当期损益的金融负债可以比较上述思路设置会计科目。

第三种思路是对交易性金融资产以外的金融资产在科目中直接体现投资性质（债权投资或股权投资）。例如：

由于"以摊余成本计量的金融资产"和划分为"以公允价值计量且其变动计入其他综合收益的金融资产"，其投资性质均是债权投资，因此可以分别通过"债权投资"和"其他债权投资"科目核算。

类似地，对指定为"以公允价值计量且其变动计入其他综合收益的金融资产"，可以通过"其他权益工具投资"科目核算。

对"以公允价值计量且其变动计入当期损益的金融资产"，仍通过"交易性金融资产"

核算。衍生工具仍然通过"衍生工具"科目核算。

无论采用哪种思路，在资产负债表中都可以很容易转换为"以摊余成本计量的金融资产""以公允价值计量且其变动计入其他综合收益的金融资产"和"以公允价值计量且其变动计入当期损益的金融资产"的项目进行列报。

本书采用第三种思路进行会计核算。

3. 以公允价值计量且其变动计入当期损益的金融资产的会计处理

企业应当将以公允价值计量的金融资产的利得或损失计入当期损益，除非该金融资产或金融负债属于下列情形之一。

（1）属于《企业会计准则第24号——套期会计》（2017）规定的套期关系的一部分。

（2）是一项对非交易性权益工具的投资，且企业已将其指定为以公允价值计量且其变动计入其他综合收益的金融资产。

（3）是一项被指定为以公允价值计量且其变动计入当期损益的金融负债，且该负债由企业自身信用风险变动引起的其公允价值变动应当计入其他综合收益。

（4）是一项分类为以公允价值计量且其变动计入其他综合收益的金融资产，且企业根据规定，其减值损失或利得和汇兑损益之外的公允价值变动计入其他综合收益。

企业只有在同时符合下列条件时，才能确认股利收入并计入当期损益。

（1）企业收取股利的权利已经确立。

（2）与股利相关的经济利益很可能流入企业。

（3）股利的金额能够可靠计量。

企业根据CAS 22（2017）规定将非交易性权益工具投资指定为以公允价值计量且其变动计入其他综合收益的金融资产的，当该金融资产终止确认时，之前计入其他综合收益的累计利得或损失应当从其他综合收益中转出，计入留存收益。

以公允价值计量且其变动计入其他综合收益的权益工具投资的现金股利，应当在被投资单位宣告发放股利时计入当期损益。

【例1.4.1】金融资产的后续计量：以公允价值计量且其变动计入当期损益的金融资产（股票投资）

（1）20×7年5月6日，甲公司支付价款2 032万元（含交易费用2万元和已宣告发放现金股利30万元），购入乙公司发行的股票200万股，占乙公司有表决权股份的0.5%。

（2）20×7年5月10日，甲公司收到乙公司发放的现金股利30万元。

（3）20×7年6月30日，该股票市价为每股10.4元。

（4）20×7年12月31日，甲公司仍持有该股票；当日，该股票市价为每股9.6元。

（5）20×8年5月9日，乙公司宣告发放股利8 000万元。

（6）20×8年5月13日，甲公司收到乙公司发放的现金股利。

（7）20×8年5月20日，甲公司以每股9.8元的价格将股票全部转让。

假定不考虑其他因素，甲公司的账务处理如下（金额单位：万元）

（1）20×7年5月6日，购入股票

借：应收股利　　　　　　　　　　　　　　　　　30
　　交易性金融资产——成本　　　　　　　　　2 000
　　投资收益　　　　　　　　　　　　　　　　　2
　　贷：银行存款　　　　　　　　　　　　　　　2 032

（2）20×7年5月10日，收到现金股利
借：银行存款　　　　　　　　　　　　　　　　　30
　　贷：应收股利　　　　　　　　　　　　　　　30

（3）20×7年6月30日，确认股票价格变动
借：交易性金融资产——公允价值变动　　　　　80
　　贷：公允价值变动损益　　　　　　　　　　　80

注：公允价值变动＝10.4×200－（2 032－2－30）＝80（万元）

（4）20×7年12月31日，确认股票价格变动
借：公允价值变动损益　　　　　　　　　　　　160
　　贷：交易性金融资产——公允价值变动　　　160

注：公允价值变动＝200×（9.6－10.4）＝－160（万元）

（5）20×8年5月9日，确认应收现金股利
借：应收股利　　　　　　　　　　　　　　　　　40
　　贷：投资收益　　　　　　　　　　　　　　　40（8 000×0.5%）

（6）20×8年5月13日，收到现金股利
借：银行存款　　　　　　　　　　　　　　　　　40
　　贷：应收股利　　　　　　　　　　　　　　　40

（7）20×8年5月20日，出售股票
借：银行存款　　　　　　　　　　　　　　　1 960（9.8×200）
　　交易性金融资产——公允价值变动　　　　　80
　　贷：交易性金融资产——成本　　　　　　　2 000
　　　　投资收益　　　　　　　　　　　　　　　40
借：投资收益　　　　　　　　　　　　　　　　　80
　　贷：公允价值变动损益　　　　　　　　　　　80

假定甲公司将购入的乙公司股票指定为以公允价值计量且其变动计入其他综合收益的金融资产，其他资料不变。则会计处理如下（金额单位：万元）。

（1）20×7年5月6日，购入股票
借：应收股利　　　　　　　　　　　　　　　　　30
　　其他权益工具投资——成本　　　　　　　　2 002
　　贷：银行存款　　　　　　　　　　　　　　　2 032

（2）20×7年5月10日，收到现金股利

借：银行存款　　　　　　　　　　　　　　　　　　　　30
　　贷：应收股利　　　　　　　　　　　　　　　　　　　30
（3）20×7年6月30日，确认股票价格变动
借：其他权益工具投资——公允价值变动　　　　　　　78
　　贷：其他综合收益　　　　　　　　　　　　　　　　78
注：公允价值变动 = 200×10.4−2 002 = 78（万元）
（4）20×7年12月31日，确认股票价格变动
借：其他综合收益　　　　　　　　　　　　　　　　　160
　　贷：其他权益工具投资——公允价值变动　　　　　 160
注：公允价值变动 = 200×（9.6−10.4）= −160（万元）
（5）20×7年5月9日，确认应收现金股利
借：应收股利　　　　　　　　　　　　　　　　　　　 40
　　贷：投资收益　　　　　　　　　　　　　　　　　　 40
（6）20×8年5月13日，收到现金股利
借：银行存款　　　　　　　　　　　　　　　　　　　 40
　　贷：应收股利　　　　　　　　　　　　　　　　　　 40
（7）20×8年5月20日，出售股票
借：银行存款　　　　　　　　　　　　　　　　　　　1960
　　其他权益工具投资——公允价值变动　　　　　　　　82
　　贷：其他权益工具投资——成本　　　　　　　　　 2002
　　　　其他综合收益　　　　　　　　　　　　　　　　40

出售股票时，将其他综合收入直接转入留存收益。由于该结转不影响净利润，故不计提相应的法定盈余公积，直接全部转入未分配利润。

借：利润分配——未分配利润　　　　　　　　　　　　 42
　　贷：其他综合收益　　　　　　　　　　　　　　　　 42

【例 1.4.2】 金融资产的后续计量：以公允价值计量且其变动计入当期损益的金融资产（债券投资）

甲企业为工业生产企业，20×7年1月1日，从二级市场支付价款2 040 000元（含已到付息期但尚未领取的利息40 000元）购入某公司发行的债券，另发生交易费用40 000元。该债券面值2 000 000元，剩余期限为2年，票面年利率为4%，每半年付息一次，甲企业将其划分为交易性金融资产。其他资料如下：

（1）20×7年1月5日，收到该债券20×6年下半年利息40 000元；
（2）20×7年6月30日，该债券的公允价值为2 300 000元（不含利息）；
（3）20×7年7月5日，收到该债券半年利息；
（4）20×7年12月31日，该债券的公允价值为2 200 000元（不含利息）；

(5) 20×8 年 1 月 5 日，收到该债券 20×7 年下半年利息；

(6) 20×8 年 3 月 31 日，甲企业将该债券出售，取得价款 2 360 000 元（含 1 季度利息 20 000 元）。

假定不考虑其他因素，甲企业的账务处理如下（本书会计分录中未注明单位的均为元）。

(1) 20×7 年 1 月 1 日，购入债券

借：交易性金融资产——成本　　　　　　　　2 000 000
　　应收利息　　　　　　　　　　　　　　　　40 000
　　投资收益　　　　　　　　　　　　　　　　40 000
　　　贷：银行存款　　　　　　　　　　　　　　　　2 080 000

(2) 20×7 年 1 月 5 日，收到该债券 20×6 年下半年利息

借：银行存款　　　　　　　　　　　　　　　　40 000
　　　贷：应收利息　　　　　　　　　　　　　　　　40 000

(3) 20×7 年 6 月 30 日，确认债券公允价值变动和投资收益

借：交易性金融资产——公允价值变动　　　　　300 000
　　　贷：公允价值变动损益　　　　　　　　　　　　300 000

借：应收利息　　　　　　　　　　　　　　　　40 000
　　　贷：投资收益　　　　　　　　　　　　　　　　40 000

(4) 20×7 年 7 月 5 日，收到该债券半年利息

借：银行存款　　　　　　　　　　　　　　　　40 000
　　　贷：应收利息　　　　　　　　　　　　　　　　40 000

(5) 20×7 年 12 月 31 日，确认债券公允价值变动和投资收益

借：公允价值变动损益　　　　　　　　　　　　100 000
　　　贷：交易性金融资产——公允价值变动　100 000（2 200 000–2 300 000）

借：应收利息　　　　　　　　　　　　　　　　40 000
　　　贷：投资收益　　　　　　　　　　　　　　　　40 000

(6) 20×8 年 1 月 5 日，收到该债券 20×7 年下半年利息

借：银行存款　　　　　　　　　　　　　　　　40 000
　　　贷：应收利息　　　　　　　　　　　　　　　　40 000

(7) 20×8 年 3 月 31 日，将该债券予以出售

借：银行存款　　　　　　　　　　　　　　　　2 360 000
　　公允价值变动损益　　　　　　　　　　　　200 000
　　　贷：交易性金融资产——成本　　　　　　　　　2 000 000
　　　　　　　　　　　　　——公允价值变动　　　　200 000
　　　　　投资收益　　　　　　　　　　　　　　　　360 000

【例 1.4.3】金融资产的后续计量：以公允价值计量且其变动计入当期损益的金融资产

（衍生工具投资）

A公司20×7年10月25日（周三）10:00开仓，购入10手看涨IF1311股指期货，点位2 400，当日IF1311的收盘点位为2 360。10月26日（周四）的收盘点位为2 370。10月27日（周五）13:00平仓，平仓时的点位为2 390。根据中国金融期货交易所（中金所）金融期货交易规定，沪深300指数期货合约的合约价值乘数为300，最低交易保证金比例为12%，交易手续费为交易金额的十万分之三。假设A公司实际缴纳的交易保证金比例为15%，则A公司应如何进行会计处理。

20×7年10月25日A公司开仓时，需要缴纳的保证金为

300×10×2 400×15%＝1 080 000（元）

手续费为

300×10×2 400×0.03‰＝216（元）

至当日收盘时，收盘点位为2 360，合约占用的交易保证金为

300×10×2 360×15%＝1 062 000（元）

开仓点位2 400，收盘点位2 360，产生浮动亏损，金额为

（2 400－2 360）×300×10＝120 000（元）

10月25日缴纳保证金、确认手续费：

借：其他货币资金——结算准备金　　　　　　　　　1 080 000
　　贷：银行存款　　　　　　　　　　　　　　　　　　　1 080 000

注意，缴纳的保证金不是衍生工具中初始净投资的一部分。保证金账户是为对方或清算所提供抵押品的一种形式，并且可以表现为现金、证券或其他专门的资产，一般是流动资产。保证金账户是需要进行单独核算的独立资产，在我国，通过其他货币资金进行核算。

借：投资收益　　　　　　　　　　　　　　　　　　　216
　　贷：其他货币资金——结算准备金　　　　　　　　　　 216

10月25日确认保证金及持仓盈亏：

借：公允价值变动损益　　　　　　　　　　　　　　120 000
　　贷：衍生工具——购入股指期货（IF1311）　　　　　120 000

同时保证金账户金额减少120 000元。保证金账户余额＝1 080 000－216－120 000＝959 784元，合约占用的交易保证金为1 062 000元，需要追加保证金102 216元。

借：其他货币资金——结算准备金　　　　　　　　　102 216
　　贷：银行存款　　　　　　　　　　　　　　　　　　　102 216

10月26日收盘，股票指数比上日上涨10点，产生盈利30 000元（300×10×10）。

借：衍生工具——购入股指期货（IF1311）　　　　　30 000
　　贷：公允价值变动损益　　　　　　　　　　　　　　 30 000

由于持仓合约价值的增加而需要增加占用交易保证金4 500元（300×10×2 370×15%－1 062 000），但股票指数上涨盈利导致保证金账户金额增加30 000元，因此不需要追加保

证金。并且可动用的保证金为 25 500 元（30 000–4 500 或 1 062 000+30 000–300×10×2 370×15%）。

10 月 27 日平仓时，股指期货合约又产生盈余 60 000（300×10×20）元，确认平仓盈亏，收回保证金，同时把浮动盈亏结转到投资收益，确认手续费。

借：衍生工具——购入股指期货（IF1311） 60 000
　　贷：公允价值变动损益 60 000
借：衍生工具——购入股指期货（IF1311） 30 000
　　贷：其他货币资金——结算保证金 30 000

把累计的公允价值变动损益转入投资收益：

借：投资收益 30 000
　　贷：公允价值变动损益 30 000

确认交易手续费：

300×10×2390×0.03‰ = 215.10（元）

借：投资收益 215.10
　　贷：其他货币资金——结算保证金 215.10

保证金余额：1 080 000–216+102 216–30 000–215.10=1 151 784.9（元）。

整个交易的盈亏：–216–30 000–215.10=–30 431.1（元）。

收回保证金：

借：银行存款 1 151 784.9
　　贷：其他货币资金——结算保证金 1 151 784.9

4. 以摊余成本计量的金融资产的会计处理

（1）实际利率法。

实际利率法是指计算金融资产或金融负债的摊余成本以及将利息收入或利息费用分摊计入各会计期间的方法。

实际利率是指将金融资产或金融负债在预计存续期的估计未来现金流量，折现为该金融资产账面余额或该金融负债摊余成本所使用的利率。

构成金融工具实际利率组成部分的费用通常包括以下几项。

① 企业形成或购买某项金融资产的费用。此类费用可包括对相关活动的报酬（例如，评价借款人的财务状况、评价并记录各类担保、担保品和其他担保安排、议定金融工具的条款、编制和处理相关文件以及达成交易）。此类费用对于形成对相应金融工具的涉入而言是不可或缺的。

② 为发行以摊余成本计量的金融负债而支付的费用。此类费用对于形成对金融负债的涉入而言是不可或缺的。企业应将构成该金融负债实际利率组成部分的费用和成本，与涉及提供服务（如投资管理服务）之权利的办理费和交易费用区分开来。

不构成金融工具实际利率的组成部分且应当按照《企业会计准则第 17 号——借款费用》核算的费用包括以下几项。

① 为贷款提供服务而收取的费用。

② 企业因安排某项贷款且企业自身不保留该贷款组合的任何部分（或保留该贷款组合的一部分并采用与其他参与者针对类似风险使用的相同实际利率）而收取的贷款银团费用。

在确定实际利率时，应当在考虑金融资产或金融负债所有合同条款（如提前还款、展期、看涨期权或其他类似期权等）的基础上估计预期现金流量，但不应当考虑预期信用损失。

在应用实际利率法时，企业通常应在该金融工具的预计存续期间内，对实际利率计算中包括的各项费用、支付或收取的贴息、交易费用及其他溢价或折价进行摊销。但是，如果该等费用、已付或已收的贴息、交易费用、溢价或折价涉及的期间更短，则应采用该更短期间进行摊销。与该等费用、支付或收取的贴息、交易费用、溢价或折价相关的变量在金融工具预计到期日前按市场利率进行重新定价，则属于这种情况。在该情况下，适当的摊销期间应为截至下一个重新定价日的期间。例如，如果某项浮动利率金融工具的溢价或折价反映该项金融工具自上一个付息日起所计提的利息或自浮动利率重设为市场利率时起市场利率所发生的变化，则应在截至下一个浮动利率重设为市场利率之日的期间内进行摊销。这是因为溢价或折价与截至下一个利率重设日的期间相关，由于在该日，该溢价或折价所涉及的变量（即利率）将重设为市场利率。但是，如果该溢价或折价是源自对该金融工具指定的浮动利率的信用利差的变化，或无须重设为市场利率的其他变量，则应在该金融工具的预计存续期间内进行摊销。

对于浮动利率金融资产和金融负债，为反映利息的市场利率波动而对现金流量进行的定期重估将改变实际利率。如果浮动利率金融资产或金融负债按到期时应收或应付的本金金额进行初始确认，则未来的利息付款额的重估通常不会对该资产或负债的账面金额产生任何重大影响。

（2）摊余成本。

金融资产或金融负债的摊余成本，应当以该金融资产或金融负债的初始确认金额经下列调整后的结果确定。

① 扣除已偿还的本金。

② 加上或减去采用实际利率法将该初始确认金额与到期日金额之间的差额进行摊销形成的累计摊销额。

③ 扣除累计计提的损失准备（仅适用于金融资产）。

企业应当按照实际利率法确认利息收入。利息收入应当根据金融资产账面余额（gross carrying amount，是指对损失准备作出调整前的金融资产的摊余成本）乘以实际利率计算确定，但下列情况除外。

① 对于购入或源生（purchased or originated）的已发生信用减值的金融资产，企业应当自初始确认起，按照该金融资产的摊余成本和经信用调整的实际利率计算确定其利息收入。

在某些情况下，由于金融资产信用风险非常高，且在购买时是以大幅折扣取得，因而在初始确认时被视为已发生信用减值。对于所购买或源生的在初始确认时已发生信用减值的金融资产，在计算经信用调整的实际利率时，企业需要将初始的预期信用损失纳入预计现金流量。但是，这并不意味着仅因为金融资产在初始确认时有较高的信用风险，就采用经信用调整的实际利率。

② 对于购入或源生的未发生信用减值，但在后续期间成为已发生信用减值的金融资产，企业应当在后续期间，按照该金融资产的摊余成本和实际利率计算确定其利息收入。企业按照上述规定对金融资产的摊余成本运用实际利率法计算利息收入的，若该金融工具在后续期间因其信用风险有所改善而不再存在信用减值，并且这一改善在客观上可与应用上述规定之后发生的某一事件相联系（如债务人的信用评级被上调），企业应当转按实际利率乘以该金融资产账面余额来计算确定利息收入。

经信用调整的实际利率是指将购入或源生的已发生信用减值的金融资产在预计存续期的估计未来现金流量，折现为该金融资产摊余成本的利率。在确定经信用调整的实际利率时，应当在考虑金融资产的所有合同条款（例如提前还款、展期、看涨期权或其他类似期权等）以及初始预期信用损失的基础上估计预期现金流量。

当对金融资产预期未来现金流量具有不利影响的一项或多项事件发生时，该金融资产成为已发生信用减值的金融资产。金融资产已发生信用减值的证据包括下列可观察信息。

① 发行方或债务人发生重大财务困难。

② 债务人违反合同，如偿付利息或本金违约或逾期等。

③ 债权人出于与债务人财务困难有关的经济或合同考虑，给予债务人在任何其他情况下都不会作出的让步。

④ 债务人很可能破产或进行其他财务重组。

⑤ 发行方或债务人财务困难导致该金融资产的活跃市场消失。

⑥ 以大幅折扣购买或源生一项金融资产，该折扣反映了发生信用损失的事实。

金融资产发生信用减值，有可能是多个事件的共同作用所致，未必是可单独识别的事件所致。

合同各方之间支付或收取的、属于实际利率或经信用调整的实际利率组成部分的各项费用，交易费用及溢价或折价等，应当在确定实际利率或经信用调整的实际利率时予以考虑。

企业通常能够可靠估计金融工具（或一组类似金融工具）的现金流量和预计存续期。在极少数情况下，金融工具（或一组金融工具）的估计未来现金流量或预计存续期无法可靠估计的，企业在计算确定其实际利率（或经信用调整的实际利率）时，应当基于该金融工具在整个合同期内的合同现金流量。

合同现金流的修改。企业与交易对手方修改或重新议定合同，未导致金融资产终止确认，但导致合同现金流量发生变化的，应当重新计算该金融资产的账面余额，并将相关利得或损失计入当期损益。重新计算的该金融资产的账面余额，应当根据将重新议定或修改的合同现金流量按金融资产的原实际利率（或者购买或源生的已发生信用减值的金融资产的经信用调整的实际利率）或按《企业会计准则第24号——套期会计》（2017）第二十三条规定的重新计算的实际利率（如适用）折现的现值确定。对于修改或重新议定合同所产生的所有成本或费用，企业应当调整修改后的金融资产账面价值，并在修改后金融资产的剩余期限内进行摊销。

企业不再合理预期金融资产合同现金流量能够全部或部分收回的，应当直接减记该金融资产的账面余额。这种减记构成相关金融资产的终止确认。

例如，企业计划执行某项金融资产的担保品，并预期通过该担保品只能收回该金融资产不超过 30%的金额。如果企业不存在合理预期能够收回源自该金融资产的更多现金流量，则应当核销该金融资产剩余 70%的金额。

以摊余成本计量且不属于任何套期关系的一部分的金融资产所产生的利得或损失，应当在终止确认、按照规定重分类、按照实际利率法摊销或按照规定确认减值时，计入当期损益。如果企业将以摊余成本计量的金融资产重分类为其他类别，应当根据规定处理其利得或损失。

【例 1.4.4】金融资产的后续计量：以摊余成本计量的金融资产（分期付息一次还本、一次还本付息的债券投资）

甲公司属于工业企业，20×4 年 1 月 1 日，支付价款 2 000 万元（含交易费用）从活跃市场上购入某公司 5 年期债券，面值 2 500 万元，票面年利率 4.72%，按年支付利息（即每年利息为 118 万元），本金最后一次支付。合同约定，该债券的发行方在遇到特定情况时可以将债券赎回，且不需要为提前赎回支付额外款项。甲公司在购买该债券时，预计发行方不会提前赎回。甲公司将购入的债券分类为以摊余成本计量的金融资产。假定该债券不属于购入或源生的已发生信用减值的金融资产，且在后续期间没有成为已发生信用减值的金融资产。因此利息收入应当根据金融资产账面余额乘以实际利率计算确定。不考虑所得税和预期信用损失的确认。

计算实际利率 R：

$118\times(1+R)^{-1}+118\times(1+R)^{-2}+118\times(1+R)^{-3}+118\times(1+R)^{-4}+(118+2\,500)\times(1+R)^{-5}=2\,000$（万元），由此得出 $R=10\%$。摊余成本的计算见表 1.4.1。

表 1.4.1　分期付息一次还本债券摊余成本计算表　　　　单位：万元

年份	期初账面余额（a）	实际利息（b）（按10%计算）	现金流入（c）	期末账余额（$d=a+b-c$）
20×4	2 000	200	118	2 082
20×5	2 082	208*	118	2 172
20×6	2 172	217*	118	2 271
20×7	2 271	227*	118	2 380
20×8	2 380	238**	2 618	0

*数字四舍五入取整；**数字考虑了计算过程中出现的尾数。

根据上述数据，甲公司的有关账务处理如下（金额单位：万元）。

（1）20×4 年 1 月 1 日，购入债券

借：债权投资——面值[①]　　　　　　　　　　2 500

　　贷：银行存款　　　　　　　　　　　　　2 000

　　　　债权投资——利息调整　　　　　　　　500

[①] 本讲解中，对购买的分类为以摊余成本计量的金融资产和以公允价值计量且其变动计入其他综合收益的金融资产的债券，初始确认时都通过"面值"明细账户而不是"成本"明细账户来反映债券的面值。

（2）20×4年12月31日，确认实际利息收入、收到票面利息等

借：应收利息　　　　　　　　　　　　　　　118
　　债权投资——利息调整　　　　　　　　　82
　　　贷：投资收益　　　　　　　　　　　　　　　200
借：银行存款　　　　　　　　　　　　　　　118
　　　贷：应收利息　　　　　　　　　　　　　　　118

（3）20×5年12月31日，确认实际利息收入、收到票面利息等

借：应收利息　　　　　　　　　　　　　　　118
　　债权投资——利息调整　　　　　　　　　90
　　　贷：投资收益　　　　　　　　　　　　　　　208
借：银行存款　　　　　　　　　　　　　　　118
　　　贷：应收利息　　　　　　　　　　　　　　　118

（4）20×6年12月31日，确认实际利息收入、收到票面利息等

借：应收利息　　　　　　　　　　　　　　　118
　　债权投资——利息调整　　　　　　　　　99
　　　贷：投资收益　　　　　　　　　　　　　　　217
借：银行存款　　　　　　　　　　　　　　　118
　　　贷：应收利息　　　　　　　　　　　　　　　118

（5）20×7年12月31日，确认实际利息收入、收到票面利息等

借：应收利息　　　　　　　　　　　　　　　118
　　债权投资——利息调整　　　　　　　　　109
　　　贷：投资收益　　　　　　　　　　　　　　　227
借：银行存款　　　　　　　　　　　　　　　118
　　　贷：应收利息　　　　　　　　　　　　　　　118

（6）20×8年12月31日，确认实际利息收入、收到票面利息和本金等

借：应收利息　　　　　　　　　　　　　　　118
　　债权投资——利息调整　　　　　　　　　120
　　　贷：投资收益　　　　　　　　　　　　　　　238
借：银行存款　　　　　　　　　　　　　　　118
　　　贷：应收利息　　　　　　　　　　　　　　　118
借：银行存款　　　　　　　　　　　　　　　2 500
　　　贷：债权投资——面值　　　　　　　　　　　2 500

假定在20×6年1月1日，甲公司预计本金的一半（即1 250万元）将会在该年末收回，而其余的一半将于20×8年末付清。在这种情况下，甲公司应当调整20×6年初的摊余成本，计入当期损益；调整时采用最初确定的实际利率。据此，摊余成本的计算见表1.4.2。

表 1.4.2 提前还本时摊余成本计算表　　　　　　　　单位：万元

年份	期初账面余额（a）	实际利息（b）（按10%计算）	现金流入（c）	期末账面余额（$d=a+b-c$）
20×6	2 276*	228**	1 368	1 136
20×7	1 136	114	59***	1 191
20×8	1 191	119	1 310	0

其中：

（1）$(1\,250+118)\times(1+10\%)^{-1}+59\times(1+10\%)^{-2}+(1\,250+59)\times(1+10\%)^{-3}=2\,276*$（万元）（四舍五入）

（2）$2\,276\times10\%=228**$（万元）（四舍五入）

（3）$1\,250\times4.72\%=59***$（万元）（四舍五入）

根据上述调整，甲公司的账务处理如下（金额单位：万元）。

（1）20×6年1月1日，调整期初摊余成本

借：债权投资——利息调整　　　　　　　　　　　104
　　贷：投资收益　　　　　　　　　　　　　　　　　　104

（2）20×6年12月31日，确认实际利息、收回本金等

借：应收利息　　　　　　　　　　　　　　　　118
　　债权投资——利息调整　　　　　　　　　　110
　　贷：投资收益　　　　　　　　　　　　　　　　　　228

借：银行存款　　　　　　　　　　　　　　　　118
　　贷：应收利息　　　　　　　　　　　　　　　　　　118

借：银行存款　　　　　　　　　　　　　　　1 250
　　贷：债权投资——面值　　　　　　　　　　　　1 250

（3）20×7年12月31日，确认实际利息等

借：应收利息　　　　　　　　　　　　　　　　59
　　债权投资——利息调整　　　　　　　　　　55
　　贷：投资收益　　　　　　　　　　　　　　　　　　114

借：银行存款　　　　　　　　　　　　　　　　59
　　贷：应收利息　　　　　　　　　　　　　　　　　　59

（4）20×8年12月31日，确认实际利息、收回本金等

借：应收利息　　　　　　　　　　　　　　　　59
　　债权投资——利息调整　　　　　　　　　　60
　　贷：投资收益　　　　　　　　　　　　　　　　　　119

借：银行存款　　　　　　　　　　　　　　　　59
　　贷：应收利息　　　　　　　　　　　　　　　　　　59

借：银行存款　　　　　　　　　　　　　　　1 250
　　贷：债权投资——面值　　　　　　　　　　　　1 250

假定甲公司购买的债券不是分次付息,而是到期一次还本付息,且利息不是以复利计算。此时,甲公司所购买债券的实际利率 R 计算如下:

$(118+118+118+118+118+2\,500)\times(1+R)^{-5}=2\,000$(万元),由此得出 $R\approx 9.05\%$。

据此,摊余成本的计算如表 1.4.3 所示。

表 1.4.3 到期一次还本付息债券摊余成本计算表   单位:万元

年份	期初账面余额(a)	实际利息(b)(按 9.05% 计算)	现金流入(c)	期末账面余额($d=a+b-c$)
20×4	2 000	181	0	2 181
20×5	2 181	197.38	0	2 378.38
20×6	2 378.38	215.24	0	2 593.62
20×7	2 593.62	234.72	0	2 828.34
20×8	2 828.34	261.66*	3 090	0

注:标*数字考虑了计算过程中出现的尾差 5.7 万元。

根据上述数据,甲公司的有关账务处理如下(金额单位:万元)。

(1) 20×4 年 1 月 1 日,购入债券

借:债权投资——面值　　　　　　　　　　　　　　2 500
　　贷:银行存款　　　　　　　　　　　　　　　　2 000
　　　　债权投资——利息调整　　　　　　　　　　500

(2) 20×4 年 12 月 31 日,确认实际利息收入

借:债权投资——应计利息　　　　　　　　　　　　118
　　　　　　——利息调整　　　　　　　　　　　　63
　　贷:投资收益　　　　　　　　　　　　　　　　181

(3) 20×5 年 12 月 31 日,确认实际利息收入

借:债权投资——应计利息　　　　　　　　　　　　118
　　　　　　——利息调整　　　　　　　　　　　　79.38
　　贷:投资收益　　　　　　　　　　　　　　　　197.38

(4) 20×6 年 12 月 31 日,确认实际利息收入

借:债权投资——应计利息　　　　　　　　　　　　118
　　　　　　——利息调整　　　　　　　　　　　　97.24
　　贷:投资收益　　　　　　　　　　　　　　　　215.24

(5) 20×7 年 12 月 31 日,确认实际利息收入

借:债权投资——应计利息　　　　　　　　　　　　118
　　　　　　——利息调整　　　　　　　　　　　　116.72
　　贷:投资收益　　　　　　　　　　　　　　　　234.72

(6) 20×8 年 12 月 31 日,确认实际利息收入、收到本金和名义利息等

借:债权投资——应计利息　　　　　　　　　　　　118

——利息调整		143.66
贷：投资收益		261.66
借：银行存款		3 090
贷：债权投资——面值		2 500
——应计利息		590

需要说明的是，对于要求采用实际利率法摊余成本进行后续计量的金融资产或金融负债（如债权投资、贷款和应收款项等），如果有客观证据表明按该金融资产或金融负债的实际利率与名义利率分别计算的各期利息收入或利息费用相差很小，也可以采用名义利率摊余成本进行后续计量。

5. 以公允价值计量且其变动计入其他综合收益的金融资产的会计处理

分类为以公允价值计量且其变动计入其他综合收益的金融资产所产生的所有利得或损失，除减值损失或利得和汇兑损益之外，均应当计入其他综合收益，直至该金融资产终止确认或被重分类。但是，采用实际利率法计算的该金融资产的利息应当计入当期损益。该金融资产计入各期损益的金额应当与视同其一直按摊余成本计量而计入各期损益的金额相等。

该金融资产终止确认时，之前计入其他综合收益的累计利得或损失应当从其他综合收益中转出，计入当期损益。

企业将该金融资产重分类为其他类别金融资产的，应当根据规定，对之前计入其他综合收益的累计利得或损失进行相应处理。

【例 1.4.5】金融资产的后续计量：以公允价值计量且其变动计入其他综合收益的金融资产（本币债券投资）

20×7 年 1 月 1 日甲保险公司支付价款 1 028 万元购入 A 公司发行的 3 年期公司债券，购买债券发生交易费用 0.244 万元。该公司债券的票面总金额为 1 000 万元，票面利率为 4%，实际利率为 3%，利息每年支付，本金到期支付。20×7 年 12 月 31 日，该债券的市场价格为 1 000.094 万元。20×8 年 12 月 31 日，该债券的市场价格为 1 002 万元。假定在后续期间没有成为已发生信用减值的金融资产。不考虑交易费用和预期减值损失等其他因素的影响。甲保险公司将该公司债券划分为以公允价值计量且其变动计入其他综合收益的金融资产。

分析：

（1）初始计量。甲保险公司将该公司债券划分为以公允价值计量且其变动计入其他综合收益的金融资产，因此应按取得成本进行初始计量，取得成本为购买价款和交易费用之和 1 028.244 万元（1 028+0.244）。

（2）后续计量。摊余成本的计算见表 1.4.4。甲公司应当按摊余成本计量利息收入，按照该债券期末与期初公允价值变动金额，加上已计入利息收入的溢价摊销额，计算债券的持有损益。公允价值变动与持有损益计算见表 1.4.5。

表 1.4.4　债券投资摊余成本计算表　　　　　　　　　　单位：万元

年　份	年初摊余成本(a)	利息收益(b) (b=a*4%)	现金流量(c)	年末摊余成(d) (d=a+b-c)
20×7	1 028.244	30.85	40	1 019.094
20×8	1 019.094	30.57	40	1 009.664

表 1.4.5　债券投资公允价值变动与持有损益计算　　　　单位：万元

年　份	期末摊余成本(a)	期末公允价值(b)	公允价值变动(c)	溢价摊销(d)	持有损益(e) (e=c+d)
20×6		1 028.244			
20×7	1 019.094	1 000.094	−28.15	9.15	−19
20×8	1 009.664	1 002	1.906	9.43	11.336

（3）甲保险公司的账务处理如下（金额单位：万元）。

① 20×7 年 1 月 1 日，购入债券

借：其他债权投资——面值　　　　　　　　　　　1 000

　　　　　　　——利息调整　　　　　　　　　　28.244

　　贷：其他货币资金　　　　　　　　　　　　　1 028.244

② 20×7 年 12 月 31 日，收到债券利息、确认公允价值变动

实际利息 = 1 028.244×3% = 30.847 32≈30.85（万元）

年末摊余成本 = 1 028.244 + 30.85 − 40 = 1 091.094（万元）

借：应收利息　　　　　　　　　　　　　　　　　40

　　贷：其他债权投资——利息调整　　　　　　　9.15

　　　　投资收益　　　　　　　　　　　　　　　30.85

借：其他货币资金　　　　　　　　　　　　　　　40

　　贷：应收利息　　　　　　　　　　　　　　　40

借：其他综合收益　　　　　　　　　　　　　　　19

　　贷：其他债权投资——公允价值变动　　　　　19

③ 20×8 年 12 月 31 日，收到债券利息、确认公允价值变动

实际利息=1 019.094×3%=30.572 8≈30.57（万元）

年末摊余成本=1 019.094+30.57−40=1 009.664（万元）

借：应收利息　　　　　　　　　　　　　　　　　40

　　贷：投资收益　　　　　　　　　　　　　　　30.57

　　　　其他债权投资——利息调整　　　　　　　9.43

借：其他货币资金　　　　　　　　　　　　　　　40

　　贷：应收利息　　　　　　　　　　　　　　　40

20×8年12月31日应在其他综合收益中确认的持有利得为11.336万元（1 002－1 000.094＋9.43）。

借：其他债权投资——公允价值变动　　　　　11.336
　　贷：其他综合收益　　　　　　　　　　　　　　11.336

以公允价值计量且其变动计入其他综合收益的外币货币性金融资产形成的汇兑差额，应当计入当期损益。采用实际利率法计算的其他债权投资的利息，应当计入当期损益。

【例1.4.6】金融资产的后续计量：以公允价值计量且其变动计入其他综合收益的金融资产（外币债券投资）

20×7年12月31日，甲银行购买以英镑计价、公允价值为2 000英镑的债券。该债券5年到期，本金为2 500英镑，票面利率为4.7%，按年支付利息（每年利息数额为2 500×4.7%=118英镑）。实际利率为10%，甲银行将该债券划分为以公允价值计量且其变动计入其他综合收益的金融资产。假定在后续期间该债券没有成为已发生信用减值的金融资产。不考虑交易费用和预期减值损失等其他因素的影响。甲银行的记账本位币为人民币。外币与记账本位币之间的汇率为1∶7.5，那么债券的账面价值为人民币15 000元（2 000×7.5）。

分析：确认债券的购入：企业取得以公允价值计量且其变动计入其他综合收益的金融资产时，应按债券的面值，借记"其他债权投资——面值"，按实际支付的款项和交易费用贷记"银行存款""存放中央银行款项"等科目。

借：其他债权投资——面值　　　　　　　　　18 750
　　贷：存放中央银行款项　　　　　　　　　　　　15 000
　　　　其他债权投资——利息调整　　　　　　　　 3 750

后续计量中，有关摊余成本的计算见表1.4.6，有关公允价值变动与持有损益的计算见表1.4.7。

表1.4.6　外币债券投资摊余成本计算表

年份	币种及折算	年初摊余成本(a)	利息收入(b) (b=a*10%)	现金流量(c)	折价摊销(d) (d=b－c)	年末摊余成本(e) (e=a+d)
20×7	外币英镑					2 000
	折算汇率					1∶7.5
	本币人民币元					**15 000**
20×8	外币英镑	2 000	200	118	82	2 082
	折算汇率	1∶7.5	1∶7.75	1∶7.75	1∶7.75	1∶8
	本币人民币元	15 000	1 550	914	**636**	**16 656**
20×9	外币英镑	2 082	208	118	90	2 172
	折算汇率	1∶8	1∶8.25	1∶8.25	1∶8.25	1∶8.5
	本币人民币元	16 656	1 716	973	**743**	**18 462**
...						

表 1.4.7　外币债券投资公允价值变动与持有损益计算

年份	币种及折算	期末摊余成本(a)	期末公允价值(b)	公允价值变动(c)	折价摊销(d)	汇兑损益(e)	持有损益(f) (f=c−d−e)
20×7	外币英镑		2 000				
	折算汇率		1：7.5				
	本币人民币元		15 000				
20×8	外币英镑	2 082	2 120	120	82		
	折算汇率	1：8	1：8			1：7.75	
	本币人民币元	16 656	16 960	1 960	636	1 020	304
20×9	外币英镑	2 172	2 140	20	90		
	折算汇率	1：8.5	1：8.5			1：8.25	
	本币人民币元	18 462	18 190	1 230	743	1 063	−576
…							

20×8 年 12 月 31 日，英镑升值，英镑与人民币的汇率为 1：8。

20×8 年 12 月 31 日该债券收到的利息为 118 英镑[折算为人民币 944 元（118×8）]，用实际利率法计算的利息收入为 200 英镑（2 000×10%）。该年平均汇率为 1：7.75。假定本年度采用平均汇率计算的应计利息收入与采用即期汇率计算的结果大致相同。这样，报告的利息收入将是人民币 1 550 元（200×7.75），其中包括初始折现的增加额 636 元[（200−118）×7.75]。债券的摊余成本为 2 082 英镑（2 000+2 000×10%−2 500×4.7%），折算为人民币 16 656 元（2 082×8）。相应地，在净损益中列报的债券汇兑差额为人民币 1 020 元（16 656−15 000−636）。同时，该年应收利息汇兑利得为人民币 30 元[118×（8−7.75）]。汇总损益合计人民币 1 050 元（1 020+30）。

债券的公允价值为 2 120 英镑，换算成人民币为 16 960 元（2 120×8），债券的摊余成本为 2 082 英镑。因此，在 20×8 年 12 月 31 日直接在其他综合收益中确认的累积利得或损失就是债券摊余价值和公允价值的差额，即人民币 304 元（16 960−16 656 或 16 960−15 000−636−1 020）。

资产负债表日：债券的公允价值高于其账面余额的差额，借记"其他债权投资——公允价值变动"，贷记"其他综合收益"科目；公允价值低于其账面余额的差额，做相反的会计分录。

对于属于其他债权投资的货币性金融资产，按照 CAS 22（2017）的要求，企业将由于外汇汇率变动引起的账面价值变动在损益中报告，对于其他变动在其他综合收益中报告。

因此，应进行如下账务处理。

（1）确认利息收入

借：存放中央银行款项　　　　　　　　　　　　944
　　其他债权投资——利息调整　　　　　　　　636
　　贷：利息收入　　　　　　　　　　　　　　　　　1 550
　　　　汇兑损益　　　　　　　　　　　　　　　　　　30

属于应收利息汇兑损益的部分为人民币 30 元[118 英镑×（8–7.75）]。

（2）确认其他债权投资公允价值和账面价值的差额

属于债券汇兑损益的部分为人民币 1020 元（16 656–15 000–636）。

借：其他债权投资——利息调整　　　　　　1020
　　贷：汇兑损益　　　　　　　　　　　　　　　1020

其他债权投资的期末摊余成本为人民币 16 656 元，公允价值为人民币 16 960 元，应确认的其他综合收益为人民币 304 元。

借：其他债权投资——公允价值变动　　　　304
　　贷：其他综合收益　　　　　　　　　　　　　304

根据《企业会计准则第 19 号——外币折算》的规定，由外汇汇率变动引起的账面金额的变动计入当期损益。根据 CAS 22（2017）规定，其他变动在其他综合收益中报告。

也可以合并为一笔会计分录：

借：其他债权投资——公允价值变动　　　　304
　　　　　　　　——利息调整　　　　　　1 656
　　存放中央银行款项　　　　　　　　　　 944
　　贷：其他综合收益　　　　　　　　　　　　　304
　　　　利息收入　　　　　　　　　　　　　　1 550
　　　　汇兑损益　　　　　　　　　　　　　　1050

20×9 年 12 月 31 日，英镑进一步升值，英镑与人民币的汇率为 1∶8.5。

20×9 年 12 月 31 日该债券收到的利息为 118 英镑，折算为人民币 1 003 元（118×8.5），用实际利率法计算的利息收入为 208 英镑（2 082×10%）。该年平均汇率为 1∶8.25。本例假定，该年度采用平均汇率计算的应计利息收入与采用即期汇率计算的结果大致相同。这样，报告的利息收入将是人民币 1 716 元（208×8.25），其中包括初始折现部分人民币 743 元[（208–118）×8.25]。债券的摊余成本为 2 172 英镑，折算为人民币 18 462 元。相应地，在净损益中列报的债券汇兑差额为人民币 1 063 元（18 462–16 656–743）。同时，该年应收利息汇兑利得为人民币 30 元[118×（8.5–8.25）]。汇兑损益合计人民币 1093 元。

债券的公允价值为 2 140 英镑，账面余额为人民币 18 190 元（2 140×8.50）。

债券的摊余成本为 2 172 英镑，折算为人民币 18 462 元（2 172×8.50）。

因此，在 20×9 年 12 月 31 日直接在其他综合收益中确认的累积利得或损失就等于公允价值与摊余成本之间的差额，即人民币–272 元（18 190–18 462）。因此，20×9 年度其他综合收益的减少金额等于差额的变动，即人民币 576 元（272+304 或 18 190–16 960–743–1063）。

借：其他债权投资——利息调整　　　　　　1 806
　　存放中央银行款项　　　　　　　　　　1 003
　　其他综合收益　　　　　　　　　　　　　576
　　贷：利息收入　　　　　　　　　　　　　　1 716
　　　　汇兑损益　　　　　　　　　　　　　　1 093
　　　　其他债权投资——公允价值变动　　　　576

这是以报告主体记账本位币计量的其他债权投资摊余成本（以减值损失加以调整）与公允价值之间的差额。

1.4.3 金融负债的后续计量

1. 金融负债后续计量原则

企业应当按照以下原则对金融负债进行后续计量。

（1）以公允价值计量且其变动计入当期损益的金融负债，应当按照公允价值计量，且不扣除将来结清金融负债时可能发生的交易费用。

（2）不属于指定为以公允价值计量且其变动计入当期损益的金融负债的财务担保合同，应当在初始确认后按照下列两项金额之中的较高者进行后续计量。

① 按照《企业会计准则第13号——或有事项》确定的金额。

② 初始确认金额扣除按照《企业会计准则第14号——收入》的原则确定的累计摊销额后的余额。

③ 上述金融负债以外的金融负债，应当按摊余成本后续计量。

2. 金融负债后续计量的会计处理

初始确认后，企业应当对不同类别的金融负债，分别以摊余成本、以公允价值计量且其变动计入当期损益或以其他适当方法进行后续计量。

企业根据规定将金融负债指定为以公允价值计量且其变动计入当期损益的金融负债的，该金融负债所产生的利得或损失应当按照下列规定进行处理。

（1）由企业自身信用风险变动引起的该金融负债公允价值的变动金额，应当计入其他综合收益。

企业应采用下列两种方式之一，确定由于金融负债信用风险变化引起的负债公允价值变动的金额。

① 为负债公允价值变动的金额中并非归属于产生市场风险的市场状况变化而引起的变动。

② 采用替代方法，企业认为该方法能够更公允地反映归属于负债信用风险变化而引起的负债公允价值变动的金额。

产生市场风险的市场状况变化包括基准利率变动、另一主体的金融工具价格变动、商品价格变动、外汇汇率变动、价格指数或利率指数变动等。

如果负债的市场状况所发生的唯一重大相关变化是某一可观察的（基准）利率变动，则计入其他综合收益的金额可按以下方法估计。

第一步，企业利用负债期初的公允价值和合同现金流量计算负债期初的内含报酬率。企业应从该内含报酬率中扣除在期初观察到的（基准）利率，以得出该内含报酬率中特定于金融工具的部分。

第二步，企业利用负债期末的合同现金流量以及等于下列二者之和的折现率：

① 期末观察到的（基准）利率；

② 根据上述第一步确定的内含报酬率中特定于金融工具的部分，来计算与负债相关

的现金流量的现值。

第三步，负债的期末公允价值与上述第二步确定的金额之间的差额，即为并非由可观察的（基准）利率变动引起的公允价值变动。该金额应按规定在其他综合收益中列报。

假定由金融工具信用风险变化或可观察的（基准）利率变动以外的因素导致的公允价值变动均不重大。如果由其他因素导致的公允价值变动是重大的，则该方法并不恰当。在该情况下，企业需要采用能够更公允地计量负债信用风险变化的影响的替代方法。例如，如果上述示例中的金融工具包含嵌入衍生工具，则在根据规定确定在其他综合收益中列报的金额时，应不包括嵌入衍生工具的公允价值变动。

与所有公允价值计量一样，企业用于确定由于负债信用风险变化引起的负债公允价值变动部分时的计量方法必须最大限度使用相关的可观察输入值，并尽可能少地使用不可观察的输入值。

（2）该金融负债的其他公允价值变动计入当期损益。按照第（1）项规定对该金融负债的自身信用风险变动的影响进行处理会造成或扩大损益中的会计错配的，企业应当将该金融负债的全部利得或损失（包括企业自身信用风险变动的影响金额）计入当期损益。

当企业将某项金融负债指定为以公允价值计量且其变动计入当期损益的金融负债，则必须确定在其他综合收益中列报该负债信用风险变化的影响是否将产生或增加损益中的会计错配。如果负债信用风险变化的影响在其他综合收益中列报与若在损益中列报时相比将导致更大程度的损益的错配，则会产生或增加会计错配。

为了确定是否会产生或增加会计错配，企业必须评估负债信用风险变化的影响预期是否将被损益中另一项以公允价值计量且其变动计入当期损益的金融工具的公允价值变动所抵销。该预期必须以该负债的特征与另一金融工具的特征之间的经济关系为基础。上述确定应在初始确认时作出，且不得进行重新评估。

例如，某按揭贷款银行向客户提供贷款，并通过在市场上出售条款匹配（例如，未偿金额、还款安排、期限和币种）的债券来为该等贷款进行融资。贷款的合同条款允许按揭贷款客户通过在市场上按公允价值购买相应的债券并交付给按揭贷款银行来提前偿付其贷款（即履行其对银行承担的义务）。由于合同规定的提前偿付权利，如果相应债券的信用质量下降（从而导致按揭贷款银行负债的公允价值下跌），则按揭贷款银行贷款资产的公允价值也将下跌。该资产公允价值变动反映了按揭贷款客户通过以公允价值（在本例中已下跌的）购买相应债券并向按揭贷款银行交付该债券实现提前偿付按揭贷款的合同权利。因此，该负债（债券）信用风险变化的影响将在损益中被一项金融资产（贷款）公允价值的相应变动所抵销。如果在其他综合收益中列报该负债信用风险变化的影响，则将导致损益中的会计错配。据此，按揭贷款银行需要在损益中列报该负债的所有公允价值变动（包括该负债信用风险变化的影响）。

金融负债在其他综合收益中列报的金额后续不得转入损益，该金融负债终止确认时，之前计入其他综合收益的累计利得或损失应当从其他综合收益中转出，计入留存收益。

指定为以公允价值计量且其变动计入当期损益的金融负债的财务担保合同和不可撤销贷款承诺所产生的全部利得或损失，应当计入当期损益。

以摊余成本计量且不属于任何套期关系的一部分的金融负债所产生的利得或损失，应当在终止确认时计入当期损益或在按照实际利率法摊销时计入相关期间损益。

【例1.4.7】 金融负债的后续计量：交易性金融负债

20×8年7月1日，甲公司经批准在全国银行间债券市场公开发行20亿元人民币短期融资券，期限为1年，票面年利率为5.58%，每张面值为200元，到期一次还本付息。所募集资金主要用于公司购买生产经营所需的原材料及配套件等。公司将该短期融资券划分为以公允价值计量且其变动计入当期损益的金融负债（交易性金融负债）。假定不考虑发行短期融资券相关的交易费用。其他资料如下：

20×8年12月31日，该短期融资券市场价格每张240元（不含利息）；
20×9年3月31日，该短期融资券市场价格每张220元（不含利息）；
20×9年6月30日，该短期融资券到期兑付完成。

据此，甲公司账务处理如下（金额单位：万元）。

（1）20×8年7月1日，发行短期融资券

借：银行存款　　　　　　　　　　　　　　200 000
　　贷：交易性金融负债——成本　　　　　　　　200 000

（2）20×8年12月31日，年末确认公允价值变动和利息费用

借：公允价值变动损益　　　　　　　　　　 40 000
　　贷：交易性金融负债——公允价值变动　　　　 40 000
借：投资收益　　　　　　　　　　　　　　　5 580
　　贷：应付利息　　　　　　　　　　　　　　　 5 580

（3）20×9年3月31日，季末确认公允价值变动和利息费用

借：公允价值变动损益　　　　　　　　　　 20 000
　　贷：交易性金融负债——公允价值变动　　　　 20 000
借：投资收益　　　　　　　　　　　　　　　2 790
　　贷：应付利息　　　　　　　　　　　　　　　 2 790

（4）20×9年6月30日，短期融资券到期

借：投资收益　　　　　　　　　　　　　　　2 790
　　贷：应付利息　　　　　　　　　　　　　　　 2 790
借：交易性金融负债——成本　　　　　　　 200 000
　　　　　　　　　　——公允价值变动　　　 20 000
　　应付利息　　　　　　　　　　　　　　 11 160
　　贷：银行存款　　　　　　　　　　　　　　 211 160
　　　　投资收益　　　　　　　　　　　　　　 20 000

【例1.4.8】 金融负债的后续计量：企业自身信用风险变动引起的该金融负债公允价值变动的处理

20×7年1月1日，甲企业发行了一笔10年期债券，面值为150 000元，年固定票面

利率为 8%，该利率与具有类似特征的债券的市场利率保持一致。甲企业将其指定为以公允价值计量且其变动计入当期损益的金融负债。

甲企业使用伦敦同业拆借利率（LIBOR）作为可观察（基准）利率。在债券开始日，LIBOR 为 5%。在第一年末：

（1）LIBOR 降至 4.75%。

（2）债券的公允价值为 153 811 元，实际利率为 7.6%。这反映了 LIBOR 从 5% 到 4.75% 的变化，在无其他市场条件相关的变化时，假设 0.15% 的变动反映了该工具信用风险的变动。

甲企业假定收益曲线是水平的，利率的所有变动都来自收益曲线的平行移动，且 LIBOR 的变动是唯一与市场条件相关的变动。

对于并非归属于由市场因素引起的市场风险所导致的债券公允价值变动的金额，甲企业作出的评估如下。

第一步，甲企业利用负债期初可观察的市场价格和合同现金流量计算负债期初的内含报酬率。甲企业应从该内含报酬率中扣除在期初观察到的（基准）利率，以得出该内含报酬率中特定于金融工具的部分。票面利率为 8% 的 10 年期债券在期初的内含报酬率为 8%，由于可观察（基准）利率（LIBOR）为 5%，内含报酬率中该工具特有的组成部分为 3%。

第二步，甲企业利用负债期末的合同现金流量以及等于下列二者之和的折现率：

① 期末观察到的（基准）利率；

② 根据要求确定的内含报酬率中特定于金融工具的部分，来计算与负债相关的现金流量的现值。

期末该工具的合同现金流量如下。

利息：第二年到第十年期间每年为 12 000 元（a）。

本金：第十年末为 150 000 元。

用于计算债券现值的折现率是 7.75%，等于期末的 LIBOR4.75% 加上该金融工具特有的组成部分 3%。

通过上述计算得出债券的现值为 152 367 元（b）。

第三步，负债的期末可观察的市场价格与按准则确定的金额之间的差额，即为并非由可观察的（基准）利率变动引起的公允价值变动。该金额应按规定在其他综合收益中列报。

期末负债的市场价格为 153 811 元（c）。

因此，甲企业在其他综合收益中列报 1 444 元（153 811 − 152 367），即并非归属于由市场因素引起的市场风险所导致的债券公允价值增加的金额。

a. 150 000×8%=12 000（元）

b. 现值={12 000×[1−(1+0.077 5)$^{-9}$]/0.077 5}+150 000×(1+0.077 5)$^{-9}$=152 367（元）

c. 市场价格={12 000×[1−(1+0.076)$^{-9}$]/0.076}+150 000×(1+0.076)$^{-9}$=153 811（元）

（3）以摊余成本或成本计量的金融负债，在摊销、终止确认时产生的利得或损失，应当计入当期损益。但是，该金融负债被指定为被套期项目的，相关的利得或损失的处理，适用《企业会计准则第 24 号——套期保值》。

【例 1.4.9】金融负债的后续计量：以摊余成本计量的金融负债（债券发行）

甲公司发行公司债券为建造专用生产线筹集资金。有关资料如下：

（1）20×5 年 12 月 31 日，委托证券公司以 15 510 万元的价格发行 3 年期分期付息公司债券。该债券面值为 16 000 万元，票面年利率为 4.5%，实际年利率为 5.64%，每年付息一次，到期后按面值偿还。支付的发行费用与发行期间冻结资金产生的利息收入相等。

（2）生产线建造工程采用出包方式，于 20×6 年 1 月 1 日动工，发行债券所得款项当日支付给建筑承包商，20×7 年 12 月 31 日所建造生产线达到预定可使用状态。

（3）假定各年度利息的实际支付日期均为下年度的 1 月 10 日；20×9 年 1 月 10 日支付 20×8 年度利息，一并偿付面值。

（4）所有款项均以银行存款支付。

据此，该公司计算得出该债券在各年末的摊余成本、应付利息金额、当年应予资本化或费用化的利息金额、利息调整的本年摊销和年末余额。有关摊余成本的计算见表 1.4.8。

表 1.4.8　应付债券摊余成本计算表　　　　　单位：万元

时间		20×5 年 12 月 31 日	20×6 年 12 月 31 日	20×7 年 12 月 31 日	20×8 年 12 月 31 日
年末摊余成本	面值	16 000	16 000	16 000	16 000
	利息调整	−490	−335.24	−171.75	0
	合计	15 510	15 664.76	15 828.25	16 000
当年应予资本化或费用化的利息金额			874.76	883.49	891.75
年末应付利息金额			720	720	720
利息调整本年摊销额			154.76	163.49	171.75

相关账务处理如下（金额单位：万元）。

（1）20×5 年 12 月 31 日，发行债券

借：银行存款　　　　　　　　　　　　　15 510

　　应付债券——利息调整　　　　　　　490

　　贷：应付债券——面值　　　　　　　　　16 000

（2）20×6 年 12 月 31 日，确认和结转利息

借：在建工程　　　　　　　　　　　　　874.76

　　贷：应付利息　　　　　　　　　　　　　720

　　　　应付债券——利息调整　　　　　　　154.76

（3）20×7 年 1 月 10 日，支付 20×6 年利息

借：应付利息　　　　　　　　　　　　　720

　　贷：银行存款　　　　　　　　　　　　　720

（4）20×7 年 12 月 31 日，确认利息

借：在建工程　　　　　　　　　　　　　883.49

　　贷：应付利息　　　　　　　　　　　　　720

　　　　应付债券——利息调整　　　　　　　163.49

借：固定资产　　　　　　　　　　　　　1 758.25

　　　　贷：在建工程　　　　　　　　　　　　　　　　1 758.25
（5）20×8年1月10日，支付20×7年利息
借：应付利息　　　　　　　　　　　　　　　　　　720
　　　　贷：银行存款　　　　　　　　　　　　　　　　　720
（6）20×8年12月31日，确认债券利息
借：财务费用　　　　　　　　　　　　　　　　　891.75
　　　　贷：应付利息　　　　　　　　　　　　　　　　　720
　　　　　　应付债券——利息调整　　　　　　　　　　171.75
（7）20×9年1月10日，债券到期兑付
借：应付利息　　　　　　　　　　　　　　　　　　720
　　应付债券——面值　　　　　　　　　　　　　16 000
　　　　贷：银行存款　　　　　　　　　　　　　　　　16 720

1.4.4 常规买卖金融资产的确认和计量

企业以常规方式购买或出售金融资产，是指企业按照合同规定购买或出售金融资产，并且该合同条款规定，企业应当根据通常由法规或市场惯例所确定的时间安排来交付金融资产。证券交易所、银行间市场、外汇交易中心等市场发生的证券、外汇买卖交易，通常采用常规方式。

对于以常规方式购买或出售金融资产的，企业应当在交易日确认将收到的资产和为此将承担的负债，或者在交易日终止确认已出售的资产，同时确认处置利得或损失以及应向买方收取的应收款项。

【例1.4.10】 常规买卖金融资产的会计处理：交易日会计

20×7年12月29日，甲公司承诺以1 000万元购入一项金融资产，1 000万元为此金融资产在承诺（交易）日的公允价值，假定不考虑交易成本。在20×7年12月31日（会计年度期末）和20×8年1月4日（结算日），该金融资产的公允价值分别为1 002万元和1 003万元。则将该金融资产划分为以摊余成本计量的金融资产、以公允价值计量且其变动计入其他综合收益的金融资产、以公允价值计量且其变动计入当期损益的金融资产，则对常规买卖金融资产的确认和计量（交易日会计）如表1.4.9所示。

表1.4.9　金融资产的确认和计量（交易日会计）　　　　单位：万元

时间	以摊余成本计量的金融资产	以公允价值计量且其变动计入其他综合收益的金融资产	以公允价值计量且其变动计入当期损益的金融资产
20×7年12月29日	借：债权投资　　1 000 　　贷：其他应付款等　1 000	借：其他债权投资　　1 000 　　贷：其他应付款等　1 000	借：交易性金融资产　　1 000 　　贷：其他应付款等　1 000
20×7年12月31日	确认利息收入	借：其他债权投资　　2 　　贷：其他综合收益　2	借：交易性金融资产　　2 　　贷：公允价值变动损益　2
20×8年1月4日	借：其他应付款等　1 000 　　贷：其他货币资金　1 000	借：其他债权投资　　1 　　贷：其他综合收益　1 借：其他应付款等　1 000 　　贷：其他货币资金　1 000	借：交易性金融资产　　1 　　贷：公允价值变动损益　1 借：其他应付款等　1 000 　　贷：其他货币资金　1 000

作为对照，如果采用结算日会计，则会计处理如表 1.4.10 所示。

表 1.4.10　金融资产的确认和计量（结算日会计）　　　　单位：万元

时间	以摊余成本计量的金融资产	以公允价值计量且其变动计入其他综合收益的金融资产	以公允价值计量且其变动计入当期损益的金融资产
20×7 年 12 月 29 日	不做账务处理	不做账务处理	不做账务处理
20×7 年 12 月 31 日	确认利息收入	借：其他债权投资　　　2 　贷：其他综合收益　　2	借：交易性金融资产　　2 　贷：公允价值变动损益　2
20×8 年 1 月 4 日	借：债权投资　　　1000 　贷：其他货币资金 1000	借：其他债权投资　1000 　贷：其他货币资金 1000 借：其他综合收益　　1 　贷：其他债权投资　　1	借：交易性金融资产　1000 　贷：其他货币资金 1000 借：交易性金融资产　　1 　贷：公允价值变动损益　1

1.4.5　融资融券业务的确认和计量

融资融券业务是指证券公司向客户出借资金供其买入证券或者出借证券供其卖出，并由客户交存相应担保物的经营活动。企业发生的融资融券业务，分为融资业务和融券业务两类。关于融资业务，证券公司及其客户均应当按照金融工具确认和计量准则有关规定进行会计处理。证券公司融出的资金，应当确认应收债权，并确认相应利息收入；客户融入的资金，应当确认应付债务，并确认相应利息费用。关于融券业务，证券公司融出的证券，按照《企业会计准则第 23 号——金融资产转移》有关规定，不应终止确认该证券，但应确认相应利息收入；客户融入的证券，应当按照金融工具确认和计量准则有关规定进行会计处理，并确认相应利息费用。证券公司对客户融资融券并代客户买卖证券时，应当作为证券经纪业务员进行会计处理。证券公司及其客户发生的融资融券业务，应当按照《企业会计准则第 37 号——金融工具列报》有关规定披露相关会计信息。

【例 1.4.11】融券业务的会计处理

20×8 年 4 月 1 日 C 公司向券商融入 500 万股 D 公司股票，随即出售，假定当日 D 公司股票的市价为 12 元/股。融券的年利息成本为融券当日公允价值金额的 12%。

20×8 年 4 月 30 日 C 公司以每股 10 元购入 500 万股 D 公司股票，并归还给券商。有关会计处理如下。

（1）20×8 年 4 月 1 日

借：银行存款　　　　　　　　　　　　　　　60 000 000
　贷：交易性金融负债——成本　　　　　　　　　60 000 000

（2）20×8 年 4 月 30 日

借：交易性金融负债——公允价值变动　　　　10 000 000
　贷：公允价值变动损益　　　　　　　　　　　　10 000 000

借：交易性金融负债——成本　　　　　　　　60 000 000
　贷：银行存款　　　　　　　　　　　　　　　　50 000 000
　　　交易性金融负债——公允价值变动　　　　　10 000 000

借：公允价值变动损益　　　　　　　　　　　10 000 000

贷：投资收益		10 000 000
借：财务费用	600 000	
贷：银行存款		600 000

1.5 嵌入衍生工具的确认和计量

嵌入衍生工具是指嵌入非衍生工具（即主合同）中的衍生工具。嵌入衍生工具与主合同构成混合合同。该嵌入衍生工具对混合合同的现金流量产生影响的方式，应当与单独存在的衍生工具类似，且该混合合同的全部或部分现金流量随特定利率、金融工具价格、商品价格、汇率、价格指数、费率指数、信用等级、信用指数或其他变量变动而变动，变量为非金融变量的，该变量不应与合同的任何一方存在特定关系。

（1）主合同通常包括租赁合同、保险合同、服务合同、特许权合同、债务工具合同、合营合同等。嵌入衍生工具与主合同构成混合工具，如企业持有的可转换公司债券、带理财或投资性质的保险合同等。

（2）在混合工具中，嵌入衍生工具通常以具体合同条款体现。例如，甲公司签订了按通胀率调整租金的 3 年期租赁合同。根据该合同，第 1 年的租金先约定，从第 2 年开始，租金按前 1 年的一般物价指数调整。此例中，主合同是租赁合同，嵌入衍生工具体现为一般物价指数调整条款。除一般物价指数调整条款外，以下条款也可能体现嵌入衍生工具：可转换公司债券中嵌入的股份转换选择权条款（对应可转换公司债券）、与权益工具挂钩的本金或利息支付条款、与商品或其他非金融项目挂钩的本金或利息支付条款、看涨期权条款、看跌期权条款、提前还款权条款、信用违约支付条款等。

如果衍生工具附属于一项金融工具但根据合同规定可以独立于该金融工具进行转让，或者具有与该金融工具不同的交易对手方，则该衍生工具不是嵌入衍生工具，应当作为一项单独存在的衍生工具处理。

例如，某贷款合同可能附有一项相关的利率互换。如该互换能够单独转让，那么该互换是一项独立存在的衍生工具，而不是嵌入衍生工具，即使该互换与主合同（贷款合同）的交易对手（借款人）是同一方也是如此。同样的道理，如果某工具是衍生工具与其他非衍生工具"合成"或"拼成"的，那么其中的衍生工具也不能视为嵌入衍生工具，而应作为单独存在的衍生工具处理。例如，某公司有一项 5 年期浮动利率债务工具和一项 5 年期支付浮动利率、收取固定利率的利率互换合同，两者放在一起创造了一项"合成"的 5 年期固定利率债务工具。在这种情况下，"合成"工具中的利率互换不应作为嵌入衍生工具处理。

混合合同包含的主合同属于 CAS 22（2017）规范的资产的，企业不应从该混合合同中分拆嵌入衍生工具，而应当将该混合合同作为一个整体适用 CAS 22（2017）关于金融资产分类的相关规定。

例如，对于结构性存款，其收益与某些非利率变量挂钩，如股价、黄金价格等，属于嵌入衍生工具的，应依据 CAS 22（2017）的规定，整体将结构性存款指定为以公允价值计量且其变动计入当期损益的金融资产。

混合合同包含的主合同不属于 CAS 22（2017）规范的资产，且同时符合下列条件的，企业应当从混合合同中分拆嵌入衍生工具,将其作为单独存在的衍生工具处理。

(1)嵌入衍生工具的经济特征和风险与主合同的经济特征和风险不紧密相关。

(2)与嵌入衍生工具具有相同条款的单独工具符合衍生工具的定义。

(3)该混合合同不是以公允价值计量且其变动计入当期损益进行会计处理。

在下列示例中,嵌入衍生工具的经济特征和风险与主合同不紧密相关。假定符合上述(2)和(3)的条件,则甲企业应将嵌入衍生工具与主合同分开核算。

(1)嵌入某项工具的看跌期权,其使得持有人有权要求发行人以一定金额的现金或其他资产回购该项工具——其中现金或其他资产的金额随着某一权益或商品价格或者指数的变动而变化,该看跌期权并非与主债务工具紧密相关。

(2)债务工具剩余期限展期的选择权或自动展期条款并非与主债务工具紧密相关,除非在展期的同时将利率调整至与当前市场利率大致相当的水平。如果企业发行一项债务工具且该债务工具的持有人向第三方签出一项针对该债务工具的看涨期权,倘若发行人在行使看涨期权后可被要求参与或协助债务工具的重新流通,则发行人应将该看涨期权视为债务工具到期期限的展期。

(3)嵌入主债务工具或保险合同并与权益指数挂钩的利息或本金付款额(利息或本金的金额与权益工具价值挂钩)并非与主工具紧密相关,因为主工具和嵌入衍生工具的固有风险并不相似。

(4)嵌入主债务工具或保险合同并与商品指数挂钩的利息或本金付款额[利息或本金的金额与商品(如黄金)价格挂钩]并非与主工具紧密相关,因为主工具和嵌入衍生工具的固有风险并不相似。

(5)嵌入主债务合同或主保险合同的看涨期权、看跌期权或提前偿付选择权并非与主合同紧密相关,除非以下几种情况:

① 在每一行权日,该期权的行权价格大致等于主债务工具的摊余成本或主保险合同的账面金额;

② 提前偿付选择权的行权价格按大致相当于主合同剩余存续期损失利息的现值向出借人作出补偿。损失利息通过提前偿付的本金金额乘以利率差额计算得出。如果企业将提前偿付的本金金额在主合同的剩余存续期内再投资于类似合同,则利率差额将是主合同的实际利率超过在提前偿付日企业将收取的实际利率的部分。

在按照《国际会计准则第 32 号》分拆可转换债务工具的权益要素之前,评估看涨期权或看跌期权是否与主债务合同紧密相关。

(6)嵌在主债务工具中并允许一方(受益人)将(受益人可能并未拥有的)特定参照资产的信用风险转移给另一方(担保人)的信用衍生工具,并非与主债务工具紧密相关。该信用衍生工具允许担保人承担与其并未直接拥有的参照资产相联系的信用风险。

嵌入衍生工具从混合合同中分拆的,企业应当按照适用的会计准则规定,对混合合同的主合同进行会计处理。企业无法根据嵌入衍生工具的条款和条件对嵌入衍生工具的公允价值进行可靠计量的,该嵌入衍生工具的公允价值应当根据混合合同公允价值和主合同公允价值之间的差额确定。使用了上述方法后,该嵌入衍生工具在取得日或后续资产负债表日的公允价值仍然无法单独计量的,企业应当将该混合合同整体指定为以公允价值计量且其变动计入当期损益的金融工具。

在下列示例中,嵌入衍生工具的经济特征和风险与主合同的经济特征和风险紧密相关。在这些示例中,企业不应将嵌入衍生工具和主合同分开核算。

(1)以利率或利率指数为基础变量并且能改变带息主债务合同或保险合同原本所支付或收取的利息额的嵌入衍生工具,与主合同紧密相关,除非混合合同的结算方式使得持有人不能收回几乎所有已确认的投资,或者嵌入衍生工具能够使持有人在主合同上的初始报酬率至少加倍,并能够使回报率至少达到与主合同条款相同的合同的市场报酬率的两倍。

(2)债务合同或保险合同中的嵌入利率下限或利率上限,只要在金融工具发行时,该利率上限等于或高于市场利率且利率下限等于或低于市场利率,并且该利率上限或下限与主合同之间不存在杠杆关系,则该利率上限或下限与主合同紧密相关。类似地,合同中包含的购买或出售某项资产(如某一商品)的条款,如果设定了对该资产将支付或收取的价格上限和下限,并且在开始时该价格上限和下限均为价外且与主合同不存在杠杆关系,则该条款与主合同紧密相关。

(3)嵌入主债务工具(如双重货币债券)的,并产生以外币计价的本金或利息付款额流量的嵌入外币衍生工具,与主债务工具紧密相关。此类衍生工具不应与主合同分拆,因为《企业会计准则第 19 号——外币折算》规定,货币性项目的外币折算利得和损失应计入损益。

(4)主合同是保险合同或非金融工具(如以外币标价的非金融项目买卖合同)中的嵌入外币衍生工具,如果与主合同不存在杠杆关系、不包含期权特征,并且规定付款额以下述任意一种货币计价,则该嵌入外币衍生工具与主合同紧密相关。

① 任何主要合同方的记账本位币。

② 国际商业交易中惯用的对所获得或交付的相关商品或服务进行标价的货币(如对原油交易进行标价的美元)。

③ 在交易所处的经济环境中,买卖非金融项目的合同通常使用的货币(如在当地的商业交易或对外贸易中通常使用的相对稳定以及流动性较好的货币)。

(5)利息剥离或本金剥离的主合同中嵌入的提前偿付选择权,与主合同紧密相关,前提是:①最初是通过分拆收取金融工具合同现金流量的权利而形成的,并且该金融工具本身不包含嵌入衍生工具;②不包含任何未在原主债务合同中列示的条款。

(6)主租赁合同的嵌入衍生工具如果属于下述三者之一,则与主合同紧密相关。

① 与通货膨胀有关的指数,例如与消费者物价指数挂钩的租赁付款额指数(该租赁不是杠杆租赁,且该指数与企业自身经济环境中的通货膨胀有关)。

② 基于相关销售额的或有租金。

③ 基于可变利率的或有租金。

(7)嵌入主金融工具或主保险合同的投资连结特征,如果单位计价付款额以反映基金资产公允价值的现行单位价值计量,则该投资连结特征与主金融工具或主保险合同紧密相关。投资连结特征是一项要求付款额以内部或外部投资基金单位表示的合同条款。

（8）嵌入主保险合同中的衍生工具，如果与主保险合同互相依赖以至于企业（在不考虑主合同的情况下）无法单独计量该嵌入衍生工具，则该嵌入衍生工具与保险主合同紧密相关。

混合合同包含一项或多项嵌入衍生工具，且其主合同不属于 CAS 22（2017）规范的资产的，企业可以将其整体指定为以公允价值计量且其变动计入当期损益的金融工具。但下列情况除外。

（1）嵌入衍生工具不会对混合合同的现金流量产生重大改变。

（2）在初次确定类似的混合合同是否需要分拆时，几乎不需分析就能明确其包含的嵌入衍生工具不应分拆。如嵌入贷款的提前还款权，允许持有人以接近摊余成本的金额提前偿还贷款，该提前还款权不需要分拆。

1.6 金融资产减值：预期信用损失模型

1.6.1 金融资产减值损失的确认

1. 金融资产减值损失确认的一般方法

企业应当按照 CAS 22（2017）规定，以预期信用损失为基础，对下列项目进行减值会计处理并确认损失准备。

（1）以摊余成本计量的金融资产和以公允价值计量且其变动计入其他综合收益的金融资产。

（2）租赁应收款。

（3）合同资产。合同资产是指《企业会计准则第 14 号——收入》定义的合同资产。

（4）企业发行的分类为以公允价值计量且其变动计入当期损益的金融负债以外的贷款承诺和适用 CAS 22（2017）第二十一条（三）规定的财务担保合同。

损失准备是指针对按照 CAS 22（2017）要求计量的金融资产、租赁应收款和合同资产的预期信用损失计提的准备，计量的金融资产的累计减值金额以及针对贷款承诺和财务担保合同的预期信用损失计提的准备。

预期信用损失是指以发生违约的风险为权重的金融工具信用损失的加权平均值。

信用损失是指企业按照原实际利率折现的、根据合同应收的所有合同现金流量与预期收取的所有现金流量之间的差额，即全部现金短缺的现值。其中，对于企业购买或源生的已发生信用减值的金融资产，应按照该金融资产经信用调整的实际利率折现。由于预期信用损失考虑付款的金额和时间分布，因此即使企业预计可以全额收款但收款时间晚于合同规定的到期期限，也会产生信用损失。

在估计现金流量时，企业应当考虑金融工具在整个预计存续期的所有合同条款（如提前还款、展期、看涨期权或其他类似期权等）。企业所考虑的现金流量应当包括出售所持担保品获得的现金流量，以及属于合同条款组成部分的其他信用增级所产生的现金流量。

为计量预期信用损失的目的,预期现金短缺的估计应当反映源自属于合同条款的一部分且未被企业单独确认的担保品及其他信用增级的预期现金流量。对被担保金融工具的预期现金短缺的估计应当反映源自抵债的担保品,减去获得和出售担保品的成本的预期现金流量的金额和时间,无论该抵债是否很可能发生(即预期现金流量的估计应考虑担保品用于抵债的概率以及由此产生的现金流量)。据此,该分析应包括超出合同到期期限的源自担保品变现的预期现金流量。任何因抵债而获得的担保品均不应独立于被担保金融工具而确认为一项资产,除非其满足 CAS 22(2017)或其他准则规定的资产的相关确认标准。

通常企业能够可靠估计金融工具的预计存续期。在极少数情况下,金融工具预计存续期无法可靠估计的,企业在计算确定预期信用损失时,应当基于该金融工具的剩余合同期间。

除了按照准则相关规定计量金融工具损失准备的情形以外,企业应当在每个资产负债表日评估相关金融工具的信用风险自初始确认后是否已显著增加,并按照下列情形分别计量其损失准备、确认预期信用损失及其变动。

(1)如果该金融工具的信用风险自初始确认后已显著增加,企业应当按照相当于该金融工具整个存续期内预期信用损失的金额计量其损失准备。无论企业评估信用损失的基础是单项金融工具还是金融工具组合,由此形成的损失准备的增加或转回金额,应当作为减值损失或利得计入当期损益。

(2)如果该金融工具的信用风险自初始确认后并未显著增加,企业应当按照相当于该金融工具未来 12 个月内预期信用损失的金额计量其损失准备,无论企业评估信用损失的基础是单项金融工具还是金融工具组合,由此形成的损失准备的增加或转回金额,应当作为减值损失或利得计入当期损益。

未来 12 个月内预期信用损失,是指因资产负债表日后 12 个月内(若金融工具的预计存续期少于 12 个月,则为预计存续期)可能发生的金融工具违约事件而导致的预期信用损失,是整个存续期预期信用损失的一部分。

根据"1.4.2 金融资产后续计量"第 4 部分"4. 以摊余成本计量的金融资产的会计处理"有关实际利率法的运用可知,对于购入或源生的未发生信用减值的金融资产,企业应当按照实际利率法确认利息收入,利息收入应当根据金融资产账面余额(不扣除损失准备)乘以实际利率计算确定。对于购入或源生的未发生信用减值,但在后续期间成为已发生信用减值的金融资产,企业应当在后续期间,按照该金融资产的摊余成本和实际利率计算确定其利息收入。

以上处理通常称为"三阶段"预期信用损失减值模型(见图 1.6.1)。

考虑减值简化方法和具有较低信用风险的金融工具后,报告日对减值要求的应用步骤见图 1.6.2。

对于贷款承诺和财务担保合同,企业在应用金融工具减值规定时,应当将本企业成为做出不可撤销承诺的一方之日作为初始确认日。

以公允价值计量且其变动计入其他综合收益的金融资产,企业应当在其他综合收益中确认其损失准备,并将减值损失或利得计入当期损益,借记资产减值损失,贷记其他综合收益,且在资产负债表中将该金融资产直接以账面余额(不扣减减值准备的金额)列示。

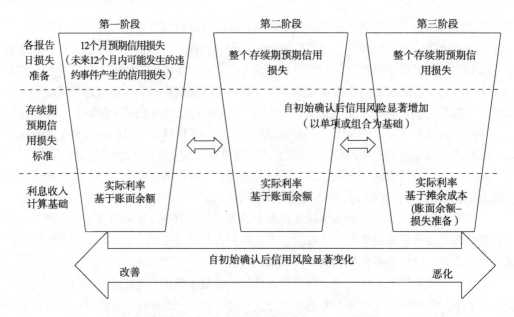

图 1.6.1 "三阶段"预期信用损失减值模型

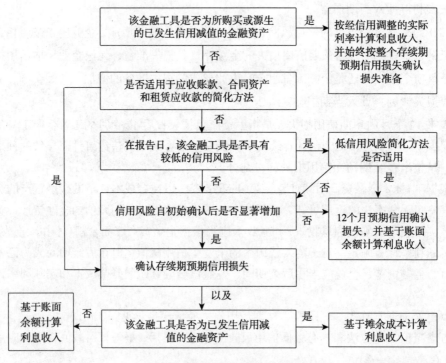

图 1.6.2 报告日对减值要求的应用步骤

企业在前一会计期间已经按照相当于金融工具整个存续期内预期信用损失的金额计量了损失准备,但在当期资产负债表日,该金融工具已不再属于自初始确认后信用风险显著增加的情形的,企业应当在当期资产负债表日按照相当于未来 12 个月内预期信用损失的金额计量该金融工具的损失准备,由此形成的损失准备的转回金额应当作为减值利得计入当期损益。

> **相关链接 1-2：信用风险（credit risk）、违约风险（default risk）和违约（default）**
>
> 信用风险是指"金融工具的一方未能履行义务从而导致另一方发生财务损失的风险"。
>
> 信用风险不一定与发行人的信用状况有关。例如，如果企业发行一项担保负债和一项非担保负债（该两项负债在其他方面均完全相同），则即使是由同一个企业发行，这两项负债的信用风险也是不同的。担保负债的信用风险将低于非担保负债的信用风险。担保负债的信用风险可能为零。
>
> 信用风险不同于资产特定的履约风险。资产特定的履约风险与企业未能履行特定义务的风险无关，而是与单项资产或一组资产的履约情况较差（或完全不履约）的风险有关。
>
> 违约风险是指金融资产逾期不能收回的可能性。
>
> 例如，对贷款的担保会影响违约发生时的损失，但不会影响违约发生的风险，因此，在判断自初始确认后信用风险是否显著增加时，担保不予考虑。
>
> - 在确定金融工具的信用风险是否已显著增加时，企业应考虑自初始确认后发生违约风险的变化。为确定发生违约风险的目的而对违约做出定义时，企业所应用的违约定义应与出于内部信用风险管理目的针对相关金融工具所采用的定义相一致，并在适当时考虑定性指标（如金融契约）。然而，存在一个可推翻的假设：发生违约的时间不应迟于金融资产逾期 90 天这一期限，除非企业具有合理及可支持的信息表明涵盖更长期间的违约标准更为恰当。基于上述目的使用的违约定义应当一致地应用于所有金融工具，除非所获得的信息表明对特定金融工具应用另一违约的定义更为恰当。

2. 信用风险显著增加的评估

（1）以单项或组合为基础评估信用风险的显著增加。

企业在进行相关评估时，应当考虑所有合理且有依据的信息，包括前瞻性信息。为确保自金融工具初始确认后信用风险显著增加即确认整个存续期预期信用损失，企业在一些情况下应当以组合为基础考虑评估信用风险是否显著增加。整个存续期预期信用损失，是指因金融工具整个预计存续期内所有可能发生的违约事件而导致的预期信用损失。这是为了确保即使在单项工具层次上无法获得关于信用风险显著增加的证据，企业也能够满足当信用风险显著增加时确认整个存续期预期信用损失的目标。

通常，取决于金融工具的性质及针对特定组别金融工具可获得的信用风险信息，对于单项金融工具，企业可能无法在金融工具逾期前识别出信用风险的显著变化。对于诸如零售贷款等金融工具则可能属于这种情况，直至客户违反合同条款之前，针对单项工具定期获取和监控的信用风险信息均很少更新或根本不作更新。如果在单项金融工具逾期之前无法追踪获得其信用风险的变化，则仅基于单项金融工具层次上信用信息的损失准备将无法真实地反映自初始确认后信用风险的变化。

在某些情况下，企业在无须付出不必要的额外成本或努力的情况下无法获得在单项基础上计量金融工具整个存续期预期信用损失的合理及可支持的信息。在该情况下，整个存续期预期信用损失应当在考虑综合信用风险信息的组合基础上确认。该综合信用风险信息不仅必须包括逾期信息，而且还应包含所有相关的信用信息（包括前瞻性宏观经济信息），以使得出的结果类似于自初始确认后信用风险显著增加时在单项工具层次上确认的整个存续期预期信用损失。

为在组合基础上确定信用风险是否显著增加并确认损失准备的目的，企业可基于共同信用风险特征对金融工具进行归类，以协助执行有关分析从而使得及时识别信用风险的显著增加。企业不应将具有不同风险特征的金融工具归为一类从而导致信息产生混淆。共同信用风险特征的例子可包括但不限于以下几种：

① 工具类型；
② 信用风险评级；
③ 担保品类型；
④ 初始确认日期；
⑤ 剩余到期期限；
⑥ 行业；
⑦ 借款人所处的地理位置；
⑧ 担保品相对于金融资产的价值，若它对违约发生的概率构成影响（例如，某些地区的无追索权贷款，或贷款与担保品价值比率）。

为满足这一目标，如果企业无法基于共同信用风险特征对被视为自初始确认后信用风险显著增加的金融工具进行归类，则企业应当对被认定为信用风险已显著增加的一部分金融资产确认整个存续期预期信用损失。为评估信用风险是否发生变化而在组合基础上对金融工具的汇总分类，可能会随时间的推移在获得一组或单项金融资产的新信息时发生变化。

企业通常应当在金融工具逾期前确认该工具整个存续期预期信用损失。企业在确定信用风险自初始确认后是否显著增加时，企业无须付出不必要的额外成本或努力即可获得合理且有依据的前瞻性信息的，不得仅依赖逾期信息来确定信用风险自初始确认后是否显著增加；企业必须付出不必要的额外成本或努力才可获得合理且有依据的逾期信息以外的单独或汇总的前瞻性信息的，可以采用逾期信息来确定信用风险自初始确认后是否显著增加。

无论企业采用何种方式评估信用风险是否显著增加，通常情况下，如果逾期超过 30 日，则表明金融工具的信用风险已经显著增加。除非企业在无须付出不必要的额外成本或努力的情况下即可获得合理且有依据的信息，证明即使逾期超过 30 日，信用风险自初始确认后仍未显著增加。例如，如果未能付款是由于行政监督而并非借款人的财务困难所致，或者企业能够获得的历史证据表明，发生违约的风险显著增加与金融资产付款逾期超过30天之间不存在相互联系，但有关证据却表明若付款逾期超过 60 天则两者存在相互关系。

如果企业在合同付款逾期超过 30 日前已确定信用风险显著增加，则应当按照整个存续期的预期信用损失确认损失准备。

如果交易对手方未按合同规定时间支付约定的款项，则表明该金融资产发生逾期。

在评估信用风险是否显著增加时，实际违约是一个滞后性指标。企业（特别是银行）应当充分巩固对信用风险的评估和管理程序，以确保在贷款逾期或发生实际违约之前就能发现信用风险的增加。对逾期信息的严重依赖是对预期信用损失模型的一种质量极低的应用。因此企业应尽量避免使用合同付款逾期超过 30 日作为信用风险已经显著增加的主要判断标准，以免带来重大偏差，因为这有可能导致转为按照整个存续期预期损失计量的时点晚于准则所要求的目标。

（2）确认自初始确认后信用风险是否已显著增加应考虑的因素。

确认自初始确认后信用风险是否已显著增加应当综合考虑整个存续期内自初始确认后违约风险的变化、金融工具的预计存续期、可能影响信用风险的合理及可支持信息等因素。

① 整个存续期内自初始确认后违约风险的变化。企业在评估金融工具的信用风险自初始确认后是否已显著增加时，应当考虑金融工具预计存续期内发生违约风险的变化，而不是预期信用损失金额的变化。企业应当通过比较金融工具在资产负债表日发生违约的风险与在初始确认日发生违约的风险，以确定金融工具预计存续期内发生违约风险的变化情况。

在为确定是否发生违约风险而对违约进行界定时，企业所采用的界定标准，应当与其内部针对相关金融工具的信用风险管理目标保持一致，并考虑财务限制条款等其他定性指标。

企业在评估金融工具的信用风险自初始确认后是否已显著增加时，应当考虑违约风险的相对变化，而非违约风险变动的绝对值。在同一后续资产负债表日，对于违约风险变动的绝对值相同的两项金融资产，初始确认时违约风险较低的金融工具比初始确认时违约风险较高的金融工具的信用风险变化更为显著。

信用质量的小幅变化可能与违约概率的大幅度增加存在联系，因此，对信用风险动因的精确计量，以及对动因与信用风险水平之间的关联度进行可靠的校准，都是十分重要的。IFRS 9 和 CAS 22（2017）要求银行在决定信用风险是否显著增加时，不应局限于观察信用风险的绝对水平，而应考虑相对于初始确认时最初测定的违约概率，及违约概率自初始确认以来的变化程度。这里考虑的是一个相对指标，取决于最初测定的违约概率，一个既定的违约概率变化值的重要程度可能是不同的。因为一个小档的评级变动和违约概率的变动之间并不存在简单的线性关系，所以基于一次评级调整中下调几个小档是不够的（例如，对于基于现有数据和特定管辖范围适用的分析，信用评级为 BB 的敞口在 5 年间的违约概率约为信用评级为 BBB 的敞口的 3 倍）。有可能在评级进一步下调一小档之前，信用风险就已经显著增加了。

实务中，很多银行都已投入较多的人力物力来定期检查和更新监管口径的五级分类。因此，管理层可能希望利用该结果直接对应 CAS 22（2017）中的"信用风险显著增加"。然而，这两者在基础概念的层面存在一些差异，因此这种直接的对应关系并不存在。例如："信用风险显著增加"是通过对比金融工具初始确认时和报告日两个时点上信用风险的变化得出的分析结果，而监管口径的五级分类（或其细分）只是对于报告日信用风险的绝对水平进行衡量。同时，"信用风险显著增加"仅衡量违约风险的变化，但监管口径的五级分类某些情况下也会考虑损失的情况。另外，五级分类的口径对于信用风险显著增加的判断而言，颗粒度也不够精细。

企业确定金融工具在资产负债表日只具有较低的信用风险的，可以假设该金融工具的信用风险自初始确认后并未显著增加。如果金融工具的违约风险较低，借款人在短期内履行其合同现金流量义务的能力很强，并且即便较长时期内经济形势和经营环境存在不利变化但未必一定降低借款人履行其合同现金流量义务的能力，该金融工具被视为具有较低的信用风险。

对于"具有较低的信用风险"的金融工具，CAS 22（2017）在一般模型之外引入了一项例外，即在初始确认后，企业可以选择不对信用风险是否显著增加进行评估。这项例外是作为实务中的简化处理而引入的，以帮助企业，特别是银行减轻追踪高质量金融工具（例如高评级债券）的信用风险变化的工作压力。尽管对较低信用风险的敞口豁免评估是准则允许的一项选择权，但巴塞尔委员会认为，银行使用这项豁免将导致其实施预期信用损失模型的质量下降。由于信贷活动是银行的核心业务，巴塞尔委员会希望只有在极少数适当的情况下，银行才使用这项豁免。

如果金融工具仅因为担保品的价值而被视为具有较低的损失风险，而若不存在该担保品则该金融工具不被视为信用风险较低，则该金融工具不能被视为具有较低的信用风险。同样的，如果金融工具仅因为其与企业的其他金融工具相比违约风险较低，或者相对于企业经营所处的地区的信用风险而言风险较低，则也不能被视为具有较低的信用风险。

为确定金融工具是否具有较低的信用风险，企业可以利用与全球公认的低信用风险定义相一致的并考虑所评估的风险和金融工具的类型的内部信用风险评级或其他方法。外部的"投资等级"评级可作为金融工具被视为具有较低信用风险的例子之一。但是，金融工具无须具备外部评级才能被视为具有较低的信用风险。然而，应当从市场参与者的角度考虑金融工具的所有条款和条件来确定金融工具是否具有较低的信用风险。

不能仅因为某项金融工具在上一报告期间被视为具有较低信用风险，但在报告日不被视为信用风险较低，而对其确认整个存续期预期信用损失。在该情况下，企业应当确定自初始确认后信用风险是否显著增加，从而是否需根据要求确认整个存续期预期信用损失。

② 金融工具的预计存续期。对于具有类似信用风险的金融工具而言，工具的存续期越长，发生违约风险就越高。例如，与预计存续期为 5 年的 AAA 级债券相比，预计存续期为 10 年的 AAA 级债券发生违约风险将更高。

鉴于预计存续期与发生违约风险之间的关系，信用风险的变化无法简单地通过比较发生违约的绝对风险随时间推移的变化来进行评估。例如，如果一项预计存续期为 10 年的金融工具在初始确认时发生违约的风险，与后续期间其预计存续期仅剩 5 年时发生违约的风险相同，则可能表明信用风险增加。这是因为如果信用风险并未发生变化而金融工具更接近到期日，预计存续期内发生违约风险通常会随时间的推移而降低。然而，对于仅在临近金融工具到期日时才具有重大付款义务的金融工具，发生违约风险不一定会随时间的推移而降低。在这种情况下，企业应同时考虑表明自初始确认后信用风险是否已显著增加的其他定性因素。

③ 可能影响信用风险的合理及可支持信息。在确定是否需要确认整个存续期预期信用损失时，企业应当考虑无须付出不必要的额外成本或努力便可获得的、可能影响金融工具信用风险的合理及可支持的信息。企业在确定自初始确认后信用风险是否已显著增加

时，无须完整无遗地搜寻所有信息。信用风险分析是一项多因素的全面的分析；特定因素是否相关及其相对于其他因素的权重将取决于特定产品的类型、金融工具的特征、借款人及地理区域。企业应当考虑无须付出不必要的额外成本或努力便可获得的、与所评估的特定金融工具相关的合理及可支持的信息。然而，某些因素或指标可能无法在单项金融工具层次上识别。在该情况下，应针对适当的金融工具组合、一组金融工具组合或金融工具组合的一部分来评估相关因素或指标，以确定是否满足规定的确认整个存续期预期信用损失的要求。

在评估信用风险的变化时可能相关的信息如下（下述内容并未涵盖所有情况）。

① 因自初始确认后信用风险的变化导致的信用风险内部价格指标的显著变化，包括但不限于若特定金融工具或具有相同条款及相同交易对手方的类似金融工具在报告日作为新工具源生或发行时，将产生的信用利差。

② 因自初始确认后金融工具信用风险的变化，导致若现有金融工具在报告日作为新工具源生或发行，该工具的利率或条款将发生显著不同的其他变化（例如，更严格的契约、增加抵押品或担保的数额或更高的收益保障率）。

③ 特定金融工具或具有相同预计存续期的类似金融工具信用风险的外部市场指标的显著变化。信用风险市场指标的变化包括但不限于以下几个：

　a. 信用利差；

　b. 针对借款人的信用违约互换的价格；

　c. 金融资产的公允价值小于其摊余成本的时间长短或程度；

　d. 与借款人相关的其他市场信息，如借款人的债务及权益工具的价格变动。

④ 金融工具外部信用评级的实际或预期的显著变化。

⑤ 对借款人实际或预期的内部信用评级下调，或内部用于评估信用风险的行为评分下降。如果内部信用评级和内部行为评分可与外部评级对应或可通过违约调查予以证明，则更为可靠。

⑥ 预期将导致借款人履行其偿债义务的能力发生显著变化的业务、财务或经济状况的现有或预测的不利变化，例如，实际或预期的利率增加，或实际或预期的失业率显著上升。

⑦ 借款人经营成果的实际或预期的显著变化。例如，导致借款人履行其偿债义务的能力发生显著变化的实际或预期的收入或毛利率下降、经营风险增加、营运资金短缺、资产质量下降、资产负债表杠杆比例提高、流动性、管理问题、业务范围或组织结构变更（如业务分部的终止经营）。

⑧ 同一借款人的其他金融工具信用风险的显著增加。

⑨ 导致借款人履行其偿债义务的能力发生显著变化的借款人所处的监管、经济或技术环境的实际或预期的显著不利变化，例如，由于技术变革导致对借款人所销售产品的需求下降。

⑩ 作为债务抵押的担保品价值或者第三方担保或信用增级质量的显著变化，其预期将降低借款人按合同规定期限还款的经济动机或者影响发生违约的概率。例如，如果房价下降导致担保品价值下跌，则在某些地区，借款人将有更大动机违约抵押贷款。

⑪ 借款人的股东（或个人的父母）所提供的担保（若该股东或其父母具有动机和财务能力通过注入资本或现金避免违约）质量的显著变化。

⑫ 预期将降低借款人按合同约定期限还款的经济动机的显著变化，例如母公司或其他关联公司的财务支持减少，或者信用增级质量实际或预期的显著变化。信用质量增级或支持包括考虑担保人的财务状况，和/或对于证券化中发行的权益，次级权益预计能否吸收预期信用损失（如证券化基础贷款的预期信用损失）。

⑬ 贷款文件的预期变更，包括预计违反合同的行为，而可能导致契约豁免或修订、免息期、利率阶梯式增长、要求提供额外抵押品或担保，或对工具的合同框架作出其他变更。

⑭ 借款人预期表现和行为的显著变化，包括组合中借款人的还款行为的变化（如延迟支付合同款项的预计数目或金额增加、预计接近或超出信用授信额度或每月支付最低还款额的信用卡持有人的预期数量增加）。

⑮ 企业对金融工具的信用管理方法的变化，即信用管理是基于金融工具信用风险变化新呈现的迹象。企业的信用风险管理实践预计将变得更为积极或着重于工具的管理，包括更密切地监控或控制有关工具，或者企业对借款人实施特别干预。

⑯ 逾期信息，包括准则规定的可推翻的假设。

在某些情况下，可获得的定性及非统计定量信息可能足以确定金融工具是否已符合按相当于整个存续期预期信用损失的金额确认损失准备的标准。在其他情况下，企业可能需要考虑其他信息，包括源自其统计模型或信用评级流程的信息。或者，企业可以同时基于下列两种类型的信息执行评估：内部评级流程并未追踪获取的定性因素；报告日的特定内部评级类别，并考虑初始确认时的信用风险特征（如果两种类型的信息均是相关的）。

确认自初始确认后信用风险是否已显著增加应运用的方法。企业在评估金融工具的信用风险自初始确认后是否已显著增加或者在计量预期信用损失时，可针对不同的金融工具应用不同的方法。对于未将违约的明确概率作为输入值的方法（如信用损失率法），若企业能够将发生违约风险的变化与引致预期信用损失的其他因素（如担保品）的变动区分开来，并在作出评估时考虑下列各项，该方法也可能符合 CAS 22（2017）的要求：

① 自初始确认后发生违约风险的变化；
② 金融工具的预计存续期；
③ 无须付出不必要的额外成本或努力便可获得的、可能影响信用风险的合理及可支持的信息。

用于确定金融工具的信用风险自初始确认后是否已显著增加的方法，应当考虑金融工具（或一组金融工具）的特征及类似金融工具过往的违约情况。对于违约情况并非集中在金融工具预计存续期特定时点的金融工具，在未来 12 个月内发生违约的风险的变化可作为整个存续期内发生违约的风险变化的合理近似值。在该情况下，除非具体情况表明有必要针对整个存续期作出评估，否则企业可使用未来 12 个月内发生违约的风险的变化来确定自初始确认后信用风险是否已显著增加。

但是，对于某些金融工具或在某些情况下，使用未来 12 个月内发生违约风险的变化来判定是否应当确认整个存续期预期信用损失可能并不恰当。例如，对于到期期限超过 12

个月的金融工具,如果存在下列情况,则未来12个月内发生违约风险的变化可能并非确定该工具信用风险是否已增加的适当基础:

① 金融工具仅承担超过未来12个月期间的重大付款义务;

② 相关的宏观经济因素或其他与信用相关的因素发生的变化未能在未来12个月发生违约风险中充分反映;

③ 与信用相关的因素变化仅影响超过未来12个月期间的金融工具的信用风险(或造成更为显著的影响)。

总之,在评估信用风险变化时,要全面考虑多项因素,包括三个主要维度:定量指标、定性指标和上限指标。由于不同的金融工具具有不同的特征,管理层可能采用不同的信用管理方式,从不同角度考虑对信用风险进行衡量。实务中,对于贷款,常用的定量指标包括违约概率、内部评级的变化、逾期天数(如逾期是否超过30天)以及预警清单;对于债券,可能更多参考外部评级和市场信息。一般而言,企业需将定量指标作为阶段划分的主要指标,将定性指标作为补充。根据准则规定,逾期30天是判断信用风险显著增加的一个可推翻假设,因而在实务中常被用作判断信用风险显著增加的逾期天数上限指标。应当注意的是,对于同一种金融工具,管理层可考虑综合运用多个定量和定性指标进行分析,而这些指标未必完全适用于另一种金融工具的分析。

【例1.6.1】信用风险显著增加

乙公司的融资结构包括不同分级的优先级担保贷款额度[①]。甲银行为乙公司提供了其中一项分级贷款。尽管在发放该笔贷款时,乙公司的杠杆率相较于其他具有相似信用风险的发行人更高,但甲银行预计乙公司在该工具的存续期内能够满足贷款约定。此外,预计在该优先级贷款存续期内乙公司所属行业产生的收入和现金流是稳定的。然而,在提高现有业务毛利率的能力方面,仍然存在一定的商业风险。

自初始确认后,宏观经济波动对销售总量产生了不利影响,乙公司生成的收入和现金流低于其经营计划。尽管已经增加了对清理库存的投入,仍然没有实现预期的销售。为了增加流动性,乙公司已经动用了另一循环信用额度,从而导致其杠杆率升高。因此,乙公司现在已经处于对甲银行优先级担保贷款违约的边缘。

分析:初始确认时,考虑到初始确认时的信用风险水平,该贷款不符合CAS 22(2017)中对已发生信用减值的金融资产的定义,因此甲银行认为其不属于源生的已发生信用减值的贷款。

甲银行在报告日对乙公司进行了总体信用风险评估,全面考虑了自初始确认后,所有与信用风险增加程度的评估相关的,无须付出不必要的额外成本或努力即可获得合理且有依据的信息。这些信息可能包括以下因素。

(1)甲银行预计宏观经济环境近期将继续恶化,并对乙公司生成现金流和去杠杆化的能力产生进一步的负面影响。

[①] 对贷款的担保会影响违约发生时的损失,但不会影响违约发生的风险,因此,按照CAS 22(2017),在判断自初始确认后信用风险是否显著增加时,担保不予考虑。

（2）乙公司离违约越来越近，可能会导致需要重组贷款或者调整合约。

（3）甲银行评估发现，乙公司债券的交易价格已下降，且新发放贷款的信用保证金已经提高以反映其信用风险的增加，而这些变化与市场环境的变化无关（如基准利率保持不变）。进一步与乙公司同行的价格进行比较，发现乙公司债券价格的下跌及其贷款信用保证金的提高，很可能是由公司特有的因素造成的。

（4）甲银行根据反映信用风险增加的可用信息，重新评估了该贷款的内部风险评级。

甲银行认为，按照CAS 22（2017）的规定，乙公司贷款自初始确认后信用风险已经显著增加。因此，甲银行对乙公司的优先级担保贷款确认了整个存续期预期信用损失。即使甲银行尚未调整该贷款的内部风险评级，结论依然如此——是否调整风险评级本身，并不是确定自初始确认后信用风险是否显著增加的决定性因素。

【例1.6.2】信用风险无显著增加

C公司是某集团的控股公司，该集团在某具有周期性的生产行业从事经营。B银行向C公司发放了一笔贷款。当时，由于预期全球需求进一步增长，该行业的前景看好。然而，由于原料价格的波动性，同时考虑到所处经营周期的位置，销量预计会有所下降。

此外，C公司以往一直致力于通过收购相关行业公司的多数股份实现外部增长。因此，集团结构复杂且一直在变化，投资者很难对该集团的预期绩效进行分析以及对控股公司层面可用的现金流进行预测。在B银行发放贷款时，尽管C公司的债权人认为其杠杆率是可接受的，由于其当前融资即将到期，这些债权人仍然担心C公司为其债务再融资的能力。此外，他们还担心C公司是否有能力继续使用其从营运子公司处分到的股息进行利息支付。

B银行发放贷款时，基于对该贷款预期存续期内的预测，C公司的杠杆率与其他的具有相似信用风险的银行客户的杠杆率一致，在触发违约事件之前，其偿债能力比率相应的可用额度（即空间）很高。B银行运用其自有的内部评级方法确定信用风险，并得出该贷款的具体内部评级。B银行的内部评级类别取决于历史的、当前的和前瞻性信息，用于反映贷款存续期内的信用风险。初始确认时，B银行认为该贷款属于高信用风险，具有投机因素；并且认为影响C公司的不确定因素（包括对该集团产生现金的不确定性预期）可能导致违约。

自初始确认后，C公司公告，由于市场条件恶化，其下5家重要子公司中有3家销量锐减，但是根据对行业周期的预期，其销售情况预计在接下来的数月中得到改善。其余两家子公司的销量稳定。此外，C公司还公告，将进行公司重组以整合营运子公司。公司重组将提高对当前债务再融资的灵活性以及营运子公司向C公司支付股息的能力。

分析：初始确认时，不符合对购入或源生的已发生信用减值的金融资产的定义，B银行认为该笔贷款不属于源生的已发生信用减值的贷款。

尽管预计市场条件会继续恶化，按照CAS 22（2017）的规定，B银行认为C公司贷款的信用风险自初始确认后并无显著增加。以下因素可证明。

（1）尽管当前销量下降，但是其与B银行在初始确认时的预期相同。此外，预计在接下来的数月中销量将得到改善。

(2)考虑到营运子公司层面对当前债务再融资的灵活性提高以及向 C 公司支付股息的能力提高，B 银行认为公司重组将导致信用增级，尽管在控股公司层面对当前债务再融资能力仍然存在些许担心。

(3) B 银行负责监控 C 公司的信用风险部门认为最新的发展情况尚不足以证明需要变更其内部信用风险级别。

因此，B 银行未对该贷款按整个存续期预期信用损失确认损失准备。但是，对 12 个月预期信用损失的计量予以更新，该计量基于后续 12 个月内增加的违约风险以及若发生违约将导致的信用损失。

【例1.6.3】 应对信用风险变化

ABC 银行在三个不同地区提供住宅抵押贷款。发放的抵押贷款涵盖了多种贷款抵押率标准和广泛的收入阶层。根据抵押贷款申请流程，客户需要提供各类信息，例如客户受雇的行业以及抵押房产所处地的邮编等。

ABC 银行制定了基于信用评分的审批标准。对于信用评分在"可接受水平"之上的贷款申请会通过审批，因为银行认为借款人能够按照合同约定履行贷款偿还义务。发放新的抵押贷款时，ABC 银行使用信用评分确定初始确认时的违约风险。

在报告日，ABC 银行认为所有地区的经济状况预计将显著恶化，预计失业率将升高而住宅房产的价值将下跌，进而导致贷款抵押率上升。鉴于预期经济状况将恶化，ABC 银行预期抵押贷款组合的违约概率（probability of default, PD）将上升。

(1) 单项评估。

在甲地区，ABC 银行每月使用自动化行为评分流程对每笔抵押贷款进行评估。评分模型基于以下参数：当前和历史逾期情况、客户的负债水平、贷款抵押率指标、客户在 ABC 银行的其他金融工具上的行为表现、贷款规模以及贷款自发放起的已存续时间。ABC 银行通过重估房产价值的自动化程序定期更新贷款抵押率指标，重估所用的信息包括各邮编区域的近期销售信息，以及各种无须付出不必要的额外成本或努力即可获得合理且有依据的前瞻性信息。

ABC 银行的历史数据显示住宅房产价值与抵押贷款违约概率之间具有显著的相关性。即，当住宅房产价值下跌时，客户没有强烈的经济动机按期偿付贷款，违约风险将上升。

根据行为评分模型中的贷款抵押率指标的影响，可以针对住宅房产价值的预期下滑所导致的违约风险增加，对行为评分进行调整。即使对于到期时（以及超出 12 个月后）具有重大偿付义务的一次性还本贷款，仍然可以针对房产价值的下降，对行为评分进行调整。贷款抵押率指标高的抵押贷款对于住宅房产的价值变化更为敏感，因此，如果行为评分变差，ABC 银行能够在抵押贷款逾期之前，识别出自初始确认后个别客户的信用风险显著增加。

信用风险显著增加时，应按整个存续期预期信用损失确认损失准备。ABC 银行使用贷款抵押率指标估计损失的严重程度[即违约损失率（loss given default, LGD）]，用以计量损失准备。在其他情况相同时，贷款抵押率指标越高，预期信用损失越大。

如果无法更新行为评分以反映房产价格的预期下滑，ABC 银行将利用无须付出不必要的额外成本或努力即可获得合理且有依据的信息进行组合评估，以确定自初始确认后信用风险显著增加的贷款，并对这些贷款确认整个存续期预期信用损失。

（2）组合评估。

在乙地区和丙地区，ABC 银行不具备自动化评分能力。因此，为了信用风险管理，ABC 银行通过逾期状态追踪违约风险。银行对逾期状态为逾期 30 天以上的所有贷款，按整个存续期预期信用损失确认损失准备。尽管 ABC 银行把逾期状态信息作为借款人特有唯一的信息，但仍会考虑其他无须付出不必要的额外成本或努力即可获得合理且有依据的前瞻性信息，以评估是否应对逾期不超过 30 天的贷款确认整个存续期预期信用损失。为了满足准则要求，应对所有信用风险显著增加的贷款确认整个存续期预期信用损失。

① 乙地区。乙地区有一个主要依赖原煤和相关产品出口的矿区。ABC 银行注意到原煤出口量显著下滑并预计若干煤矿将关闭。鉴于预期失业率会增加，尽管这些客户在报告日并未逾期，ABC 银行认为对于那些受雇于煤矿的借款人，其抵押贷款的违约风险已经确定显著增加。因此，ABC 银行根据客户受雇的行业对抵押贷款组合进行细分（使用贷款申请流程中记录的部分信息），以识别出以煤矿为主业的客户（即"自下而上"法，基于共同风险特征识别贷款）。对于这些贷款，ABC 银行按整个存续期预期信用损失确认损失准备，而对于乙地区的所有其他贷款则按 12 个月预期信用损失确认损失准备（不包括根据单项评估确定的信用风险显著增加的抵押贷款，比如逾期 30 天以上的贷款。对这些贷款仍需确认整个存续期预期信用损失）。然而，对于向受雇于煤矿的借款人新发放的贷款，由于其信用风险自初始确认后并无显著增加，因此，仅按 12 个月预期信用损失确认损失准备。但是，由于预期的煤矿关闭，部分此类贷款的信用风险可能在初始确认不久后显著增加。

② 丙地区。在丙地区，鉴于预计在抵押贷款的整个存续期内利率将上浮，ABC 银行预计有发生违约的风险，进而信用风险将增加。历史经验显示，利率上浮是导致丙地区抵押贷款未来发生违约的一项主要指标——尤其是对于非固定利率贷款的客户。ABC 银行认为丙地区浮动利率抵押贷款组合具有同质性，但是不同于乙地区的同质性，无法基于相同风险特征（该特征体现了预期信用风险显著增加的客户）识别特定子组合。但是，鉴于丙地区抵押贷款的同质性，ABC 银行认为可以评估整个贷款组合中，有多少比例的贷款自初始确认后信用风险显著增加（即使用"自上而下"法）。根据历史信息，ABC 银行估计利率上升 200 个基点会导致 20%的浮动利率抵押贷款组合的信用风险显著增加。所以，鉴于预期的利率上浮，ABC 银行认为丙地区 20%的抵押贷款的信用风险自初始确认后显著增加。因此，ABC 银行对该 20%浮动利率贷款组合确认整个存续期的预期信用损失，而对其余贷款组合按 12 个月预期信用损失确认损失准备（不包括根据单项评估确定的信用风险显著增加的抵押贷款，比如逾期 30 天以上的贷款。对这些贷款仍需确认整个存续期预期信用损失）。

3. 修改后的金融资产

企业与交易对手方修改或重新议定合同，未导致金融资产终止确认，但导致合同现金流量发生变化的，企业在评估相关金融工具的信用风险是否已经显著增加时，应当将基于变更后的合同条款在资产负债表日发生违约的风险与基于原合同条款在初始确认时发生违约的风险进行比较。

在某些情况下，金融资产合同现金流量的重新议定或修改可能导致现有金融资产按照规定予以终止确认。如果金融资产的修改导致现有金融资产的终止确认并随后确认修改后的金融资产，那么修改后的资产应被视为一项新金融资产。据此，在对修改后的金融资产应用减值要求时，修改日期应被视为该金融资产的初始确认日。这通常意味着，直至符合确认整个存续期预期信用损失的要求之前，均应按照相当于 12 个月预期信用损失的金额计量损失准备。但是，在某些异常情况下，在作出导致原金融资产终止确认的修改之后，可能存在证据表明修改后的金融资产在初始确认时已发生信用减值，从而该金融资产应被确认为一项所源生的已发生信用减值的金融资产。例如，如果对不良资产作出重大修改从而导致原金融资产终止确认，则可能会发生这一情况。在该情况下，修改可能会导致产生一项在初始确认时已发生信用减值的新金融资产。

如果金融资产的合同现金流量被重新议定或作出其他修改但并未导致终止确认，该金融资产不能自动被视为具有较低的信用风险。企业应当基于无须付出不必要的额外成本或努力便可获得的所有合理及可支持的信息，来评估自初始确认后信用风险是否已显著增加。这包括历史信息和前瞻性信息以及对金融资产预计存续期内信用风险的评估（包括与导致修改的情形有关的信息）。有关不再满足确认整个存续期预期信用损失之标准的证据，可包括根据修改后的合同条款最新与及时的付款表现的历史记录。通常情况下，客户需要在一段时期内一贯地展现出良好的付款行为，才能被视为信用风险已经降低。例如，客户漏掉某笔付款或未全额付清的历史记录，通常不能简单地因为依照修改后的合同条款及时作出的一次付款行为而消除。

【例1.6.4】修改后的金融资产：合同现金流修改

A 银行发放一笔五年期贷款，要求到期时一次性偿还未清合同面值。合同面值为 1 000 万元，利率为 5%，按年付息。实际利率为 5%。第一个报告期期末（第一期），由于自初始确认后信用风险并无显著增加，A 银行按 12 个月预期信用损失确认损失准备。确认的损失准备余额为 20 万元。

在第二个报告期（第二期），A 银行认定该贷款自初始确认后信用风险显著增加，鉴于此，A 银行对该笔贷款确认整个存续期预期信用损失。损失准备余额为 30 万元。

在第三个报告期（第三期）期末，鉴于借款人出现重大财务困难，A 银行与借款人重新协商后，修改了该笔贷款的合同现金流量。A 银行将该笔贷款的合同期限延迟了一年，因此，在修改日，该笔贷款的剩余期限为三年。此次修改并未导致 A 银行终止确认该笔贷款。

鉴于该项修改，A 银行根据该贷款的初始实际利率为 5%，重新计算修改后的合同现金流量现值作为金融资产的账面总额，重新计算的账面总额与修改前的账面总额之间的差额确认为修改利得或损失。A 银行在该贷款账面总额上扣减了修改损失 300 万元，使得账面总额 F 降为 700 万元，修改损失 300 万元计入损益。具体计算见表 1.6.1。

考虑了修改后的合同现金流量，A 银行重新计算了损失准备，并且评估了是否应继续对该贷款按整个存续期预期信用损失计量损失准备。A 银行将当前信用风险（考虑了修改后的现金流量）与初始确认时的信用风险（基于初始未修改的现金流）进行比较。A 银行认为该贷款在报告日并未发生信用减值，但是相对于初始确认时的信用风险，其信用风险依然显著增加，因此，继续按整个存续期预期信用损失计量损失准备。在报告日，整个存续期预期信用损失的损失准备余额为 100 万元。

表 1.6.1　贷款合同现金流量修改后摊余成本的计算　　　　　单位：万元

时间	期初账面总额	减值（损失）/收益	修正（损失）/收益	利息收入	现金流量	期末摊余成本	减值准备	期末账面净值
	(a)	(b)	(c)	(d=a*5%)	(e)	(f=a+c+d−e)	(g)	(h=f−g)
一	1 000	（20）		50	50	1 000	20	980
二	1 000	（10）		50	50	1 000	30	970
三	1 000	（70）	（300）	50	50	700	100	600

注：括号内的数表示损失。

在后续每个报告日，A 银行按照规定将该贷款初始确认时的信用风险（基于初始未修改的现金流量）和报告日的信用风险（基于修改后的现金流量）进行比较，以评估信用风险是否显著增加。

修改贷款合同两个报告期后（第五期），相较于修改日的预期，借款人的实际业绩明显优于经营计划。此外，该行业前景好于之前的预测。基于对无须付出不必要的额外成本或努力即可获得合理且有依据的信息的评估，A 银行发现该贷款的整体信用风险下降了，而且在整个存续期的违约风险也下降了，因此，A 银行在报告期末调整了借款人的内部信用评级。

考虑到整体发展状况良好，A 银行对条件进行重新评估，并认定该贷款的信用风险下降了，并且相对自初始确认后的信用风险已无显著增加。因此，A 银行重新按 12 个月预期信用损失计量损失准备。

4. 购买或源生的已发生信用减值的金融资产减值损失的确认

对于购买或源生的已发生信用减值的金融资产，企业应当在资产负债表日仅将自初始确认后整个存续期内预期信用损失的累计变动确认为损失准备。在每个资产负债表日，企业应当将整个存续期内预期信用损失的变动金额作为减值损失或利得计入当期损益。即使该资产负债表日确定的整个存续期内预期信用损失小于初始确认时估计现金流量所反映的预期信用损失的金额，企业也应当将预期信用损失的有利变动确认为减值利得。

1.6.2　金融资产减值损失的计量

企业计量金融工具预期信用损失的方法应当反映下列各项要素：通过评价一系列可能的结果而确定的无偏概率加权平均金额；货币时间价值；在资产负债表日无须付出不必要

的额外成本或努力即可获得的有关过去事项、当前状况以及未来经济状况预测的合理且有依据的信息。

（1）通过评价一系列可能的结果而确定的无偏概率加权平均金额。

企业应当以概率加权平均为基础对预期信用损失进行计量。企业对预期信用损失的计量应当反映发生信用损失的各种可能性，但不必识别所有可能的情形。

估计预期信用损失的目的并非对最坏的情形或最好的情形作出估计。取而代之的是，预期信用损失的估计应当始终反映发生信用损失的可能性以及不发生信用损失的可能性（即使最可能发生的结果是不存在任何信用损失）。应特别注意的是，各种可能的情景及其相关信用损失之间的关系可能是非线性的。

要求预期信用损失的估计应当反映通过评价可能结果的范围而确定的无偏概率加权平均金额。在实务中，这可能无须涉及复杂的分析。在某些情况下，运用相对简单的模型可能已经足够，而无须使用大量具体的模拟情景。例如，较大一组具有共同风险特征的金融工具的平均信用损失可以是概率加权金额的合理估计值。在其他情况下，则很可能需要识别具体列明特定结果的现金流量金额和时间，以及各种结果估计概率的情景。在该等情况下，预期信用损失应当规定至少反映两种结果。

对于整个存续期预期信用损失，企业应当估计金融工具在其预计存续期内发生违约的风险。12 个月预期信用损失是整个存续期预期信用损失的一部分，并代表若在报告日后 12 个月内（若金融工具的预计存续期少于 12 个月，则为更短的期间）发生违约将引致的存续期现金短缺在考虑发生违约概率后的加权金额。因此，12 个月预期信用损失并非企业预计金融工具将在未来 12 个月内违约时该金融工具将发生的整个存续期预期信用损失，也不是预测在未来 12 个月内将发生的现金短缺。

（2）货币时间价值。

计量金融工具预期信用损失应当考虑货币的时间价值，即需要对合同现金流量和预期现金流量进行折现。

预期信用损失应当采用在初始确认时确定的实际利率或其近似值，折现为在报告日（而非预期违约日或某一其他日期）的现值。如果金融工具具有浮动利率，则预期信用损失应当采用根据要求确定的当前实际利率进行折现。

对于所购买或源生的已发生信用减值的金融资产，预期信用损失应当采用在初始确认时确定的经信用调整的实际利率进行折现。

租赁应收款的预期信用损失应当采用按照租赁准则要求计量租赁应收款所使用的相同折现率进行折现。

贷款承诺的预期信用损失应当采用在确认源自贷款承诺的金融资产时将应用的实际利率或其近似值进行折现。这是由于为应用减值要求的目的，履行贷款承诺后所确认的金融资产应作为该承诺的延续而非一项新金融工具处理。因此，该金融资产的预期信用损失应通过考虑在企业成为不可撤销承诺的一方之日该贷款承诺的初始信用风险来计量。

无法确定实际利率的财务担保合同或贷款承诺的预期信用损失，应当采用反映对货币时间价值的当前市场评估及该现金流量特有风险的折现率进行折现，但前提是仅当此类风险是通过调整折现率（而非调整经折现的现金短缺）体现时才能这样做。

（3）在资产负债表日无须付出不必要的额外成本或努力即可获得的有关过去事项、当前状况以及未来经济状况预测的合理且有依据的信息。

合理及可支持的信息是指在报告日无须付出不必要的额外成本或努力便可合理获得的信息，包括有关过去事项、当前状况及未来经济状况预测的信息。出于财务报告目的可获得的信息将被视为无须付出不必要的额外成本或努力便可获得的信息。

企业无须考虑对金融工具整个预计存续期内未来状况的预测。估计预期信用损失需要运用的判断程度取决于具体信息的可获取性。预测的时间跨度越大，具体信息的可获取性将越低，而估计预期信用损失须运用的判断程度就越高。估计预期信用损失并不要求对距今甚远的未来期间作出具体估计——对于此类期间，企业可根据源自可获得的具体信息的预测进行推断。

企业无须完整无遗地搜寻所有信息，但应当考虑无须付出不必要的额外成本或努力便可获得的、与估计预期信用损失（包括预期提前偿付的影响）相关的所有合理及可支持的信息。所使用的信息应包括特定于借款人的因素、一般经济状况以及在报告日对当前状况及相关状况预测方向的评估。企业可同时使用内部（主体特定的）及外部的各类数据来源。可能的数据来源包括内部历史信用损失经验、内部评级、其他企业的信用损失经验以及外部评级、报告和统计数据。如果企业没有主体特定的数据来源或此类数据不够充分，则可使用同行业内对类似金融工具（或一组类似金融工具）的经验。

历史信息是计量预期信用损失的重要基准或基础。然而，企业应当基于当前可观察的数据对历史数据（如信用损失经验）作出调整，以反映并未影响历史数据所属期间的当前状况及未来状况预测的影响，并剔除与未来合同现金流量不相关的历史期间状况的影响。在某些情况下，最佳的合理及可支持的信息可以是未经调整的历史信息（取决于与报告日存在的情况及所考虑的金融工具特征相比，历史信息的性质及其计算时间）。预期信用损失变动的估计应当反映各期间之间相关可观察数据的变化（例如，失业率、房价、商品价格、付款状况或可能表明金融工具或一组金融工具发生信用损失的其他因素的变化及此类变化的重要程度）并与该等变化保持一致方向。企业应当定期复核用于估计预期信用损失的方法和假设，以减少估计值与实际信用损失经验之间的差异。

在利用历史信用损失经验来估计预期信用损失时，重要的是关于历史信用损失率的信息对相关的资产组别应用，按该资产组别与观察到该历史信用损失率的资产组别相一致的方式进行定义。据此，所使用的方法应当使每组金融资产均能够与具有类似风险特征的每组金融资产的过往信用损失经验的信息以及反映当前状况的相关可观察数据建立联系。

预期信用损失反映企业自身对信用损失的预期。但是，在考虑无须付出不必要的额外成本或努力便可获得的所有合理及可支持的信息而估计预期信用损失时，企业应同时考虑关于特定金融工具或类似金融工具之信用风险的可观察的市场信息。

综上，预期信用损失计量模型的影响因素如图1.6.3所示。

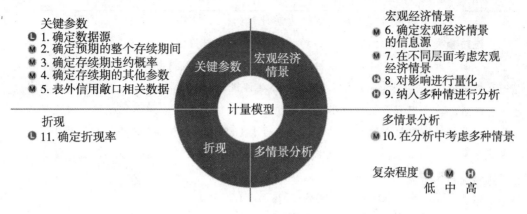

图 1.6.3　预期信用损失计量模型影响因素分析

> **相关链接 1-3：计量金融工具预期信用损失的方法**
>
> 预期信用损失（expected credit loss，ECL）是违约事件发生后，信用损失发生概率的风险计量，是在一定时间或风险区间内预期损失的平均值。大多数银行都会使用非常复杂的模型进行计算，并且不同的计算方法可能产生不同的估计结果。预期信用损失金额受 3 个参数的影响：债务人或交易对手的违约概率（probability of default，PD），违约发生时不能归还的违约风险敞口（exposure at default，EAD），以及违约发生时的违约损失率（loss given default，LGD）。其计算公式为
>
> $$ECL = PD \times EAD \times LGD$$
>
> 违约概率（PD）度量了借款人不能偿还借款的可能性，通常根据银行内部评级计算，也可以直接参考来自公共评级机构的外部评级。借款人的违约概率是一种频率度量，基于历史的债务违约数据进行违约频率预测。常用的违约概率估计方法包括专家信用评级法、信用违约评分模型、判别分析法（如 Altman Z 得分）、线性概率模型和 logit 模型、期限结构方法、期权模型等。
>
> 违约风险敞口（EAD）是违约发生时债权人对损失或损失风险的未清偿金额的内部估计。主要受 4 个因素影响：潜在风险敞口、债项结构、承诺条款、盯市计算。对于已承诺但未完全提取的授信额度（贷款承诺），违约风险敞口是名义金额或预计未清偿余额；对于债券，以债券的名义金额计量；对于信用衍生产品，违约风险敞口需要估计且始终为正。
>
> 违约损失率（LGD）是违约发生时债权人实际损失金额的严重程度。需要考虑抵押物或其他风险缓释手段能回收的金额。估计违约损失率通常是在某个时点，按照债务类型和优先级结构算出贷款人历史平均损失。需要指出的是，债务人发生违约不一定会招致损失。例如，一笔信用债务到期，借款逾期 30 天，但在第 60 天进行了还款。还有，一般情况下，直接债务人完成清算或破产后，才能确定债务人违约后的全部损失金额，借款人破产后可以收回的金额对计算违约损失率起着重要作用，但可收回的损失很难预测。估计违约损失率的方法之一是根据回收率计算：
>
> 违约损失率=1-回收率+管理成本

流动性较差的债项可以使用下述方法计算：

违约损失率=（违约前价值-违约后价值）/违约前价值

下面以计算一笔 500 万元无担保定期贷款的预期信用损失为例进行说明。借款人是一家机械公司，其内部评级为 5，相当于公共评级的 BBB 等级。按照银行历史上的年度违约概率，这个内部信用评级水平等同于 0.2%的违约概率。为简化起见，假定贷款人将内部信用评级映射至外部信用评级，等同于 1.8%的违约概率（5 年累积概率）。因为这是一笔 5 年期贷款并已全额提取，且无担保，因此违约风险敞口为 100%，贷款人评估的违约损失率为 50%。则

预期信用损失=500×1.8%×100%×50%=4.5（万元）

贷款预期损失为 4.5 万元，是 BBB 级信贷的预期损失金额。预期损失代表贷款人基于同类型贷款而估计的一定时间内贷款平均预期损失，同时也代表可能发生的所有损失的均值。

假定贷款项目是一个循环信用额度，信贷的使用在整个授信期存在变化，其违约风险敞口也需要进行估计。假设 BBB 评级贷款项目的已承诺未提取部分（占 60%）的违约风险敞口适用 65%的信用风险转换系数（CCF），同时机械公司的平均回收率为 49%。则

预期信用损失=500×1.8%×（40%+60%×65%）×（1–49%）=3.5（万元）

银行在报告日计量预期信用损失时，需要通过评价一系列可能的结果而确定的无偏概率加权平均金额的折现值。具体过程如图 1.6.4 所示。

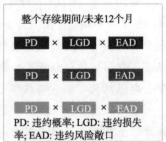

图 1.6.4　银行在报告日计量预期信用损失的过程

资料来源：[美]乔埃塔·科尔基特（Joetta Colquitt）：信用风险管理（第 3 版），杨农等译，清华大学出版社，2014。

相关链接 1-4：计量金融工具预期信用损失的实务操作

IFRS 9 和 CAS 22（2017）对计量金融工具预期信用损失设定了一些原则，包括：应当体现无偏估计，应该考虑一系列可能的结果，并将其按照可能性加权平均以及进行折现。除此以外，也需要考虑如何进行正确的分组。IFRS 9 和 CAS 22（2017）没有提供计算未来 12 个月和存续期信用损失的具体方法。

那么实务中通常如何计量金融工具预期信用损失呢？最常见的情况是使用来自巴塞尔体系下的监管数据，包括违约概率（PD）、违约损失率（LGD）和违约风险敞口（EAD）。使用其他方法的银行则会参考外部评价，或者使用迁移率或迁移分析。

使用巴塞尔体系下的监管数据时，不能直接使用这些数据，而需要根据 IFRS 9 和 CAS 22（2017）的要求作出相应的调整。首先需要调整的是违约概率（PD），例如，巴塞尔体系使用贯穿周期型违约概率，而典型的信贷周期是 8 到 10 年。所以，需要将其调整为时点违约概率。在此之后，需去除谨慎性偏向，并通过与宏观经济因素建立回归关系而加入前瞻性考虑。上述这些工作可以在资产组合层面完成。例如，在计算上述指标时，可以将所有公司客户作为一个大的资产组合，或者，如果有更精细的信息，也可以将资产组合细分为大公司、中小企业、融资项目和更多不同的分类。这种分组方式可能与巴塞尔模型中使用的分组相似，也可能有所不同，取决于计算上述指标时银行有什么样的数据。巴塞尔模型和 IFRS 9 对于数据口径的主要差别如下表所示：

项目	巴塞尔模型	IFRS 9 或 CAS 22（2017）
统计方法	使用贯穿周期法或者混合时点法计算历史数据均值	使用时点法，并考虑宏观经济参数进行调整
数据观察期	零售敞口——5 年；对公、银行和主权敞口——7 年	无
违约概率对应的期间	12 个月	12 个月，或整个存续期
下限和调整	违约概率和违约时的损失率有下限，违约时的损失率需要进行经济衰退期调整	无

接下来，在未来 12 个月预期信用损失的基础上，需要做一些预测性的或特定的计算，例如，通过马尔可夫链的调整，得出整个存续期的预期信用损失。除了违约概率，还需要关注违约风险敞口（EAD），为此需要关注什么是合同现金流。这不仅是指合同中约定的现金流，也需要考虑提前还款，例如住房按揭贷款，需要建立提前还款的数据分布，以便评估提前还款对现金流量的影响。除了提前还款，对于某些类型的贷款，如果属于循环信贷产品，还需要关注什么是可能的提款，以及这些提款基于行为基础分析所得出的预计存续期。

最后一个需要计算的数据是违约损失率。即当借款发生违约时，会导致多少损失。这里需要考虑不止一种情景。例如，对于一项违约，银行既有可能查封贷款的押品并进行出售，也有可能寻求其他的解决方案，也许是再协商修改贷款，或者银行会卖掉这些贷款。所以银行可能考虑这 3 种情景的发生概率并以此为权重进行加权平均的计算。如果出售贷款本身就是回收贷款计划的一部分，那么这就是需要考虑的一种情景。

资料来源："普华永道 IFRS 聚焦"解密 IFRS 9 减值：预期信用损失的计量。

【例 1.6.5】明确运用"违约概率"法计量 12 个月预期信用损失

情形 1：

A 企业发放了一笔 100 万元的 10 年期分期偿还本金贷款。考虑到对具有相似信用风险的其他金融工具的预期、借款人的信用风险，以及未来 12 个月的经济前景，A 企业估计初始确认时，该贷款在接下来的 12 个月内的违约概率为 0.5%。此外，为了确定自初始确认后信用风险是否显著增加，A 企业还确认未来 12 个月的违约概率变动合理近似于整个存续期的违约概率变动。

在报告日，未来 12 个月的违约概率无变化，因此 A 企业认为自初始确认后信用风险并无显著增加。A 企业认为如果贷款违约，会损失账面总额的 25%（即违约损失率为 25%）。A 企业以 12 个月的违约概率 0.5%，计量 12 个月预期信用损失的损失准备。该计算中隐含了不发生违约的概率为 99.5%。

分析：在报告日，12 个月预期信用损失的损失准备为 0.125 万元（0.5%×25%×100）。

情形 2：

B 企业购入了 1 000 笔五年期、到期一次还本的贷款组合，其中每笔贷款为 1 000 元（合计 100 万元），该组合平均 12 个月的违约概率为 0.5%。B 企业认为由于该贷款组合仅在 12 月以后才出现重大偿还义务，因此在确定自初始确认后信用风险是否显著增加时，考虑 12 个月的违约概率变动并不恰当。因此，B 企业在报告日使用整个存续期的违约概率，以确定自初始确认后该组合的信用风险是否显著增加。

企业认为自初始确认后信用风险并无显著增加，并估计该组合的平均违约损失率为 25%。B 企业认为按照 CAS 22（2017），基于组合计量损失准备是合适的。在报告日，12 个月的违约概率仍为 0.5%。因此，B 企业基于组合，以 12 个月的平均违约概率 0.5%，计算 12 个月预期信用损失的损失准备。该计算中隐含了不发生违约的概率为 99.5%。

分析：在报告日，12 个月预期信用损失的损失准备为 0.125 万元（0.5%×25%×100）。

【例 1.6.6】基于损失率法计量 12 个月预期信用损失

ABC 银行发放了 2 000 笔一次还本贷款，账面总额为 5 000 000 元。ABC 银行根据初始确认时的相同信用风险特征，将其贷款组合细分为不同的借款人组（甲组和乙组）。甲组由 1 000 笔单笔账面金额为 2 000 元的贷款组成，账面总额合计为 2 000 000 元。乙组由 1 000 笔单笔账面金额为 3 000 元的贷款组成，账面总额合计为 3 000 000 元。不存在交易费用，贷款合同中也不含期权（比如，提前偿付权或赎回权）、溢价或折价、贴息支付或其他费用。

ABC 银行基于损失率法计算甲组和乙组的预期信用损失。为了确定损失率，ABC 银行考虑了其历史违约样本以及不同类型贷款的损失经验。此外，ABC 银行还考虑了前瞻性信息，使用当前经济状况更新历史信息，以及对未来经济状况所作的合理及可支持的预测。从历史数据来看，对于每组总体 1 000 笔贷款，甲组有 4 笔违约，损失率为 0.3%；乙组有 2 笔违约，历史损失率为 0.15%。基于历史数据估计违约损失率过程见表 1.6.2。

表 1.6.2 基于历史数据估计违约损失率　　　　单位：元

组别	样本数	违约估计的单笔账面总额	违约估计的账面总额合计	历史年均违约数	估计发生违约的账面总额合计	观察损失的现值	损失率
	(a)	(b)	(c=a×b)	(d)	(e=b×d)	(f)	(g=f÷c)
甲	1 000	2 000	2 000 000	4	8 000	6 000	0.3%
乙	1 000	3 000	3 000 000	2	6 000	4 500	0.15%

按照规定，应采用实际利率将预期信用损失折现。但是，本例中，观察损失的现值是假设的。

在报告日，ABC 银行预计未来 12 个月的违约概率相比历史数据将上升。于是，ABC 银行预计未来 12 个月内，甲组贷款将有 5 笔违约，乙组贷款将有 3 笔违约。此外，单笔观察信用损失的现值预计与历史数据保持一致。

根据预计的贷款存续期，ABC 银行认定违约概率的预期上升并不代表贷款组合自初始确认后的信用风险显著增加。根据其预测，ABC 银行对两组 1 000 笔贷款计算 12 个月预期信用损失的损失准备分别为 7 500 元和 6 750 元。该结果与第一年甲组 0.375%和乙组 0.225%的损失率保持一致。报告日预计的违约损失率见表 1.6.3。

分析：对于甲组和乙组年内新发放的且自初始确认后信用风险无显著增加的贷款，ABC 银行分别使用 0.375%和 0.225%的损失率，计算 12 个月预期信用损失。

表 1.6.3 报告日预计的违约损失率　　　　单位：元

组别	样本数	违约估计的单笔账面总额	违约估计的账面总额合计	历史年均违约数	估计发生违约的账面总额合计	观察损失的现值	损失率
	(a)	(b)	(c=a×b)	(d)	(e=b×d)	(f)	(g=f÷c)
甲	1 000	2 000	2 000 000	5	10 000	7 500	0.375%
乙	1 000	3 000	3 000 000	3	9 000	6 750	0.225%

对于适用 CAS 22（2017）有关金融工具减值规定的各类金融工具，企业应当按照下列方法确定其信用损失。

（1）对于金融资产，信用损失应为企业应收取的合同现金流量与预期收取的现金流量之间差额的现值。

（2）对于租赁应收款项，信用损失应为企业应收取的合同现金流量与预期收取的现金流量之间差额的现值。其中，用于确定预期信用损失的现金流量，应与按照《企业会计准则第 21 号——租赁》用于计量租赁应收款项的现金流量保持一致。

（3）对于未提用的贷款承诺，信用损失应为在贷款承诺持有人提用相应贷款的情况下，企业应收取的合同现金流量与预期收取的现金流量之间差额的现值。企业对贷款承诺预期信用损失的估计，应当与其对该贷款承诺提用情况的预期保持一致。

（4）对于财务担保合同，信用损失应为企业就该合同持有人发生的信用损失向其做出赔付的预计付款额，减去企业预期向该合同持有人、债务人或任何其他方收取的金额之间差额的现值。

（5）对于资产负债表日已发生信用减值但并非购买或源生已发生信用减值的金融资产，信用损失应为该金融资产账面余额与按原实际利率折现的估计未来现金流量的现值之间的差额。

估计预期信用损失的期间。在计量预期信用损失时，企业需考虑的最长期限为企业面临信用风险的最长合同期限（包括考虑续约选择权），而不是更长期间，即使该期间与业务实践相一致。

如果金融工具同时包含贷款和未提用的承诺，且企业根据合同规定要求还款或取消未提用承诺的能力并未将企业面临信用损失的期间限定在合同通知期内的，企业对于此类金融工具（仅限于此类金融工具）确认预期信用损失的期间，应当为其面临信用风险且无法用信用风险管理措施予以缓释的期间，即使该期间超过了最长合同期限。

例如，依照合同出借人能在最短一天内通知撤销循环信用额度（如信用卡和透支额度）。然而在实务中，出借人继续在更长的期间内提供信贷，并且仅当借款人的信用风险增加之后才会撤销授信额度（此时对于阻止部分或全部预期信用损失的发生而言已经太迟）。鉴于金融工具的特征、管理金融工具的方式及可获得的关于信用风险显著增加的信息的性质，此类金融工具通常具有下列特征：

① 金融工具并不具有固定的存续期或还款结构，且通常具有较短的合同取消期（如一天）；

② 依照合同取消该合同的能力无法在金融工具的一般日常管理过程中实施，且仅当企业已获悉在授信额度层次的信用风险增加之后，该合同才能被取消；

③ 金融工具是在组合基础上进行管理。

在确定企业预计面临信用风险（但企业的正常信用风险管理措施将无法减低预期信用损失）的期限时，企业应考虑有关诸如下列各项因素的历史信息和经验：

① 针对类似金融工具企业面临信用风险的期限；

② 在信用风险显著增加之后类似金融工具发生相关违约的时间长度；

③ 一旦金融工具的信用风险增加，企业预期采取的信用风险管理措施。

对于下列各项目，企业应当始终按照相当于整个存续期内预期信用损失的金额计量其损失准备。

（1）由《企业会计准则第14号——收入》规范的交易形成的应收款项或合同资产，且符合下列条件之一。

① 该项目未包含《企业会计准则第14号——收入》所定义的重大融资成分，或企业根据《企业会计准则第14号——收入》规定不考虑不超过一年的合同中的融资成分。

② 该项目包含《企业会计准则第14号——收入》所定义的重大融资成分，同时企业做出会计政策选择，按照相当于整个存续期内预期信用损失的金额计量损失准备。企业应当将该会计政策选择适用于所有此类应收款项和合同资产，但可对应收款项类和合同资产类分别做出会计政策选择。

（2）由《企业会计准则第21号——租赁》规范的交易形成的租赁应收款，同时企业做出会计政策选择，按照相当于整个存续期内预期信用损失的金额计量损失准备。企业应当将该会计政策选择适用于所有租赁应收款，但可对应收融资租赁款和应收经营租赁款分别做出会计政策选择。

在适用本条规定时，企业可对应收款项、合同资产和租赁应收款分别选择减值会计政策（针对应收账款、合同资产和租赁应收款的简化方法）。

企业可在计量预期信用损失时运用方便实务操作的方法，如果该方法符合预期信用损失所述的原则。方便实务操作方法的其中一个例子是，可使用准备矩阵来计算应收账款的预期信用损失。企业可参照应收账款的历史信用损失经验来估计金融资产12个月的预期信用损失或者整个存续期预期信用损失（如相关）。准备矩阵可能会列明诸如取决于应收账款逾期天数的固定准备率（如若未逾期，则为1%；若逾期少于30天，则为2%；若逾期天数为30~90天，则为3%；若逾期天数为90~180天，则为20%；等等）。取决于企业客户群的多样性，如果企业的历史信用损失经验表明不同客户细分发生损失的情况存在显著差异，则企业应当使用适当的分组。可用于对资产进行分组的标准的示例包括地理区域、产品类型、客户评级、担保品或贸易信用保险以及客户的类型（如批发或零售）。

【例1.6.7】应收账款的损失准备：准备矩阵法

制造商甲公司仅在单一区域经营，20×7年其应收账款组合为30 000 000元。其客户群由众多小客户构成，并且根据共同风险特征（以客户按合同期限进行偿付的能力为代表）分类应收账款。该等应收账款不包括复核CAS 14的重大融资成分。按照CAS 22（2017）的要求，上述应收账款应始终按整个存续期预期信用损失计量损失准备。

甲公司运用了准备矩阵确定该组合的预期信用损失。该准备矩阵基于该等应收账款预计存续期的历史观察违约概率，并根据前瞻性估计予以调整。在每一报告日，对历史观察违约概率予以更新并对前瞻性估计的变动予以分析。在本例中，预计下一年的经济情况将恶化。

基于此，甲公司对准备矩阵作出估计，见表1.6.4。

表1.6.4　基于逾期天数的违约概率矩阵　　　　　　　　单位：%

项　目	当期	逾期1~30天	逾期31~60天	逾期61~90天	逾期>90天
违约概率	0.3	1.6	3.6	6.6	10.6

来自众多小客户的应收账款合计30 000 000元，并以准备矩阵计量。

表1.6.5　根据违约概率矩阵计算准备矩阵　　　　　　　　单位：元

项　目	账面总额	整个存续期预期信用损失准备（账面总额×整个存续期预期信用损失率）
当　期	15 000 000	45 000
预期1~30天	7 500 000	120 000
预期31~60天	4 000 000	144 000
预期61~90天	2 500 000	165 000
预期90天以上	1 000 000	106 000
合计	30 000 000	580 000

【例1.6.8】预期信用损失模型下的会计处理：以摊余成本计量的金融资产的减值（贷

款减值)

20×4年1月1日，XYZ银行向客户A公司发放了一笔15 000 000元的贷款。贷款合同年利率为10%，期限6年，借款人到期一次性偿还本金。假定该贷款的实际利率为10%，利息按年收取。其他有关资料及账务处理如下（小数点后数据四舍五入）。

（1）20×4年，XYZ银行及时从A公司收到贷款利息

20×4年1月1日，发放贷款：

| 借：贷款——本金 | 15 000 000 |
| 贷：吸收存款 | 15 000 000 |

20×4年12月31日，经评估，XYZ银行认为该贷款的信用风险自初始确认后并未显著增加，因此XYZ按照相当于未来12个月内预期信用损失的金额计量该金融工具的损失准备。在报告日，估计的贷款损失准备金额为7.5万元（假定按违约概率1%，违约损失率50%计算）。

20×4年12月31日，确认并收到贷款利息：

借：应收利息　　　　　　　　　　　　　1 500 000
　　贷：利息收入　　　　　　　　　　　　1 500 000
借：存放同业　　　　　　　　　　　　　1 500 000
　　贷：应收利息　　　　　　　　　　　　1 500 000
借：资产减值损失　　　　　　　　　　　　75 000
　　贷：贷款损失准备　　　　　　　　　　75 000

（2）20×5年12月31日，经评估，自初始确认后，宏观经济和行业波动对A公司销售产生了不利影响，A公司收入和现金流量低于其经营计划。为了增加流动性，A公司动用了另一循环信用额度，从而导致资产负债率上升。XYZ银行认为该贷款的信用风险自初始确认后显著增加，因此XYZ按照相当于整个存续内预期信用损失的金额计量该金融工具的损失准备。在报告日，估计的贷款损失准备金额为50万元，当期应确认42.5万元。

20×5年12月31日，确认并收到贷款利息：

借：应收利息　　　　　　　　　　　　　1 500 000
　　贷：利息收入　　　　　　　　　　　　1 500 000
借：存放同业　　　　　　　　　　　　　1 500 000
　　贷：应收利息　　　　　　　　　　　　1 500 000

确认预期信用减值损失：

借：资产减值损失　　　　　　　　　　　　425 000
　　贷：贷款损失准备　　　　　　　　　　425 000

（3）20×6年12月31日，因宏观经济和行业波动导致A公司经营出现异常，并发生重大财务困难。XYZ银行与A公司进行了重新协商，并修改了该笔贷款的合同现金流量（同意将剩余年限（从20×7年1月1日起）的贷款合同年利率降为8%，其他不变）。此次修改并未导致A银行终止确认该笔贷款。修改前后的合同现金流量及折算见表1.6.6和表1.6.7。

表1.6.6 修改前贷款合同现金流量   单位：元

时间	未折现金额	折现系数	现值
20×7年12月31日	1 500 000	0.909 1	1 363 650
20×8年12月31日	1 500 000	0.826 4	1 239 600
20×9年12月31日	16 500 000	0.751 3	12 396 450
小计	19 500 000		14 999 700

表1.6.7 修改后贷款合同现金流量   单位：元

时间	未折现金额	折现系数	现值
20×7年12月31日	1 200 000	0.909 1	1 090 920
20×8年12月31日	1 200 000	0.826 4	991 680
20×9年12月31日	16 200 000	0.751 3	12 171 060
小计	18 600 000		14 253 660

20×6年12月31日，确认贷款利息：

借：应收利息　　　　　　　　　　　　　　　　1 500 000

　　贷：利息收入　　　　　　　　　　　　　　　　　　1 500 000

借：存放同业　　　　　　　　　　　　　　　　1 500 000

　　贷：应收利息　　　　　　　　　　　　　　　　　　1 500 000

20×6年12月31日，鉴于该项修改，XYZ银行根据该贷款的初始实际利率10%，重新计算修改后的合同现金流量的现值作为贷款的账面总额。根据CAS 22（2017）的规定，将重新计算的账面余额和修改前的账面余额之间的差额74.604万元（14 999 700－14 253 660）确认为修改损失。①

借：资产减值损失　　　　　　　　　　　　　　746 040

　　贷：贷款损失准备　　　　　　　　　　　　　　　　746 040

考虑了修改后的合同现金流量，XYZ银行重新计算了损失准备，并且评估了是否应继续对该贷款按整个存续期预期信用损失计量损失准备。XYZ银行将当前信用风险（考虑了修改后的现金流量）与初始确认时的信用风险（基于初始未修改的现金流）进行比较。并且鉴于A公司发生重大财务困难，XYZ银行出于与债务人A公司财务困难有关的经济考虑，给予了债务人在任何其他情况下都不会做出的让步，该贷款已成为已发生信用减值的金融资产。因此，应继续按整个存续期预期信用损失计量损失准备。在报告日，估计的整个存续期预期信用损失的损失准备余额为174.604万元，当期应确认50万元。

借：资产减值损失　　　　　　　　　　　　　　500 000

　　贷：贷款损失准备　　　　　　　　　　　　　　　　500 000

（4）20×7年12月31日，XYZ银行按照规定将该贷款初始确认时的信用风险（基于

---

① 由于未终止确认该金融资产，本例中将XYZ银行所做的利息让步直接作为资产减值损失确认，而未按照《企业会计准则第12号——债务重组》将其作为营业外支出进行处理。

初始未修改的现金流量）和报告日的信用风险（基于修改后的现金流量）进行比较，以评估信用风险是否显著增加。经评估，其信用风险依然显著增加，因此，继续按整个存续期预期信用损失计量损失准备。对于资产负债表日已发生信用减值但并非购买或源生已发生信用减值的金融资产，信用损失应为该金融资产账面余额与按原实际利率折现的估计未来现金流量的现值之间的差额。20×7年12月31日按该方法估计的整个存续期预期信用损失的损失准备余额为180万元，计提前贷款损失准备为162.064 4万元（174.604-12.539 6）当期应确认17.935 6万元。

20×7年12月31日，因贷款成为已发生信用减值的金融资产，因此应当按摊余成本计量利息收入：

年初摊余成本=贷款账面余额-扣除累计计提的损失准备=1 500-174.604=1 325.396（万元）
利息收入=1 325.396×10%=132.539 6（万元）

确认利息收入和收到贷款利息：

借：应收利息	1 200 000
贷款损失准备	125 396
贷：利息收入	1 325 396
借：存放同业	1 200 000
贷：应收利息	1 200 000

确认预期信用减值损失：

借：资产减值损失	179 356
贷：贷款损失准备	179 356

年末摊余成本=13 253 960+125 396-179 356=1 320（万元）

（5）20×8年12月31日，XYZ银行按照规定将该贷款初始确认时的信用风险（基于初始未修改的现金流量）和报告日的信用风险（基于修改后的现金流量）进行比较，以评估信用风险是否显著增加。20×8年宏观经济改善，A公司实际业绩明显优于其经营计划。此外，该行业前景好于之前的预测，根据无须付出不必要的额外成本或努力即可获得合理且有依据的信息的评估，XYZ银行发现该贷款的整体信用风险下降了。经评估，该贷款的信用风险自初始确认后并未显著增加，因此XYZ重新按照相当于未来12个月内预期信用损失的金额计量该金融工具的损失准备。预期损失准备金额为10元，当期应转回140万元[10-（180-30）]。

20×8年12月31日，由于该贷款在后续期间因其信用风险有所改善而不再存在信用减值，并且这一改善在客观上与之前的事件相联系，企业应当转按实际利率乘以金融资产账面余额来计算利息收入，确认并收到贷款利息：

借：应收利息	1 200 000
贷款损失准备	300 000
贷：利息收入	1 500 000
借：存放同业	1 200 000
贷：应收利息	1 200 000

转回预期信用减值损失：

借：贷款损失准备　　　　　　　　　　　　1 400 000
　　贷：资产减值损失　　　　　　　　　　　　　　1 400 000

（6）20×9年12月31日，XYZ银行将贷款结算，实际收到现金16 200 000元。相关账务处理如下：

20×9年12月31日，确认并收到贷款利息：

借：应收利息　　　　　　　　　　　　　　1 200 000
　　贷款损失准备　　　　　　　　　　　　　300 000
　　贷：利息收入　　　　　　　　　　　　　　　1 500 000
借：存放同业　　　　　　　　　　　　　　1 200 000
　　贷：应收利息　　　　　　　　　　　　　　　1 200 000

收回本金：

借：存放同业　　　　　　　　　　　　　　15 000 000
　　贷：贷款　　　　　　　　　　　　　　　　　15 000 000

转回预期信用减值损失：

借：贷款损失准备　　　　　　　　　　　　100 000
　　贷：资产减值损失　　　　　　　　　　　　　100 000

【例1.6.9】预期信用损失模型下的会计处理：以公允价值计量且其变动计入其他综合收益的金融资产的减值（债券投资减值）

20×5年1月1日，甲公司按面值从债券二级市场购入乙公司公开发行的债券20 000张，每张面值100元，票面利率3%，划分为以公允价值计量且其变动计入其他综合收益的金融资产。初始确认时，该债券具有较低的信用风险，且该债券的内部信用评级与外部机构信用评级对其的投资级别相同。

20×5年12月31日，该债券的市场价格为每张100元。经评估，该债券仍具有较低的信用风险，因此，该金融工具的信用风险自初始确认后并未显著增加，因此甲公司按照相当于未来12个月内预期信用损失的金额计量该金融工具的损失准备。经评估计算，损失准备金额为2 500元（假定按违约概率0.5%，违约损失率25%计算）。

20×6年，乙公司因投资决策失误，发生财务困难，但仍可支付该债券当年的票面利息。20×6年12月31日，该债券的公允价值下降为每张80元。甲公司预计，如乙公司不采取措施，该债券的公允价值会持续下跌。尽管乙公司尚能满足偿付承诺，但严重的财务困难增加了债券的违约风险。甲公司认为该债券在报告日不再属于具有较低信用风险的债券。因此，甲公司需要判断自初始确认后信用风险是否显著增加。评估后，甲公司认为信用风险自初始确认后显著增加，应按整个存续期预期信用损失确认损失准备。经评估计算，损失准备余额为100 000元。

20×7年，乙公司调整产品结构并整合其他资源，致使上年发生的财务困难大为好转。

20×7 年 12 月 31 日，该债券（即乙公司发行的上述债券）的公允价值已上升至每张 95 元。甲公司认定债券的信用风险下降，并且较自初始确认后的信用风险已无显著增加，因此，甲公司按照相当于未来 12 个月内预期信用损失的金额计量该金融工具的损失准备。经评估计算，损失准备金额为 2 500 元。

假定甲公司初始确认该债券时计算确定的债券实际利率为 3%，且不考虑其他因素，则甲公司有关的账务处理如下：

（1）20×5 年 1 月 1 日购入债券

借：其他债权投资——面值　　　　　　　　　　2 000 000
　　贷：银行存款　　　　　　　　　　　　　　　　　2 000 000

（2）20×5 年 12 月 31 日确认利息、公允价值变动，确认预期信用损失

借：应收利息　　　　　　　　　　　　　　　　60 000
　　贷：投资收益　　　　　　　　　　　　　　　　　　60 000

借：银行存款　　　　　　　　　　　　　　　　60 000
　　贷：应收利息　　　　　　　　　　　　　　　　　　60 000

债券的公允价值变动为零，故不作账务处理。

借：资产减值损失　　　　　　　　　　　　　　2 500
　　贷：其他综合收益　　　　　　　　　　　　　　　　2 500

（3）20×6 年 12 月 31 日确认利息收入及减值损失

借：应收利息　　　　　　　　　　　　　　　　60 000
　　贷：投资收益　　　　　　　　　　　　　　　　　　60 000

借：银行存款　　　　　　　　　　　　　　　　60 000
　　贷：应收利息　　　　　　　　　　　　　　　　　　60 000

借：其他综合收益　　　　　　　　　　　　　　400 000
　　贷：其他债权投资——公允价值变动　　　　　　　　400 000

借：资产减值损失　　　　　　　　　　　　　　97 500
　　贷：其他综合收益　　　　　　　　　　　　　　　　97 500

（4）20×7 年 12 月 31 日确认利息收入、公允价值变动及减值损失回转

借：应收利息　　　　　　　　　　　　　　　　60 000
　　贷：投资收益　　　　　　　　　　　　　　　　　　60 000

借：银行存款　　　　　　　　　　　　　　　　60 000
　　贷：应收利息　　　　　　　　　　　　　　　　　　60 000

借：其他债权投资——公允价值变动　　　　　　300 000
　　贷：其他综合收益　　　　　　　　　　　　　　　　300 000

借：其他综合收益　　　　　　　　　　　　　　97 500
　　贷：资产减值损失　　　　　　　　　　　　　　　　97 500

1.7 金融资产和金融负债的重分类及其会计处理

1.7.1 金融资产和金融负债的重分类

企业改变其管理金融资产的业务模式时,应当按照 CAS 22(2017)的规定对所有受影响的相关金融资产进行重分类。企业对所有金融负债均不得进行重分类。

企业发生下列情况的,不属于金融资产或金融负债的重分类。

(1)按照《企业会计准则第 24 号——套期会计》相关规定,某金融工具以前被指定并成为现金流量套期或境外经营净投资套期中的有效套期工具,但目前已不再满足运用该套期会计方法的条件。

(2)按照《企业会计准则第 24 号——套期会计》相关规定,某金融工具被指定并成为现金流量套期或境外经营净投资套期中的有效套期工具。

(3)按照《企业会计准则第 24 号——套期会计》相关规定,运用信用风险敞口公允价值选择权所引起的计量变动。

1.7.2 金融资产和金融负债重分类的会计处理

企业对金融资产进行重分类,应当自重分类日起采用未来适用法进行相关会计处理,不得对以前已经确认的利得、损失(包括减值损失或利得)或利息进行追溯调整。重分类日是指导致企业对金融资产进行重分类的业务模式发生变更后的首个报告期间的第一天。

以公允价值计量且其变动计入当期损益的金融资产(FVPL 类别)、以公允价值计量且其变动计入其他综合收益的金融资产(FVOCI 类别)、以摊余成本计量的金融资产(摊余成本类别或 AC 类别)之间重分类的计量要点如表 1.7.1 所示。

表 1.7.1 金融资产重分类计量要点

转出类别＼转入类别	FVPL 类别	FVOCI 类别	摊余成本类别或 AC 类别
FVPL 类别		继续以公允价值计量	新的账面总额=该资产在重分类日的公允价值
		根据该资产在重分类日的公允价值确定实际利率	
FVOCI 类别	• 继续以公允价值计量 • 计入其他综合收益的累计利得或损失在重分类日重分类至损益		• 在重分类日按金融资产的公允价值进行计量 • 计入其他综合收益的累计利得或损失转出并调整重分类日该金融资产的公允价值 • 实际利率及预期信用损失不进行调整
摊余成本类别或 AC 类别	在重分类日以公允价值计量	原账面价值与公允价值之间的差额计入其他综合收益	
	原账面价值与公允价值之间的差额计入损益	• 实际利率及预期信用损失不进行调整	

1. 以摊余成本计量的金融资产与以公允价值计量且其变动计入当期损益的金融资产之间的重分类

企业将一项以摊余成本计量的金融资产重分类为以公允价值计量且其变动计入当期损益的金融资产的，应当按照该资产在重分类日的公允价值进行计量。原账面价值与公允价值之间的差额计入当期损益。

企业将一项以公允价值计量且其变动计入当期损益的金融资产重分类为以摊余成本计量的金融资产的，应当以其在重分类日的公允价值作为新的账面余额。

【例1.7.1】将以摊余成本计量的金融资产重分类为以公允价值计量且其变动计入当期损益的金融资产

接【例1.4.5】，假定20×7年1月1日甲保险公司将购入的A公司债券划分为以摊余成本计量的金融资产，其他资料不变。

20×8年1月3日，该债券的市场价格为1 001万元，甲保险公司管理该金融资产的业务模式改变为出售金融资产以赚取价差的业务模式，则重分类日，甲保险公司应当将该金融资产从以摊余成本计量的金融资产重分类为以公允价值计量且其变动计入当期损益的金融资产。

（1）20×7年的会计处理如下（金额单位：万元）。

① 20×7年1月1日，购入债券

借：债权投资——面值　　　　　　　　　　　　　1 000
　　　　　　——利息调整　　　　　　　　　　　　28.244
　　贷：其他货币资金　　　　　　　　　　　　　1 028.244

② 20×7年12月31日，收到债券利息（不考虑预期减值损失的确认）

实际利息 = 1 028.244×3% = 30.847 32≈30.85（万元）

年末摊余成本 = 1 028.244 + 30.85 - 40 = 1 091.094（万元）

借：应收利息　　　　　　　　　　　　　　　　　40
　　贷：债权投资——利息调整　　　　　　　　　　9.15
　　　　投资收益　　　　　　　　　　　　　　　30.85

借：其他货币资金　　　　　　　　　　　　　　　40
　　贷：应收利息　　　　　　　　　　　　　　　40

（2）20×8年1月3日重分类日的会计处理如下（金额单位：万元）。

借：交易性金融资产——成本　　　　　　　　　　1 001
　　公允价值变动损益　　　　　　　　　　　　　18.094
　　贷：债权投资——面值　　　　　　　　　　　1 000
　　　　　　　——利息调整　　　　　　　　　　19.094

思考题：接【例1.4.5】，假定20×7年1月1日甲保险公司将该公司债券划分为交易性金融资产，其他资料不变。

20×8年1月3日，该债券的市场价格为1 001万元，甲保险公司管理该金融资产的业务模式改变为持有资产以收取合同现金流量的业务模式,则重分类日,甲保险公司应当将该金融资产从以公允价值计量且其变动计入当期损益的金融资产重分类为以摊余成本计量的金融资产。则甲公司2017年和重分类日应如何进行会计处理?

2. 以摊余成本计量的金融资产与以公允价值计量且其变动计入其他综合收益的金融资产之间的重分类

企业将一项以摊余成本计量的金融资产重分类为以公允价值计量且其变动计入其他综合收益的金融资产的,应当按照该金融资产在重分类日的公允价值进行计量。原账面价值与公允价值之间的差额计入其他综合收益。该金融资产重分类不影响其实际利率和预期信用损失的计量。

企业将一项以公允价值计量且其变动计入其他综合收益的金融资产重分类为以摊余成本计量的金融资产的,应当将之前计入其他综合收益的累计利得或损失转出,调整该金融资产在重分类日的公允价值,并以调整后的金额作为新的账面价值,即视同该金融资产一直以摊余成本计量。该金融资产重分类不影响其实际利率和预期信用损失的计量。

以摊余成本计量的金融资产和以公允价值计量且其变动计入其他综合收益计量的金融资产均要求在初始确认时确定实际利率。同时,上述两种计量类别还要求以相同的方式应用减值要求。因此,如果企业将金融资产在以摊余成本计量类别与以公允价值计量且其变动计入其他综合收益计量类别之间进行重分类,则

(1) 利息收入的确认将保持不变,因此企业应继续采用相同的实际利率。

(2) 预期信用损失的计量将保持不变,因为上述两种计量类别均适用相同的减值方法。但是,如果金融资产从以公允价值计量且其变动计入其他综合收益计量类别重分类至以摊余成本计量类别,则应自重分类日起确认一项损失准备,并将其作为对该项金融资产账面总额的调整。如果金融资产从以摊余成本计量类别重分类至以公允价值计量且其变动计入其他综合收益计量类别,则自重分类日起相关的损失准备应予以终止确认(从而不再确认为对账面总额的调整),且应当确认一项计入其他综合收益的累计减值金额(按相同的金额)并进行披露。

【例1.7.2】将以摊余成本计量的金融资产重分类为以公允价值计量且其变动计入其他综合收益的金融资产

接【例1.4.5】,假定20×7年1月1日甲保险公司将该公司债券划分为以摊余成本计量的金融资产,其他资料不变。

20×8年1月3日,该债券的市场价格为1 001万元,甲保险公司管理该金融资产的业务模式改变为通过既收取合同流量又出售金融资产来管理金融资产的业务模式,则重分类日,甲保险公司应当将该金融资产从以摊余成本计量的金融资产重分类为以公允价值计量且其变动计入其他综合收益的金融资产。

(1) 20×7年的会计处理同【例1.7.1】。

(2) 20×8年1月3日重分类日的会计处理如下(金额单位:万元)。

借:其他债权投资——面值　　　　　　　　1 001
　　　　　　　　——利息调整　　　　　　19.094

贷：债权投资——面值　　　　　　　　　　　　　1 000
　　　　　　　　——利息调整　　　　　　　　　　　　19.094
　　借：其他综合收益　　　　　　　　　　　　　　　　18.094
　　　　贷：其他债权投资——公允价值变动　　　　　　18.094

思考题：接【例 1.4.5】，假定 20×7 年 1 月 1 日甲保险公司将该公司债券划分为以公允价值计量且其变动计入其他综合收益的金融资产，其他资料不变。

20×8 年 1 月 3 日，该债券的市场价格为 1 001 万元，甲保险公司管理该金融资产的业务模式改变为持有资产以收取合同现金流量的业务模式，则重分类日，甲保险公司应当将该金融资产从以公允价值计量且其变动计入其他综合收益的金融资产重分类为以摊余成本计量的金融资产。则甲公司 2017 年和重分类日应如何进行会计处理？

3. 以公允价值计量且其变动计入当期损益的金融资产与以公允价值计量且其变动计入其他综合收益的金融资产之间的重分类

企业将一项以公允价值计量且其变动计入其他综合收益的金融资产重分类为以公允价值计量且其变动计入当期损益的金融资产的，应当继续以公允价值计量该金融资产。同时，企业应当将之前计入其他综合收益的累计利得或损失从其他综合收益转入当期损益。

企业将一项以公允价值计量且其变动计入当期损益的金融资产重分类为以公允价值计量且其变动计入其他综合收益的金融资产的，应当继续以公允价值计量该金融资产。

对金融资产重分类进行处理的，企业应当根据该金融资产在重分类日的公允价值确定其实际利率。同时，企业应当自重分类日起对该金融资产适用 CAS 22（2017）关于金融资产减值的相关规定，并将重分类日视为初始确认日。

【例 1.7.3】将以公允价值计量且其变动计入其他综合收益的金融资产重分类为以公允价值计量且其变动计入当期损益的金融资产

接【例 1.4.5】，假定 20×7 年 1 月 1 日甲保险公司将该公司债券划分为以公允价值计量且其变动计入其他综合收益的金融资产，其他资料不变。

20×8 年 1 月 3 日，该债券的市场价格为 1 001 万元，甲保险公司管理该金融资产的业务模式改变为出售金融资产以赚取价差的业务模式，则重分类日，甲保险公司应当将该金融资产从以公允价值计量且其变动计入其他综合收益的金融资产重分类为以公允价值计量且其变动计入当期损益的金融资产。则甲公司 2017 年和重分类日应如何进行会计处理？

（1）20×7 年的会计处理同例 1.7.1。
（2）20×8 年 1 月 3 日重分类日的会计处理如下（金额单位：万元）。
　　借：交易性金融资产——成本　　　　　　　　　　1 001
　　　　其他债权投资——公允价值变动　　　　　　　　19
　　　　贷：其他债权投资——面值　　　　　　　　　　1 000
　　　　　　　　——利息调整　　　　　　　　　　　　19.094
　　　　　　公允价值变动损益　　　　　　　　　　　　0.906
　　借：公允价值变动损益　　　　　　　　　　　　　　19

贷：其他综合收益   19

【例 1.7.4】将以公允价值计量且其变动计入当期损益的金融资产重分类为以公允价值计量且其变动计入其他综合收益的金融资产

接【例 1.4.5】，假定 20×7 年 1 月 1 日甲保险公司将该公司债券划分为交易性金融资产，其他资料不变。

20×8 年 1 月 3 日，该债券的市场价格为 1 001 万元，甲保险公司管理该金融资产的业务模式改变为通过既收取合同流量又出售金融资产来管理金融资产的业务模式，则重分类日，甲保险公司应当将该金融资产从以公允价值计量且其变动计入当期损益的金融资产重分类为以公允价值计量且其变动计入其他综合收益的金融资产。则甲公司 2017 年和重分类日应如何进行会计处理？

（1）20×7 年的会计处理如下（金额单位：万元）。

① 20×7 年 1 月 1 日，购入债券

借：交易性金融资产——成本   1 028.244
　　贷：其他货币资金   1 028.244

② 20×7 年 12 月 31 日，收到债券利息、确认公允价值变动

借：其他货币资金   40
　　贷：投资收益   40

借：公允价值变动损益   28.15
　　贷：交易性金融资产——公允价值变动   28.15

（2）20×8 年 1 月 3 日重分类日的会计处理如下（金额单位：万元）。

借：交易性金融资产——公允价值变动   0.906
　　贷：公允价值变动损益   0.906

借：其他债权投资——面值   1 000
　　　　　　　　——利息调整   1
　　　交易性金融资产——公允价值变动   27.244
　　贷：交易性金融资产——成本   1 028.244

借：其他综合收益   27.244
　　贷：公允价值变动损益   27.244

【例 1.7.5】将以公允价值计量且其变动计入其他综合收益的金融资产重分类为以摊余成本计量的金融资产：考虑减值

乙公司于 20×7 年 12 月 15 日以 1 000 万元购入一项面值为 1 000 万元的债务工具，并将其分类为以公允价值计量且其变动计入其他综合收益的金融资产。该工具 10 年合同期限，利率为 5%，实际利率也为 5%。初始确认时，企业确定其不属于购入或源生的已发生信用减值的金融资产。则其相关会计处理如下（单位：万元）。

借：其他债权投资——面值   1 000
　　贷：其他货币资金   1 000

20×7 年 12 月 31 日（报告日），由于市场利率变动，该债务工具的公允价值跌至 950 万元。企业认为信用风险自初始确认后并无显著增加，应按 12 个月预期信用损失计量预期信用损失，金额为 30 万元。为了简化目的，此处不列示收到利息收入的会计分录。

借：资产减值损失　　　　　　　　　　　　　　30
　　其他综合收益　　　　　　　　　　　　　　20
　　贷：其他债权投资——公允价值变动　　　　　　　　50

该累计减值 30 万元应予以披露。

20×8 年 1 月 1 日，企业决定以当日公允价值 950 万元，出售该债务工具。

借：其他货币资金　　　　　　　　　　　　　　950
　　其他债权投资——公允价值变动　　　　　　　50
　　贷：其他债权投资——面值　　　　　　　　　　　1 000
借：投资收益　　　　　　　　　　　　　　　　20
　　贷：其他综合收益　　　　　　　　　　　　　　　20

假定 20×8 年 1 月 1 日，因业务模式的变化，企业决定将该金融资产重分类为以摊余成本计量的金融资产。当日公允价值为 950 万元。其会计分录如下。

借：债权投资——面值　　　　　　　　　　　　1 000
　　其他债权投资——公允价值变动　　　　　　　50
　　贷：其他债权投资——面值　　　　　　　　　　　1 000
　　　　债权投资减值准备　　　　　　　　　　　　　50

1.8　新旧比较与衔接

1.8.1　新旧比较

CAS 22（2017）（新准则）是在对 CAS 22（2006）（原准则）进行修订的基础上完成的，新准则与原准则相比，主要有以下几个变化。

1. 对金融资产进行了重新分类

按原准则要求，除长期股权投资准则所规范的股权投资等金融资产外，企业应在取得时将其划分为四类：①以公允价值计量且其变动计入当期损益的金融资产；②持有至到期投资；③贷款和应收款项；④可供出售金融资产。

新准则将金融资产分为以摊余成本计量的金融资产、以公允价值计量且其变动计入其他综合收益的金融资产和以公允价值计量且其变动计入当期损益的金融资产三类。

2. 对混合合同的处理做了新的规定

新准则对于混合合同，主合同为金融资产的，应将混合合同作为一个整体进行会计处理，不再分拆。混合合同不属于金融资产的，基本继续 CAS 22（2006）关于分拆的规定。

3. 改变了对金融资产减值计量的方法

原准则中，对金融资产采用"已发生损失法"。

新准则中，采用"预期信用损失法"，考虑包括前瞻性信息在内的各种可获得信息。对于购入或源生的未发生信用减值的金融资产，企业应当判断金融工具的违约风险自初始确认以来是否显著增加，如果已显著增加，企业应采用概率加权方法，计算确定该金融工具在整个存续期的预期信用损失，以此确认和计提减值损失准备。如果未显著增加，企业应当按照相当于该金融工具未来 12 个月内预期信用损失的金额确认和计提损失准备。

1.8.2　新旧衔接

CAS 22（2017）施行日（以下简称施行日）之前的金融工具确认和计量与 CAS 22（2017）要求不一致的，企业应当追溯调整，但 CAS 22（2017）第七十三条至八十三条另有规定的除外。在施行日已经终止确认的项目不适用 CAS 22（2017）。

在施行日，企业应当按照 CAS 22（2017）的规定对金融工具进行分类和计量（含减值），涉及前期比较财务报表数据与 CAS 22（2017）要求不一致的，无须调整。金融工具原账面价值和在施行日的新账面价值之间的差额，应当计入施行日所在年度报告期间的期初留存收益或其他综合收益。同时，企业应当按照《企业会计准则第 37 号——金融工具列报》的相关规定在附注中进行披露。

企业如果调整前期比较财务报表数据，应当能够以前期的事实和情况为依据，且比较数据应当反映 CAS 22（2017）的所有要求。

在施行日，企业应当以该日的既有事实和情况为基础，根据 CAS 22（2017）第十七条（一）或第十八条（一）的相关规定评估其管理金融资产的业务模式是以收取合同现金流量为目标，还是以既收取合同现金流量又出售金融资产为目标，并据此确定金融资产的分类，进行追溯调整，无须考虑企业之前的业务模式。

在施行日，企业在考虑具有 CAS 22（2017）第十六条所述修正的货币时间价值要素的金融资产的合同现金流量特征时，需要对特定货币时间价值要素修正进行评估的，应当以该金融资产初始确认时存在的事实和情况为基础。该评估不切实可行的，企业不应考虑 CAS 22（2017）关于货币时间价值要素修正的规定。

在施行日，企业在考虑具有 CAS 22（2017）第十六条所述提前还款特征的金融资产的合同现金流量特征时，需要对该提前还款特征的公允价值是否非常小进行评估的，应当以该金融资产初始确认时存在的事实和情况为基础。该评估不切实可行的，企业不应考虑 CAS 22（2017）关于提前还款特征例外情形的规定。

在施行日，企业存在根据 CAS 22（2017）相关规定应当以公允价值计量的混合合同但之前未以公允价值计量的，该混合合同在前期比较财务报表期末的公允价值应当等于其各组成部分在前期比较财务报表期末公允价值之和。在施行日，企业应当将整个混合合同在该日的公允价值与该混合合同各组成部分在该日的公允价值之和之间的差额，计入施行日所在报告期间的期初留存收益或其他综合收益。

在施行日，企业应当以该日的既有事实和情况为基础，根据 CAS 22（2017）的相关规定，对相关金融资产进行指定或撤销指定，并追溯调整。

（1）在施行日，企业可以根据 CAS 22（2017）第二十条规定，将满足条件的金融资产指定为以公允价值计量且其变动计入当期损益的金融资产。但企业之前指定为以公允价值计量且其变动计入当期损益的金融资产，不满足 CAS 22（2017）规定的指定条件的，应当解除之前做出的指定；之前指定为以公允价值计量且其变动计入当期损益的金融资产继续满足 CAS 22（2017）第二十条规定的指定条件的，企业可以选择继续指定或撤销之前的指定。

（2）在施行日，企业可以根据 CAS 22（2017）第十九条规定，将非交易性权益工具投资指定为以公允价值计量且其变动计入其他综合收益的金融资产。

在施行日，企业应当以该日的既有事实和情况为基础，根据 CAS 22（2017）的相关规定，对相关金融负债进行指定或撤销指定，并追溯调整。

（1）在施行日，为了消除或显著减少会计错配，企业可以根据 CAS 22（2017）第二十二条（一）的规定，将金融负债指定为以公允价值计量且其变动计入当期损益的金融负债。

（2）企业之前初始确认金融负债时，为了消除或显著减少会计错配，已将该金融负债指定为以公允价值计量且其变动计入当期损益的金融负债，但在施行日不再满足 CAS 22（2017）规定的指定条件的，企业应当撤销之前的指定；该金融负债在施行日仍然满足 CAS 22（2017）规定的指定条件的，企业可以选择继续指定或撤销之前的指定。

在施行日，企业按照 CAS 22（2017）规定对相关金融资产或金融负债以摊余成本进行计量、应用实际利率法追溯调整不切实可行的，应当按照以下原则进行处理。

（1）以金融资产或金融负债在前期比较财务报表期末的公允价值，作为企业调整前期比较财务报表数据时该金融资产的账面余额或该金融负债的摊余成本；

（2）以金融资产或金融负债在施行日的公允价值，作为该金融资产在施行日的新账面余额或该金融负债的新摊余成本。

在施行日，对于之前以成本计量的、在活跃市场中没有报价且其公允价值不能可靠计量的权益工具投资或与该权益工具挂钩并须通过交付该工具进行结算的衍生金融资产，企业应当以其在施行日的公允价值计量。原账面价值与公允价值之间的差额，应当计入施行日所在报告期间的期初留存收益或其他综合收益。

在施行日，对于之前以成本计量的、与在活跃市场中没有报价的权益工具挂钩并须通过交付该权益工具进行结算的衍生金融负债，企业应当以其在施行日的公允价值计量。原账面价值与公允价值之间的差额，应当计入施行日所在报告期间的期初留存收益。

在施行日，企业存在根据 CAS 22（2017）第二十二条规定将金融负债指定为以公允价值计量且其变动计入当期损益的金融负债，并且按照 CAS 22（2017）第六十八条（一）规定将由企业自身信用风险变动引起的该金融负债公允价值的变动金额计入其他综合收益的，企业应当以该日的既有事实和情况为基础，判断按照上述规定处理是否会造成或扩大损益的会计错配，进而确定是否应当将该金融负债的全部利得或损失（包括企业自身信用风险变动的影响金额）计入当期损益，并按照上述结果追溯调整。

在施行日，企业按照 CAS 22（2017）计量金融工具减值的，应当使用无须付出不必要的额外成本或努力即可获得的合理且有依据的信息,确定金融工具在初始确认日的信用风险,并将该信用风险与施行日的信用风险进行比较。

在确定自初始确认后信用风险是否显著增加时,企业可以应用 CAS 22(2017)第五十五条的规定根据其是否具有较低的信用风险进行判断,或者应用 CAS 22(2017)第五十三条第二段的规定根据相关金融资产逾期是否超过 30 日进行判断。若企业在施行日必须付出不必要的额外成本或努力才可获得合理且有依据的信息的,则在该金融工具终止确认前的所有资产负债表日的损失准备应当等于其整个存续期的预期信用损失。

第 2 章
金融资产转移

2.1 金融资产转移概述

企业在经营管理过程中,有时会为满足资产流动性或风险管理等需要,将所持有的金融资产转移给该资产发行方以外的其他方。如票据背书转让、商业票据贴现、应收账款保理,以及近年来随着我国金融创新步伐加快出现的资产证券化、债券买断或回购、融资融券等业务。为了明确和规范这些业务相关的会计处理,2006 年 2 月财政部发布的《企业会计准则第 23 号——金融资产转移》规范了金融资产转移的确认和计量。2008 年金融危机发生后,IASB 启动了对金融工具准则的修订,并于 2014 年发布了 IFRS 9。为了实现同 IFRS 9 的持续趋同,2017 年 3 月 31 日,财政部正式发布了《关于印发修订〈企业会计准则第 23 号——金融资产转移〉的通知》(财会〔2017〕8 号)〔以下简称 CAS 23(2017)〕。并且要求,在境内外同时上市的企业以及在境外上市并采用国际财务报告准则或企业会计准则编制财务报告的企业,自 2018 年 1 月 1 日起施行;其他境内上市企业自 2019 年 1 月 1 日起施行;执行企业会计准则的非上市企业自 2021 年 1 月 1 日起施行。同时,鼓励企业提前执行。执行 CAS 23(2017)的企业,不再执行财政部于 2006 年 2 月印发的《企业会计准则第 23 号——金融资产转移》,并且应当同时执行 2017 年修订印发的《企业会计准则第 22 号——金融工具确认和计量》(财会〔2017〕7 号)、《企业会计准则第 24 号——套期会计》(财会〔2017〕9 号)和《企业会计准则第 37 号——金融工具列报》(财会〔2017〕14 号)。

金融资产转移是指企业(转出方)将金融资产(或其现金流量)让与或交付给该金融资产发行方之外的另一方(转入方)。金融资产转移具体包括以下内容。

1. 应收票据贴现

应收票据贴现是指企业以未到期应收票据向银行融通资金,银行按票据的应收金额扣除一定期间的贴现利息后,将余额付给企业的筹资行为。

2. 应收账款保理

根据我国银监会 2014 年发布的《商业银行保理业务管理暂行办法》,保理业务是以债权人转让其应收账款为前提,集应收账款催收、管理、坏账担保及融资于一体的综合性金融服务。债权人将其应收账款转让给商业银行,由商业银行向其提供下列服务中至少一项的,即为保理业务。

（1）应收账款催收：商业银行根据应收账款账期，主动或应债权人要求，采取电话、函件、上门等方式或运用法律手段等对债务人进行催收。

（2）应收账款管理：商业银行根据债权人的要求，定期或不定期向其提供关于应收账款的回收情况、逾期账款情况、对账单等财务和统计报表，协助其进行应收账款管理。

（3）坏账担保：商业银行与债权人签订保理协议后，为债务人核定信用额度，并在核准额度内，对债权人无商业纠纷的应收账款提供约定的付款担保。

（4）保理融资：以应收账款合法、有效转让为前提的银行融资服务。

以应收账款为质押的贷款，不属于保理业务范围。

保理也可以由非银行金融机构进行，这称为商业保理。

3. 资产证券化

资产证券化是以特定资产组合或特定现金流为支持，发行可交易证券的一种融资形式。自1970年美国政府国民抵押协会首次发行以抵押贷款组合为基础资产的抵押支持证券——房贷转付证券，完成首笔资产证券化交易以来，资产证券化逐渐成为一种被广泛采用的金融创新工具而得到了迅猛发展。

目前，美国惯用的分类方式是按照基础资产类型划分，通常将基于房地产抵押贷款的资产证券化称为不动产抵押贷款支持证券化（mortgage backed securitization，MBS），可以进一步细分为个人住房抵押贷款证券化（RMBS）和商业地产抵押贷款证券化（CMBS）；其余的则称为资产支持证券（asset backed securitization，ABS），ABS又分为狭义的ABS和CDO（担保债务凭证）。狭义的ABS即除了CDO之外的ABS，汽车贷款、信用卡应收款和学生贷款是3种最重要的ABS标的资产。

我国分类方式则不同。2005年，中国人民银行和银监会联合发布《信贷资产证券化试点管理办法》，随后建设银行和国家开发银行获准成为进行信贷资产证券化首批试点。资产证券化在我国发展历史并不长，却演变出中国人民银行（简称央行）和中国银行业监督管理委员会（简称银监会）主管的信贷资产证券化、中国证券业监督管理委员会（简称证监会）主管的企业资产证券化（也称资产支持专项计划）、中国银行间市场交易商协会（简称交易商协会）主管的资产支持票据（asset-backed notes，ABN）和中国保险监督管理委员会（简称保监会）主管的项目资产支持计划4种模式。

一般而言，一个完整的资产证券化交易可以概括为如下3步。

（1）由发起人成立特殊目的载体（SPV），并将需要证券化的资产转移给SPV，该转移一般需要构成"真实出售"。

（2）SPV通过对资产池的现金流进行重组、分层和信用增级，并以此为基础发行有价证券，出售证券所得作为SPV从发起人处购买资产的资金。

（3）服务商负责资产池资金的回收和分配，主要用以归还投资人的本金和利息，剩余部分则作为发起人收益。

例如，建设银行发起的建元2005-1MBS交易结构如图2.1.1所示。

近年来，我国金融创新步伐不断加快，资产证券化这一金融资产转移的常见模式得到了较快发展。我国资产证券化市场自2014年起呈爆发式增长，市场规模较2013年末扩大了15倍。其后资产证券化市场保持快速发展态势。2015年，全国共发行1 386只资产证

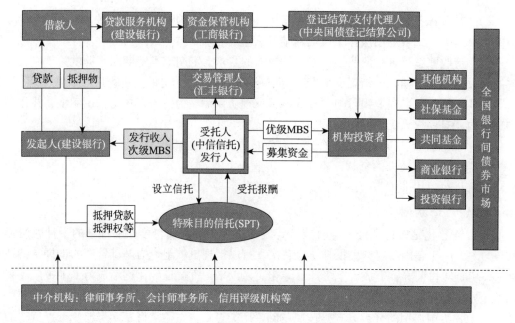

图 2.1.1　建元 2005-1MBS 交易结构

券化产品，总金额 5 930.39 亿元，较 2014 年增长 79%。截至 2015 年末，资产证券化市场存量为 7 178.89 亿元，同比增长 128%。2016 年，全国共发行资产证券化产品 503 只，总金额 9 013.82 亿元，同比增长 52%；市场存量为 11 977.68 亿元，同比增长 66.8%。截至 2017 年 9 月 30 日，不包括已统计到的 68 单场外 ABS 产品，国内资产证券化市场已成功发行资产证券化产品 1 360 单，发行总额达 27 790 亿元，存量产品共计 978 单，存量总额达 14 391 亿元。有效规范了资产证券化等金融资产转移创新业务的会计处理，对企业如实反映企业财务状况和经营业绩、防范和控制金融风险具有重要意义。

执行 CAS 23（2017）时，企业应当在个别财务报表和合并财务报表中同时应用该准则。企业对金融资产转入方具有控制权的，除在该企业个别财务报表基础上应用外，在编制合并财务报表时，还应当按照《企业会计准则第 33 号——合并财务报表》的规定合并所有纳入合并范围的子公司（含结构化主体），并在合并财务报表层面应用。因此，在判断金融资产转移是否符合终止确认条件时，应首先判断转入方是否是转出方的子公司。如果转入方是转出方的子公司，在合并财务报表层面上，金融资产转移属于内部交易，不存在终止确认问题。

2.2　金融资产终止确认的一般原则

2.2.1　金融资产终止确认的定义与流程

金融资产终止确认是指企业将之前确认的金融资产从其资产负债表中予以转出。金融资产转移交易中应当根据图 2.2.1 的流程判断金融资产是否应当终止确认。

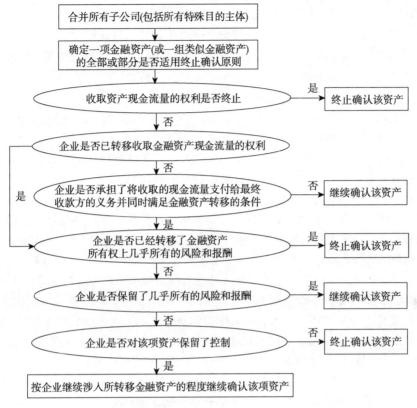

图 2.2.1　金融资产终止确认流程图

2.2.2　金融资产的整体与部分终止确认

金融资产应当终止确认的,应当首先确定一项金融资产(或一组类似金融资产)的全部或部分是否适用终止确认原则。

金融资产的一部分满足下列条件之一的,企业应当将终止确认的规定适用于该金融资产部分,除此之外,企业应当将终止确认的规定适用于该金融资产整体。

(1) 该金融资产部分仅包括金融资产所产生的特定可辨认现金流量。如企业就某债务工具与转入方签订一项利息剥离合同,合同规定转入方有权获得该债务工具利息现金流量,但无权获得该债务工具本金现金流量,终止确认的规定适用于该债务工具的利息现金流量。

(2) 该金融资产部分仅包括与该金融资产所产生的全部现金流量完全成比例的现金流量部分。如企业就某债务工具与转入方签订转让合同,合同规定转入方拥有获得该债务工具全部现金流量一定比例的权利,终止确认的规定适用于该债务工具全部现金流量一定比例的部分。如企业将一组类似贷款的本金和应收利息合计的 90% 转移等。

(3) 该金融资产部分仅包括与该金融资产所产生的特定可辨认现金流量完全成比例的现金流量部分。如企业就某债务工具与转入方签订转让合同,合同规定转入方拥有获得该债务工具利息现金流量一定比例的权利,终止确认的规定适用于该债务工具利息现金流量一定比例的部分。如企业将一组类似贷款的应收利息的 90%转移等。

企业发生满足上述（2）或（3）条件的金融资产转移，且存在一个以上转入方的，只要企业转移的份额与金融资产全部现金流量或特定可辨认现金流量完全成比例即可，不要求每个转入方均持有成比例的份额。

【例 2.2.1】 金融资产终止确认的判断：可辨认现金流量

甲银行发放了一组类似的 5 年期带息贷款，金额为 1 000 万元。甲银行与交易对手 A 公司签订了一份协议，根据协议，甲银行预先向 A 公司收取一笔现金，然后向 A 公司支付贷款组合中最先收回的 900 万元的本金及相应利息。甲银行保留取得最后收回 100 万元的本金及相应利息的权利，即代表了贷款组合中的一项次级权益。在这种情况下，甲银行是否应按终止确认要求对资产的一部分进行终止处理。

分析：在这种情况下，甲银行不能按终止确认要求对资产的一部分进行处理。因为最先收回的 900 万元的现金流量既不是可辨认现金流量，也不是金融资产所产生的全部现金流量或特定可辨认现金流量完全成比例的现金流量部分。并且任何信用损失首先由转出方甲银行承担，而不是由双方按比例承担。因此，必须按终止确认规则对整项该资产进行处理。

【例 2.2.2】 金融资产终止确认的判断：按比例转让金融资产部分

甲公司签订了一份转让从一组应收款项收取 90%现金流量的权利的协议，并对转让的现金流量提供担保，对转入方不超过应收账款本金 8%的任何信用损失进行补偿。

分析：在这种情况下，虽然转出方已经转让了金融资产所产生的所有现金流量的 90%，但是担保的存在意味着转出方很可能承担支付部分已收取款项的义务。因此，终止确认要求必须针对金融资产的整体，而不仅仅是转让部分的现金流量。

【例 2.2.3】 金融资产终止确认的判断：特定可辨认现金流量

乙银行签订协议，转让从原始期限为 10 年的固定利率应收贷款收取最后 4 年产生的 100% 现金流量（利息和本金）的权利。乙银行保留收取最初 6 年利息现金流的权利。本金应在第 10 年一次性付清。

分析：在这种情况下，很明显乙银行已经转让了获取最后 4 年现金流量的权利，而这部分现金流是可明确辨认的现金流（最后 4 年利息现金流 + 本金现金流）。因此，终止确认规则应当适用于这一可辨认的部分。

一旦确定了适用终止确认要求的层面（个别财务报表和合并财务报表），以及适用终止确认要求的可辨认资产（单项、组合或部分），企业可评估是否可以对金融资产进行终止确认。

金融资产满足下列条件之一的，应当终止确认。

（1）收取该金融资产现金流量的合同权利终止。

（2）该金融资产已转移，且该转移满足关于终止确认的规定。

例如，债务人支付全部到期款项且不再承担任何进一步义务；合同到期时，期权持有人未要求签出人交付或购买标的资产，购入的金融期权的权利因而终结，这些都明显表明收取该金融资产现金流量的合同权利终止。如果金融工具的合同条款发生变更，那么判断收取该金融资产现金流量的合同权利是否终止则较为复杂。

【例 2.2.4】 金融资产终止确认的判断：调整贷款剩余期限

丙银行与借款方 C 签订了 10 年期贷款协议。贷款年利率为 6%。在第 8 年年末，经双方协商，贷款的剩余期限从2年调整到10年，利率调整为8%，直至到期。借款方C不存在财务困难，没有发生减值的客观证据。

分析：丙银行放弃了接下来的两年取得6%的利息和两年后收回本金的权利；取得这两项现金流量的权利已经终止，因此应当终止确认。新的10年期贷款应当在重新协商完成时按公允价值进行确认，包括10年后收回新的本金和接下来10年的8%的利息。

2.3 金融资产转移的情形及其终止确认

2.3.1 金融资产转移的情形

金融资产转移包括下列两种情形。

1. 企业将收取金融资产现金流量的合同权利转移给其他方。如应收票据贴现和应收账款保理。

2. 企业保留了收取金融资产现金流量的合同权利，但承担了将收取的该现金流量支付给一个或多个最终收款方的合同义务（通常称为"过手协议"。例如，如果主体是一个信托基金，向投资者发行其所拥有并提供服务的标的金融资产的收益权），且同时满足下列条件（过手测试）。

（1）企业只有从该金融资产收到对等的现金流量时，才有义务将其支付给最终收款方。企业提供短期垫付款，但有权全额收回该垫付款并按照市场利率计收利息的，视同满足本条件。即不垫款原则。

（2）转让合同规定禁止企业出售或抵押该金融资产，但企业可以将其作为向最终收款方支付现金流量义务的保证。即不挪用原则。

（3）企业有义务将代表最终收款方收取的所有现金流量及时划转给最终收款方，且无重大延误。企业无权将该现金流量进行再投资，但在收款日和最终收款方要求的划转日之间的短暂结算期内，将所收到的现金流量进行现金或现金等价物投资，并且按照合同约定将此类投资的收益支付给最终收款方的，视同满足本条件。考虑到大多数证券化交易是按季度支付利息，在3个月内汇出款项一般认为满足短暂结算期的要求。即不延误原则。

【例2.3.1】金融资产转移情形：特定目的信托

甲商业银行将其信贷资产转移给特定目的信托，之后由特定目的信托以受让的信贷资产为基础发行证券（也称信托受益权凭证），出售给相关投资者；投资者为取得该证券所支付的价款，又通过资金交割最后交付给甲银行。至此，资产证券化的资金完成了其第一次循环。此后，投资者的回报将通过信贷资产形成的现金流入支付，而这些现金流通常又是由甲银行代为收取的。甲银行作为服务商将得到一定的手续费或佣金。由此，完成资产证券化第二次资金循环。

【例2.3.2】过手测试：应收账款保理

甲公司与保理人A签订协议。甲公司同意向保理人A交付其从指定应收账款收取的现金流，用以换取一笔预付款。甲公司须在两个工作日内划转其收取的现金。如果甲公司没有从应收账款收取等额款项，则无义务向保理人 A 划转现金。协议条款禁止甲公司向任何第三方出售或抵押该应收账款。则本例是否满足"过手协议"的三项条件？

分析：因为甲公司只有从该金融资产收到对等的现金流量时，才有义务将其支付给保理人 A；转让合同规定禁止甲公司出售或抵押该金融资产；甲公司有义务将代表最终收款方收取的所有现金流量及时划转给最终收款方，且无重大延误（2 个工作日）。因此，本例满足"过手协议"的三项条件。

【例 2.3.3】过手测试：为客户提供融资

乙公司为其销售的服务提供融资。客户可以选择在不超过 24 个月的时间内分期付款每月支付固定金额的方式支付服务价格和利息。乙公司和 B 银行约定，每月乙公司向 B 银行支付事先约定的等同于客户分期付款金额的现金，用以换取一笔现金预付款。上述支付固定金额现金的行为是否满足"过手协议"的要求？

分析：不满足。因为乙公司向 B 银行支付的款项不取决于从客户收取的实际现金额。乙公司须支付的金额在合同一开始计算的约定现金金额，即使其尚未从客户取得该现金。

【例 2.3.4】过手测试：向其控制的特殊目的主体（SPE）出售应收账款

丙公司向其控制的 SPE 出售在 5 年期间内产生的特定应收账款。SPE 向投资者发行长期票据。从应收账款收取的现金流量用于 SPE 从丙公司购买新的应收账款。在 5 年期限结束时，从应收账款取得的全部款项用于偿还长期票据的本金，而不是用于投资购买新的应收账款。

分析：这种安排下最初收取的现金在划转前会发生重大拖延。而且，购买的新资产的自身性质决定了在大部分循环协议下，再投资的对象不满足现金或现金等价物的定义。

2.3.2 金融资产转移与金融资产的终止确认

企业在发生金融资产转移时，应当评估其保留金融资产所有权上的风险和报酬的程度，并分别下列情形处理。

（1）企业转移了金融资产所有权上几乎所有风险和报酬的，应当终止确认该金融资产，并将转移中产生或保留的权利和义务单独确认为资产或负债。

应当终止确认被转移金融资产的常见情形有以下几种。

① 企业无条件出售金融资产。

② 企业出售金融资产，同时约定按回购日该金融资产的公允价值回购。

③ 企业出售金融资产，同时与转入方签订看跌期权合同（即转入方有权将该金融资产返售给企业）或看涨期权合同（即转出方有权回购该金融资产），且根据合同条款判断，该看跌期权或看涨期权为一项重大价外期权（即期权合约的条款设计，使得金融资产的转入方或转出方极小可能会行权）。

除此之外，通常还包括以下情形。

① 受限于公允价值看跌期权或看涨期权或远期回购协议的资产。如果金融资产转移仅受限于看跌期权或看涨期权或远期回购协议，并且期权的行权价或回购价等于回购时金融资产的公允价值，则被转移资产应予以终止确认，因为企业已经转移了所有权上几乎所有的风险和报酬。

② 账户回购条款。账户回购条款是一种无条件的回购（看涨）期权，该期权赋予企业在某些限制条件下收回被转移资产的权利。如果该期权使企业既未保留也未转移所有权上几乎所有的风险和报酬，则只对回购涉及的金额不予终止确认（假设受让人不能出售该资产）。例如，如果贷款资产的账面金额和转让收入是 100 000 元，且所有单项贷款都可以被赎回，但可赎回的贷款总金额不能超过 10 000 元，则 90 000 元的贷款符合终止确认的条件。

③ 企业认定金融资产所有权上几乎所有风险和报酬已经转移的，除企业在新的交易中重新获得被转移金融资产外，不应当在未来期间再次确认该金融资产。

（2）企业保留了金融资产所有权上几乎所有风险和报酬的，应当继续确认该金融资产。应当继续确认被转移金融资产的常见情形有以下几种。

① 企业出售金融资产并与转入方签订回购协议，协议规定企业将回购原被转移金融资产，或者将予回购的金融资产与售出的金融资产相同或实质上相同、回购价格固定或原售价加上回报。如采用买断式回购、质押式回购交易卖出债券等。

② 企业融出证券或进行证券出借。即根据某项协议借入或借出金融资产并且协议规定返还给转出方相同或实质上相同的金融资产。

同样，如果一项以固定回购价或等于售价加借出人回报的价格进行回购的回购协议，或类似的证券借出交易，赋予转入方在回购日以公允价值等于被转移资产的类似资产进行替代（不是相同或实质上相同的金融资产）的权利，则回购交易或证券借出交易中售出或借出的资产不得终止确认，因为转出方保留了所有权上几乎所有的风险和报酬。

③ 附总回报互换的金融资产出售，该互换使市场风险又转回给了金融资产出售方。（取消分段）在附总回报互换的金融资产出售中，企业出售了一项金融资产，并与转入方达成一项总回报互换协议，如将该资产产生的利息现金流量支付给企业以换取固定付款额或变动利率付款额，该项资产公允价值的所有增减变动由企业承担，从而使市场风险等又转回企业。在这种情况下，企业保留了该金融资产所有权上几乎所有的风险和报酬，因此不应当终止确认所出售的金融资产。

④ 企业出售短期应收款项或信贷资产，并且全额补偿转入方可能因被转移金融资产发生的信用损失。

⑤ 企业出售金融资产，同时与转入方签订看跌期权合同或看涨期权合同，且根据合同条款判断，该看跌期权或看涨期权为一项重大价内期权（即期权合约的条款设计，使得金融资产的转入方或转出方很可能会行权）。

（3）企业既没有转移也没有保留金融资产所有权上几乎所有风险和报酬的（即除上述（1）、（2）之外的其他情形），应当根据其是否保留了对金融资产的控制，分别下列情形处理。

① 企业未保留对该金融资产控制的，应当终止确认该金融资产，并将转移中产生或保留的权利和义务单独确认为资产或负债。

② 企业保留了对该金融资产控制的，应当按照其继续涉入被转移金融资产的程度继续确认有关金融资产，并相应确认相关负债。

继续涉入被转移金融资产的程度，是指企业承担的被转移金融资产价值变动风险或报酬的程度。

企业应当按照其继续涉入被转移金融资产的程度继续确认被转移金融资产的常见情形有以下几种。

① 企业转移金融资产,并采用保留次级权益或提供信用担保等方式进行信用增级,企业只转移了被转移金融资产所有权上的部分(非几乎所有)风险和报酬,且保留了对被转移金融资产的控制。但是如果企业保留了被转移资产所有权上几乎所有的风险和报酬,则应继续确认该金融资产。

② 企业转移金融资产,并附有既非重大价内也非重大价外的看涨期权或看跌期权,导致企业既没有转移也没有保留所有权上几乎所有风险和报酬,且保留了对被转移金融资产的控制。

企业在判断金融资产转移是否满足规定的金融资产终止确认条件时,应当注重金融资产转移的实质。

除了上述常见情形外,终止确认原则应用示例主要有以下几个。

(1)既非深度溢价也非深度价外的看涨期权下的易获得资产。如果企业转移了一项易于在市场中获得的资产并持有购买该资产的看涨期权(如企业转移一种持有的公开市场上交易的股票,同时购买了该股票的看涨期权),并且该期权既非深度溢价也非深度价外,则该项资产应予以终止确认。这是因为:①企业既未保留也未转移所有权上几乎所有的风险和报酬;②企业也未保留控制。但是,如果该项资产在市场中不易获得,则与看涨期权相对应的资产金额部分不应终止确认,因为企业保留了对该项资产的控制。

(2)企业签出的既非深度溢价也非深度价外的看跌期权下的不易获得资产。如果企业转移了一项不易在市场中获得的金融资产并签出了并非深度价外的看跌期权,由于这项签出的看跌期权,企业既没有保留也没有转移所有权上几乎所有的风险和报酬。如果看跌期权很有价值从而阻止转入方出售该项资产,则企业保留了对该项资产的控制,在这种情况下应按转入方继续涉入程度继续确认该资产。如果看跌期权的价值不足以阻止转入方出售该资产,则企业转移了该资产的控制权,在这种情况下应终止确认该资产。

(3)以现金结算的看涨期权或看跌期权。企业应当对受限于以现金净额结算的看跌期权或看涨期权或远期回购协议的金融资产转移进行评估,以判断企业保留还是转移了所有权上几乎所有的风险和报酬。如果企业未保留被转移资产所有权上几乎所有的风险和报酬,则还应判断其是否保留了对被转移资产的控制。看跌期权、看涨期权或远期回购协议以现金净额结算并不必然意味着企业已经转移了控制。

(4)结清收回权。一个为被转移资产提供服务的企业(可能是转出方)可能持有结清收回权,即在未到期资产的金额下降到某一特定水平之下,即为这些资产提供服务的成本与服务收益相比不划算时,有权买入剩余的被转移资产。如果该结清收回权使企业既没有保留也没有转移所有权上几乎所有的风险和报酬,并且使受让人不能出售这些资产,则只对看涨期权涉及的资产金额不予终止确认。

(5)利率互换。企业可能向转入方转移了一项固定利率金融资产,并与转入方达成了一项利率互换协议,以等于被转移金融资产本金金额的票面金额为基础收取固定利率并支付浮动利率。只要该互换中的付款不以被转移资产的付款发生为条件,则利率互换不禁止对转移资产予以终止确认。

（6）摊销型利率互换。企业可能向转入方转移了一项分期付款的固定利率金融资产，并与转入方达成了一项摊销型利率互换协议，以票面金额为基础收取固定利率并支付浮动利率。如果互换的票面金额的摊销使得摊余面值在任一时点上都等于未到期被转移金融资产的本金金额，则这一互换通常导致企业保留了重大提前偿付风险，在这种情况下，企业既可以继续确认全部被转移资产，也可以按照企业继续涉入的程度继续确认被转移资产。相反，如果互换票面金额的摊销并未与被转移资产的未到期本金金额挂钩，则这一互换不会导致企业保留该资产的提前偿付风险。因此，只要该互换的付款不以被转移资产利息的付款发生为条件，并且该互换不会使企业保留被转移资产所有权上的任何其他重要风险和报酬，则不禁止终止确认被转移资产。

在金融资产转移不满足终止确认条件的情况下，如果同时确认衍生工具和被转移金融资产或转移产生的负债会导致对同一权利或义务的重复确认，则企业（转出方）与转移有关的合同权利或义务不应当作为衍生工具进行单独会计处理。例如，转出方保留的看涨期权可能会导致金融资产转移不能作为销售核算。在这种情况下，看涨期权不应作为衍生资产单独确认。

在金融资产转移不满足终止确认条件的情况下，转入方不应当将被转移金融资产全部或部分确认为自己的资产。转入方应当终止确认所支付的现金或其他对价，同时确认一项应收转出方的款项。企业（转出方）同时拥有以固定金额重新控制整个被转移金融资产的权利和义务的（如以固定金额回购被转移金融资产），在满足《企业会计准则第22号——金融工具确认和计量》关于摊余成本计量规定的情况下，转入方可以将其应收款项以摊余成本计量。

在判断金融资产转移是否满足终止确认条件时，关键是评估金融资产所有权上风险和报酬的转移程度和控制权是否转移。

1. 终止确认中评估金融资产所有权上风险和报酬的转移程度

企业在评估金融资产所有权上风险和报酬的转移程度时，应当比较转移前后其所承担的该金融资产未来净现金流量金额及其时间分布变动的风险。

企业承担的金融资产未来净现金流量现值变动的风险没有因转移而发生显著变化的，表明该企业仍保留了金融资产所有权上几乎所有风险和报酬。如将贷款整体转移并对该贷款可能发生的所有损失进行全额补偿，或者出售一项金融资产但约定以固定价格或者售价加上出借人回报的价格回购。

企业承担的金融资产未来净现金流量现值变动的风险相对于金融资产的未来净现金流量现值的全部变动风险不再显著的，表明该企业已经转移了金融资产所有权上几乎所有风险和报酬。如无条件出售金融资产，或者出售金融资产且仅保留以其在回购时的公允价值进行回购的选择权。

通常企业不需要通过计算即可判断其是否转移或保留了金融资产所有权上几乎所有风险和报酬。在其他情况下，企业需要通过计算评估是否已经转移了金融资产所有权上几乎所有风险和报酬的，在计算和比较金融资产未来现金流量净现值的变动时，应当考虑所有合理、可能的现金流量变动，对于更可能发生的结果赋予更高的权重，并采用适当的市场利率作为折现率。

企业会计准则没有提供风险和报酬转移评估方法的示例。实务中常用的方法是使用标准差统计作为确定发起机构已转让和保留变化程度的基础。应用这一方法，发起机构需要考虑影响被转让资产现金流金额和时间的各种未来情况及发生概率，并计算在转让前和转让后此类金额的现值。在计算被转让资产现金流金额时，需要考虑的因素包括利率风险、信用风险、外汇风险、逾期未付风险和提前偿付风险等，具体情况需视待终止确认的特定资产而定。

【例 2.3.5】 使用标准差统计法计算风险和报酬转移[1]

（1）转移前现金流

转移前现金流，即在考虑了资产池面临的各种影响其未来现金流金额的因素后现金流现值。在下例中，发行人考虑了 5 种情景，并设定了不同情景的概率，如表 2.3.1 所示。

表 2.3.1　风险和报酬转移前现金流测试　　　　　　　　　　　单位：万元

情景	未来现金流现值 (a)	概率/% (b)	现金流期望值 ($c=a\times b/100$)	差异 ($d=a-$总计 c)	加权平均差异值 ($e=d\times b/100$ 的绝对值)
1	14 170	20	2 834	114	22.8
2	14 100	30	4 230	44	13.2
3	14 040	25	3 510	−16	4
4	13 960	15	2 094	−96	14.4
5	13 880	10	1 388	−176	17.6
总计		100	14 056		72

（2）转移后现金流

转移后现金流即在扣除了支付给第三方的费用和支付给其他证券持有人后发行人保留的现金流。对应上例结果如表 2.3.2 所示。

表 2.3.2　风险和报酬转移后现金流测试　　　　　　　　　　　单位：万元

情景	未来现金流现值 (a)	概率/% (b)	现金流期望值 ($c=a\times b/100$)	差异 ($d=a-$总计 c)	加权平均差异值 ($e=d\times b/100$ 的绝对值)
1	700	20	140	100	20
2	640	30	192	40	12
3	580	25	145	−20	5
4	520	15	78	−80	12
5	450	10	45	−150	15
总计		100	600		64

风险和报酬转移比例=1−转移后加权平均差异值/转移前加权平均差异值=1−64/72=11%。

在实践中，如果发行人通过资产证券化转移了超过 90% 的风险和报酬，则通常认为其

---

[1] 在计算风险报酬变化时有不同的方法，例如还可采用按照概率加权的标准离差进行判断。本例只是其中的一种方法。

已经转让了几乎所有的风险和报酬;如果转移的风险和报酬低于10%,则认为保留了几乎所有的风险和报酬。

通常来讲,如果发行人持有越多的次级档证券,或者其享有的浮动收益分配顺序越靠后,其保留的风险和报酬比例越高。而且在这种情况下,改变未来现金流现值和概率值将对风险和报酬转移比例产生较大的影响,甚至会导致终止确认上的不同。因此发起机构应根据其历史数据和最佳估计在所有性质类似的资产转让中一致地应用风险和报酬评估方法。

【例2.3.6】对具有追索权的保理安排中风险和报酬转移的确定

甲公司向保理人B转让一个应收账款组合。保理人B承担被转让应收账款的违约风险,而甲公司通过按LIBOR加上利差向保理人B支付逾期未付金额的利息,保留了逾期未付风险。自从甲公司和客户建立业务关系以来,上述被转让的应收账款没有违约和延迟支付的记录。本例中应如何进行风险报酬转移分析。

分析:风险和报酬测试应当考虑甲公司在转让后保留的风险和报酬(即逾期未付风险造成的变动)与转让前的金融资产总风险和报酬(即同时考虑违约和逾期未付风险)相比是否不再显著。这个测试针对的是相对值,而不是绝对值。没有违约和逾期未付的记录并不能证明转让给保理人B的应收账款没有风险这一假设。虽然迄今尚未观察到,应收账款还是存在微小的违约和逾期未付风险。在没有客观数据的情况下,风险与报酬测试应当全面考察定性和定量因素。测试的目的是深入探究违约和逾期未付风险的经济理由,从而能够评估其相对影响是否重大。

测试工作可以考虑的定性问题包括以下几个。

(1)甲公司如何管理逾期未付和违约风险?甲公司在风险管理工作中投入的资源规模可以在一定程度上说明主体对该风险的重视程度。

(2)总的说来,如果保理人B不愿意承担逾期未付风险,原因是什么?

(3)如果保理人B愿意在违约风险之外,再承担逾期未付风险,那么定价会做何修改?

除了进行风险和报酬分析外,甲公司还应考虑定量因素。包括使用同业或行业指数信息对转让给保理人B的应收账款组合的内在违约和逾期未付风险进行估量。使用这些信息有可能使风险和报酬分析的结果更加明朗化。

其他情况可能需要主体通过建模来进行分析,模型会汇总所有收集到的数据和信息,并在此基础上对风险和报酬进行量化计算。不论可观察数据如何,对风险和报酬进行建模都是难度很大的工作,且其有效性要取决于模型的精细程度和采用的假设。

如果定性因素表明甲公司保留了重大的风险,为了达到终止确认,甲公司应客观证明逾期未付风险并不重大。而定量分析应当使用与待分析应收款项有关的数据。

2. 终止确认中评估控制权的转移

企业在判断是否保留了对被转移金融资产的控制时,应当根据转入方是否具有出售被转移金融资产的实际能力而确定。转入方能够单方面将被转移金融资产整体出售给不相关的第三方,且没有额外条件对此项出售加以限制的,表明转入方有出售被转移金融资产的实际能力,从而表明企业未保留对被转移金融资产的控制;在其他情形下,表明企业保留了对被转移金融资产的控制。

在判断转入方是否具有出售被转移金融资产的实际能力时,企业考虑的关键应当是转入方实际上能够采取的行动。即转入方实际上能够做什么,而不是合同规定转入方能够对被转移资产做什么或者合同禁止做什么。特别应注意以下几点。

(1)如果不存在被转移资产的市场,则处置被转移资产的合同权利几乎没有实际作用。

(2)如果不能自由地处置被转移资产,则处置被转移资产的能力几乎没有实际作用。因为以下几个原因。

①转入方处置被转移资产的能力必须独立于其他人的行为(即其必须是一种单方面的能力)。

②转入方必须能够处置被转移资产,并且不需要对该转移附加限制条件或"约束"(例如,有关如何为贷款资产提供服务的条件,或赋予转入方回购该资产的权利的选择权)。

被转移金融资产不存在市场或转入方不能单方面自由地处置被转移金融资产的,通常表明转入方不具有出售被转移金融资产的实际能力。

转入方不大可能出售被转移金融资产并不意味着企业(转出方)保留了对被转移金融资产的控制。但存在看跌期权或担保而限制转入方出售被转移金融资产的,转出方实际上保留了对被转移金融资产的控制。如存在看跌期权或担保且很有价值,导致转入方实际上不能在不附加类似期权或其他限制条件的情形下将该被转移金融资产出售给第三方,从而限制了转入方出售被转移金融资产的能力,转入方将持有被转移金融资产以获取看跌期权或担保下相应付款的,企业保留了对被转移金融资产的控制。

【例 2.3.7】评估控制权的转移:限制被担保贷款的转让

甲银行向乙银行出售一个贷款组合以获取现金。各贷款的平均历史损失率为 5%。作为协议的一部分,甲银行为被转让资产的信用违约损失提供最多为4%的担保。担保条款规定,只有当担保持有人持有被担保贷款,才能在担保的额度内提出索赔。

分析:信用违约担保的安排表明控制权尚未转让。如果乙银行向新买方出售被转让资产,但不出售信用违约担保,则会损失信用违约担保的价值。在实务中,乙银行只有也向新买方出售信用违约担保,才能出售被转让资产。

2.4 满足终止确认条件的金融资产转移的会计处理

2.4.1 金融资产转移整体满足终止确认条件的会计处理

金融资产转移整体满足终止确认条件的,应当将下列两项金额的差额计入当期损益。

(1)被转移金融资产在终止确认日的账面价值。

(2)因转移金融资产而收到的对价,与原直接计入其他综合收益的公允价值变动累计额中对应终止确认部分的金额(涉及转移的金融资产为根据《企业会计准则第 22 号——金融工具确认和计量》第十八条分类为以公允价值计量且其变动计入其他综合收益的金融资产的情形)之和。

企业保留了向该金融资产提供相关收费服务的权利(包括收取该金融资产的现金流量,并将所收取的现金流量划转给指定的资金保管机构等),应当就该服务合同确认一项服务资产或服务负债。如果企业将收取的费用预计超过对服务的充分补偿的,应当将该服务权利作为继续确认部分确认为一项服务资产,并按照 CAS 23（2017）第十五条的规定确定该服务资产的金额。如果将收取的费用预计不能充分补偿企业所提供服务的,则应当将由此形成的服务义务确认为一项服务负债,并以公允价值进行初始计量。

所有贷款和应收款项都含有服务。如为抵押贷款、信用卡应收款项或其他金融资产提供的服务通常包括收到到期款项,向转入方划拨本金和利息,监控违约债务人,办理取消抵押品赎回权和执行其他管理性工作。服务提供者通常会收取一定的费用作为其提供服务（服务权）的补偿。服务权不符合金融工具的定义,因为其反映的是提供服务的承诺,只能通过交付服务予以结算。然而,因为这种服务权在本质上是一系列源自合同协议的预期现金流量,与金融工具极为类似,所以对其采用同金融资产和负债一致的基础进行确认和初始计量。因此,如果企业保留了向该金融资产提供相关收费服务的权利（包括收取该金融资产的现金流量,并将所收取的现金流量划转给指定的资金保管机构等）,应当就该服务合同确认一项服务资产或服务负债。

企业因金融资产转移导致整体终止确认金融资产,同时获得了新金融资产或承担了新金融负债或服务负债的,应当在转移日确认该金融资产、金融负债（包括看涨期权、看跌期权、担保负债、远期合同、互换等）或服务负债,并以公允价值进行初始计量。该金融资产扣除金融负债和服务负债后的净额应当作为上述对价的组成部分。

【例 2.4.1】金融资产转移整体满足终止确认条件的会计处理：出售整个贷款组合

甲银行有一组贷款,账面价值为 1 000 万元,利率为 8%。该组贷款分类为以摊余成本计量的金融资产。

假定甲银行通过签订转让协议向 A 银行出售整个贷款组合,收取 1 050 万元,并且不附任何追索权。然而,甲银行同意在该贷款组合剩余期限内免费提供服务,甲银行估计补偿该服务的公允价值为 40 万元。

分析：贷款组合转让符合终止确认条件。在没有收取服务费的情况下,甲银行应该确认一项服务负债。会计处理为

借：存放中央银行款项　　　　　　　　　　　1 050
　　贷：贷款　　　　　　　　　　　　　　　　　　1 000
　　　　服务负债　　　　　　　　　　　　　　　　40
　　　　其他业务收入　　　　　　　　　　　　　　10

【例 2.4.2】金融资产转移整体满足终止确认条件的会计处理：转让应收账款

20×8 年 3 月 15 日,甲公司销售一批商品给乙公司,开出的增值税专用发票上注明的销售价款为 300 000 元,增值税销项税额为 51 000 元,款项尚未收到。双方约定,乙公司应于 20×8 年 10 月 31 日付款。20×8 年 6 月 4 日,经与中国银行协商后约定：甲公司将应收乙公司的账款出售给中国银行,价款为 263 250 元;在应收乙公司账款到期无法收回时,中国银行不能向甲公司追偿。甲公司根据以往经验,预计该批商品将发生的销售退回金额为 23 400 元,其中,增值税销项税额为 3 400 元,成本为 13 000 元,实际发生的销售退回由甲公司承担。20×8 年 8 月 3 日,甲公司收到乙公司退回的商品,价款为 23 400 元。假定不考虑其他因素。

甲公司与应收债权出售有关的账务处理如下：

（1）20×8年6月4日出售应收债权

借：银行存款　　　　　　　　　　　　　　263 250
　　财务费用　　　　　　　　　　　　　　 64 350
　　其他应收款　　　　　　　　　　　　　 23 400
　　　贷：应收账款　　　　　　　　　　　351 000

（2）20×8年8月3日收到退回的商品

借：主营业务收入　　　　　　　　　　　　 20 000
　　应交税费——应交增值税（销项税额）　 3 400
　　　贷：其他应收款　　　　　　　　　　 23 400
借：库存商品　　　　　　　　　　　　　　 13 000
　　　贷：主营业务成本　　　　　　　　　 13 000

本例涉及企业将应收债权不附追索权予以出售（处置）。应收债权的出售通常分为不附追索权的出售和附追索权出售。不附追索权应收债权出售，其含义是：企业将其按照销售商品、提供劳务的销售合同所产生的应收债权出售给银行等金融机构，根据企业、债务人及银行等金融机构之间的协议，在所售应收债权到期无法收回时，银行等金融机构不能够向出售应收债权的企业进行追偿。在这种情况下，企业应将所售应收债权予以转销，结转计提的相关坏账准备，确认按协议约定预计将发生的销售退回、销售折让、现金折扣等，确认出售损益。企业在出售应收债权的过程中如附有追索权，即在有关应收债权到期无法从债务人处收回时，银行等金融机构有权向出售应收债权的企业追偿，或按照协议约定，企业有义务按照约定金额自银行等金融机构回购部分应收债权，应收债权的坏账风险由售出应收债权的企业负担，则企业应按照以应收债权为质押取得借款的核算原则进行会计处理。

2.4.2　金融资产被转移部分整体满足终止确认条件的会计处理

企业转移了金融资产的一部分，且该被转移部分整体满足终止确认条件的，应当将转移前金融资产整体的账面价值，在终止确认部分和继续确认部分（在此种情形下，所保留的服务资产应当视同继续确认金融资产的一部分）之间，按照转移日各自的相对公允价值进行分摊，并将下列两项金额的差额计入当期损益。

（1）终止确认部分在终止确认日的账面价值。

（2）终止确认部分收到的对价，与原计入其他综合收益的公允价值变动累计额中对应终止确认部分的金额（涉及转移的金融资产为根据《企业会计准则第22号——金融工具确认和计量》（2017）第十八条分类为以公允价值计量且其变动计入其他综合收益的金融资产的情形）之和。对价包括获得的所有新资产减去承担的所有新负债后的金额。

原计入其他综合收益的公允价值变动累计额中对应终止确认部分的金额，应当按照金融资产终止确认部分和继续确认部分的相对公允价值，对该累计额进行分摊后确定。

根据CAS 23（2017）第十五条的规定，企业将转移前金融资产整体的账面价值按相对公允价值在终止确认部分和继续确认部分之间进行分摊时，应当按照下列规定确定继续确认部分的公允价值。

（1）企业出售过与继续确认部分类似的金融资产，或继续确认部分存在其他市场交易的，近期实际交易价格可作为其公允价值的最佳估计。

（2）继续确认部分没有报价或近期没有市场交易的，其公允价值的最佳估计为转移前金融资产整体的公允价值扣除终止确认部分的对价后的差额。

【例2.4.3】金融资产被转移部分整体满足终止确认条件的会计处理：转让全部本金和部分利息收入权利

接【例2.4.1】。假定甲银行通过签订转让协议向A银行出售该贷款组合的全部本金及收取6%利息收入的权利，收取980万元，并且不附任何追索权。甲银行保留了为该贷款组合提供服务的权利，为此其得到的补偿为有权获取未出售利息收入的一半（保留的未来利息收入2%的一半，即1%）。剩余的1%则视为甲银行保留的仅含利息部分。在转让日，仅含利息部分的公允价值为55万元，服务资产的公允价值为15万元（等于应收服务费的现值减去提供该服务可获得的市场价格）。

分析：在本例中，有必要考虑终止确认判断标准应用于贷款组合的整体还是其各部分。75%（6%/8%）的被转让利息现金流量可被视为全部利息现金流量的一项完全成比例的份额。这意味着甲银行将对整个贷款组合的两个部分：100%的本金现金流量和75%的利息现金流量，分别考虑终止确认问题。

甲银行将收取贷款组合所有本金现金流量和6%利息现金流量的权利转让给了A银行，并且不附任何追索权，尽管甲银行保留了为贷款组合提供服务的权利，但却转移了贷款组合的相应部分上几乎所有的风险和报酬，因此，甲银行将终止确认所转让的贷款组合的相应部分。

为了计算转让所产生的利得和损失，金融资产的账面价值1 000万元应当基于各自的相对公允价值在出售部分和保留部分之间进行分摊。出售终止确认部分的利得46.7万元，为980万元和分摊的账面价值933.3万元之间的差额（见表2.4.1）。

表2.4.1 转移金融资产账面的价值分摊 单位：万元

出售/保留的权益	公允价值	公允价值百分比/%	分摊的账面价值
出售的贷款（本金和6%的利息）	980	93.33	933.3
保留仅含利息部分	55	5.24	52.4
服务资产	15	1.43	14.3
合计	1 050	100	1 000

【例2.4.4】部分单项金融资产的终止确认

20×2年4月1日，甲公司以面值500万元买入乙公司债券，该债券每年于期末支付年利率8%的利息，债券可在20×8年3月31日赎回。

20×6年3月31日，市场利率为6%，债券公允价值为5 491 732元，包括仅包含利息部分的现值1 966 930元和仅包含本金部分的现值3 524 802元。同一天，甲公司根据法定转让协议将对于仅包含本金部分的权利无条件转让给A银行并取得等于公允价值的现金。该转让没有任何追索权。甲公司保留仅含利息部分的权利（在余下的2年时间内按年收取债券利息400 000元）。

分析：本例中，甲公司通过转让方式将收取本金现金流量的权利转让给银行。而且，因为甲公司已将到期收偿还款的权利出售，并且不附追索权，所以已经转移了作为大额资产一部分的仅含本金部分的风险和报酬。因此，甲公司应终止确认全部仅含本金部分的金额。

为了计算出售仅含本金部分的利得或损失，应当基于各自的公允价值在出售部分和保留部分之间分摊账面价值 500 万元。

仅含本金部分应分摊的账面价值＝5 000 000×（3 524 802/5 491 732）＝3 209 190（元）

仅含利息部分应分摊的账面价值＝5 000 000×（1 966 930/5 491 732）＝1 790 810（元）

账务处理如下：

借：银行存款　　　　　　　　　　　　　　　3 524 802
　　贷：债权投资　　　　　　　　　　　　　　3 209 190
　　　　投资收益　　　　　　　　　　　　　　　315 612

2.5　继续确认被转移金融资产的会计处理

企业保留了被转移金融资产所有权上几乎所有风险和报酬而不满足终止确认条件的，应当继续确认被转移金融资产整体，并将收到的对价确认为一项金融负债。

在继续确认被转移金融资产的情形下，金融资产转移所涉及的金融资产与所确认的相关金融负债不得相互抵销。在后续会计期间，企业应当继续确认该金融资产产生的收入（或利得）和该金融负债产生的费用（或损失），不得相互抵销。

【例 2.5.1】继续确认被转移金融资产的会计处理：回购出售的债券

20×8 年 4 月 1 日，甲公司将其持有的一项国债出售给丙公司，售价为 200 000 元，年利率为 3.5%。同时，甲公司与丙公司签订了一项回购协议，3 个月后由甲公司将该项国债购回，回购价为 201 750 元。20×8 年 7 月 1 日，甲公司将该项国债购回。假定该项国债合同利率与实际利率差异较小，则甲公司应作如下会计处理。

（1）判断应否终止确认

由于此项出售属于附回购协议的金融资产出售，到期后甲公司以固定回购价格将该项国债购回，因此可以判断，该项国债几乎所有的风险和报酬都没有转移给丙公司，甲公司不应终止确认该项国债。

（2）20×8 年 4 月 1 日，甲公司出售该项国债时

借：存放中央银行款项/银行存款　　　　　　　　200 000
　　贷：卖出回购金融资产款　　　　　　　　　　200 000

（3）资产负债表日确认利息费用时

20×8 年 6 月 30 日，甲公司应按实际利率计算确定卖出回购国债的利息费用，由于该项国债合同利率与实际利率差异较小，甲公司可以以合同利率计算确定利息费用。

卖出回购国债的利息费用＝200 000×3.5%×3/12＝1 750（元）。

借：利息支出/投资收益　　　　　　　　　　　　1 750
　　贷：应付利息　　　　　　　　　　　　　　　1 750

（4）20×8年7月1日，甲公司回购时

借：卖出回购金融资产款　　　　　　　　　　　200 000
　　应付利息　　　　　　　　　　　　　　　　　1 750
　　贷：存放中央银行款项/银行存款　　　　　　　　201 750

【例2.5.2】 继续确认被转移金融资产的会计处理：具有追索权的应收票据贴现

甲企业销售一批商品给乙企业，货已发出，增值税专用发票上注明的商品价款为200 000元，增值税销项税额为34 000元。当日收到乙企业签发的不带息商业承兑汇票一张，该票据的期限为3个月。相关销售商品收入符合收入确认条件。

甲企业的账务处理如下：

（1）销售实现时

借：应收票据　　　　　　　　　　　　　　　　234 000
　　贷：主营业务收入　　　　　　　　　　　　　　200 000
　　　　应交税费——应交增值税（销项税额）　　　34 000

（2）3个月后，应收票据到期，甲企业收回款项234 000元，存入银行。

借：银行存款　　　　　　　　　　　　　　　　234 000
　　贷：应收票据　　　　　　　　　　　　　　　　234 000

（3）如果甲企业在该票据到期前向银行贴现，且银行拥有追索权，则表明甲企业的应收票据贴现不符合金融资产终止确认条件，应将贴现所得确认为一项金融负债（短期借款）。假定甲企业贴现获得现金净额231 660元，则甲企业有关账务处理如下：

借：银行存款　　　　　　　　　　　　　　　　231 660
　　短期借款——利息调整　　　　　　　　　　　2 340
　　贷：短期借款——成本　　　　　　　　　　　　234 000

贴现息2 340元应在票据贴现期间采用实际利率法确认为利息费用。

需要注意的是，企业应当设置"应收票据备查簿"，逐笔登记商业票据的种类、号数和出票日、票面金额、交易合同号和付款人、承兑人、背书人的姓名或单位名称、到期日、背书转让日、贴现日、贴现率和贴现净额以及收款日和收回金额、退票情况等资料。商业汇票到期结清票款或退票后，在备查簿中应予注销。

【例2.5.3】 继续确认被转移金融资产的会计处理：不具有表决权和利润分配权的股权转让

20×8年6月，甲公司与第三方乙公司签订股权转让框架协议，将持有C公司20%的股权转让给乙公司。协议明确此次股权转让标的为C公司20%的股权，总价款7.2亿元，乙公司分三次支付，20×8年支付了第一笔款项1.8亿元。为了保证乙公司的利益，上市公司在20×8年将C公司5%的股权变更登记为乙公司，但乙公司暂时并不拥有与该5%股权对应的表决权，也不拥有分配该5%股权对应的利润的权利。

问题：甲公司是否应在20×8年度终止确认该5%的股权？

分析：虽然名义上甲公司将5%的股权转让给乙公司，但是实质上，乙公司并没有拥有对应的表决权，并不享有对应的利润分配权。也就是说，甲公司保留了收取金融资产现金流量的权利，且没有承担将收取的现金流量支付给乙公司的义务。根据准则的规定，实质上该金融资产并未转移,并不符合金融资产终止确认的前提条件。甲公司不应当确认该 5%股权的处置损益,应将收到的款项作为预收账款处理。

【例 2.5.4】 继续确认被转移金融资产的会计处理:具有次级权益的贷款转让

甲银行发放了一组 5 年期付息贷款 1 000 万元。甲银行与 A 银行签订协议,同意向 A 银行支付其从该贷款组合收取的前 900 万元(加上利息)的权利。甲银行保留收取后 100 万元(加上利息)的权利,预计回收该贷款组合的金额为 950 万元,且经验表明不太可能少于 930 万元。

分析:甲银行对贷款现金流量的权益处于次级地位。这是因为,如果债务人违约,甲银行仅收取 1 000 万元贷款中的 800 万元,则主体必须将收到的 800 万元全部转付至 A 银行。另外,如果甲银行收取了 950 万元,则可以将 900 万元转付给 A 银行,自己保留 50 万元。

甲银行保留了贷款所有权上几乎所有的风险和报酬,次级权益吸收了净现金流量的所有可能的变动,因此不能终止确认。会计处理为

借:存款中央银行款项　　　　　　　　　9 000 000
　　贷:抵押借款　　　　　　　　　　　　　9 000 000

需要指出的是,转出方保留次级权益可能导致转出方转移了、保留了或既没有转移也没有保留金融资产所有权上几乎所有风险和报酬的,实务中需要结合具体情况进行分析。

思考题:假定发起银行将一组优质贷款整体转让给特殊目的主体(SPV),并由 SPV 发行 90%优先级证券和 10%次级证券。假定次级证券吸收了被转移贷款的几乎所有的风险和报酬,那么发起银行自留次级证券的比例为多少时表明发行银行转移了、保留了或既没有转移也没有保留被转移贷款几乎所有的风险和报酬?假设发起银行保留了 5%的次级证券,则在下列情况下应如何判断风险和报酬的转移?

(1)假设其余 95%发行给本行管理,收取超额回报管理费的理财产品。

(2)假设其余 95%发行给独立第三方,但次级证券回报不得超过 6%,同时发起银行以资产服务商身份收取超额回报。

(3)假设其余 95%发行给独立第三方,但发起银行自留全部优先级证券。

(4)假设其余 95%发行给控股股东或关联方。

2.6　继续涉入被转移金融资产的会计处理

企业既没有转移也没有保留金融资产所有权上几乎所有的风险和报酬,且保留了对该金融资产控制的,应当按照其继续涉入被转移金融资产的程度继续确认该被转移金融资产,并相应确认相关负债。被转移金融资产和相关负债应当在充分反映企业因金融资产转移所保留的权利和承担的义务的基础上进行计量。企业应当按照下列规定对相关负债进行计量。

(1)被转移金融资产以摊余成本计量的,相关负债的账面价值等于继续涉入被转移金融资产的账面价值减去企业保留的权利(如果企业因金融资产转移保留了相关权利)的摊余成本并加上企业承担的义务(如果企业因金融资产转移承担了相关义务)的摊余成本;

相关负债不得指定为以公允价值计量且其变动计入当期损益的金融负债。

（2）被转移金融资产以公允价值计量的，相关负债的账面价值等于继续涉入被转移金融资产的账面价值减去企业保留的权利（如果企业因金融资产转移保留了相关权利）的公允价值并加上企业承担的义务（如果企业因金融资产转移承担了相关义务）的公允价值，该权利和义务的公允价值应为按独立基础计量时的公允价值。

1. 通过担保方式继续涉入

企业通过对被转移金融资产提供担保方式继续涉入的，应当在转移日按照金融资产的账面价值和担保金额两者的较低者，继续确认被转移金融资产，同时按照担保金额和担保合同的公允价值（通常是提供担保收到的对价）之和确认相关负债。担保金额是指企业所收到的对价中可被要求偿还的最高金额。

在后续会计期间，担保合同的初始确认金额应当随担保义务的履行进行摊销，计入当期损益。被转移金融资产发生减值的，计提的损失准备应从被转移金融资产的账面价值中抵减。

【例2.6.1】通过担保方式继续涉入的会计处理

甲公司与乙银行签订一笔应收账款转让协议，由甲公司将一笔金额为1 000万元的应收账款出售给乙银行，售价为990万元。双方约定，由甲公司为该笔应收账款提供担保，担保金额为300万元，实际应收账款损失超过担保金额的部分由乙银行承担。转移日，该笔应收账款（包括担保）的公允价值为1 000万元，其中，担保的公允价值为100万元。甲公司没有保留对该笔应收账款的管理服务权。

分析：由于甲公司既没有转移也没有保留该笔应收账款所有权上几乎所有的风险和报酬，而且因为应收账款没有活跃的市场，乙银行不具备出售该笔应收账款的"实际能力"，导致甲公司也未放弃对该笔应收账款的控制，所以，应当按照继续涉入该笔应收账款的程度确认有关资产和负债。

由于转移日该笔应收账款的账面价值为1 000万元，提供的财务担保金额为300万元，甲公司应当按照300万元确认继续涉入形成的资产。由于财务担保合同的公允价值为100万元，所以甲公司确认继续涉入形成的负债金额为400万元（300+100）。因此，转移日甲公司应作以下会计分录。

借：银行存款　　　　　　　　　　　9 900 000
　　继续涉入资产　　　　　　　　　3 000 000
　　其他业务成本　　　　　　　　　1 100 000
　贷：应收账款　　　　　　　　　　10 000 000
　　　继续涉入负债　　　　　　　　 4 000 000

在随后的会计期间，财务担保合同的初始确认金额应当在该财务担保合同期间内按照时间比例摊销，确认为各期收入。因担保形成的资产的账面价值，应当在资产负债表日进行减值测试。

实务中，上市公司将银行借款转移给关联方冲抵关联方欠款，同时向银行提供担保。如果合同各方未重新签署债权、债务合同，当上市公司关联方无法偿还全部或部分银行借款时，上市公司仍然有还款义务时，不满足金融资产和金融负债终止确认条件。

2. 附期权合同并且所转移金融资产按摊余成本计量方式下的继续涉入

企业因持有看涨期权或签出看跌期权而继续涉入被转移金融资产,且该金融资产以摊余成本计量的,应当按照其可能回购的被转移金融资产的金额继续确认被转移金融资产,在转移日按照收到的对价确认相关负债。

被转移金融资产在期权到期日的摊余成本和相关负债初始确认金额之间的差额,应当采用实际利率法摊销,计入当期损益,同时调整相关负债的账面价值。相关期权行权的,应当在行权时,将相关负债的账面价值与行权价格之间的差额计入当期损益。

【例 2.6.2】附期权合同并且所转移金融资产按摊余成本计量方式下的继续涉入

B 公司持有一笔账面价值为 102 万元的长期债券投资,该债券在公开市场不能交易且不易获得,B 公司将其划分为以摊余成本计量的金融资产。20×7 年 1 月 1 日,B 公司以 100 万元价款将该笔债券出售给 D 公司,同时与 D 公司签订一项看涨期权合约,行权日为 20×8 年 12 月 31 日,行权价为 105 万元,已知出售日该债券的公允价值为 104 万元。假定行权日该债券的摊余成本为 106 万元。

分析:本例中,看涨期权的存在,意味着 B 公司收取债券未来现金流量(债券本金和利息)的权利没有终止,而将这项权利转移给了 D 公司。但是,出售债券所附的看涨期权不是重大的价外期权(期权行权价 105 万元与债券的公允价值 104 万元相比),因此,B 公司既没有转移也没有保留该债券所有权上几乎所有的风险和报酬。同时,因债券没有活跃的市场,D 公司不拥有出售该债券的实际控制能力,所以 B 公司保持了对该债券的控制。因此,B 公司应当按照继续涉入程度确认和计量被转移债券。有关计算和会计分录如下(金额单位:万元)。

20×7 年 1 月 1 日,B 公司应当确认继续涉入形成的负债的入账价值为 100 万元。

借:银行存款　　　　　　　　　　　　　　100
　　贷:继续涉入负债　　　　　　　　　　　100

20×7 年 1 月 1 日至 20×8 年 12 月 31 日期间,将该负债与行权日债券的摊余成本之间的差额 6 万元(106-100),采用实际利率法摊销,计入损益。

与此同时,B 公司继续以摊余成本计量该债券,并且采用实际利率法摊销债券行权日的摊余成本与出售日账面价值之间的差额 4 万元(106-102)。

20×8 年 12 月 31 日,如果 B 公司行权:

借:继续涉入负债　　　　　　　　　　　　106
　　贷:银行存款(行权价)　　　　　　　　105
　　　　投资收益　　　　　　　　　　　　　1

如果 B 公司不行权:

借:继续涉入负债　　　　　　　　　　　　106
　　贷:债权投资　　　　　　　　　　　　　106

同样,如果转出方向转入方签出一项看跌期权,其会计处理方法与上例类似。

3. 持有看涨期权或签出看跌期权(或两者兼有,即上下限期权)且所转移金融资产以公允价值计量方式下的继续涉入

企业因持有看涨期权或签出看跌期权(或两者兼有,即上下限期权)而继续涉入被转移金融资产,且以公允价值计量该金融资产的,应当分别以下情形进行处理。

（1）企业因持有看涨期权而继续涉入被转移金融资产的，应当继续按照公允价值计量被转移金融资产，同时按照下列规定计量相关负债。

① 该期权是价内或平价期权的，应当按照期权的行权价格扣除期权的时间价值后的金额，计量相关负债。

② 该期权是价外期权的，应当按照被转移金融资产的公允价值扣除期权的时间价值后的金额，计量相关负债。

【例 2.6.3】企业持有看涨期权且所转移金融资产以公允价值计量方式下的继续涉入

20×7 年 1 月 1 日，A 公司向 B 公司出售一项指定为以公允价值计量且其变动计入其他综合收益的金融资产（其他权益工具投资），该金融资产初始入账价值为 80 万元，转让日的公允价值为 104 万元，获得价款 100 万元，但是双方签订了一项于 20×8 年 12 月 31 日以 105 万元购回该资产的看涨期权合约。假定 B 公司没有出售该交易性资产的实际能力，A 公司没有放弃对该资产的控制。

分析：本例中，由于 A 公司持有一项看涨期权，使其既没有转移也没有保留该金融资产所有权上几乎所有的风险和报酬，同时也没有放弃对该金融资产的控制，因此，应当按照继续涉入程度确认有关金融资产和负债。具体会计处理如下（金额单位：万元）。

20×7 年 1 月 1 日：A 公司继续按照公允价值确认该金融资产。由于该看涨期权为价外期权（行权价 105 万元大于资产公允价值 104 万元），其时间价值（额外的支付额）为 4 万元（104−100），因此，继续涉入负债的入账价值为 100 万元（104−4）。会计分录为

借：银行存款　　　　　　　　　　　　　　　100
　　贷：继续涉入负债　　　　　　　　　　　　100

20×7 年 12 月 31 日：假定资产的公允价值增加为 106 万元，此时，该期权为价内期权（行权价 105<106），时间价值为 2 万元。因此，继续涉入负债变为 103 万元（105−2）。会计分录为

借：其他权益工具投资——公允价值变动　　　2
　　其他综合收益　　　　　　　　　　　　　1
　　贷：继续涉入负债　　　　　　　　　　　　3

20×8 年 12 月 31 日：假定其他权益工具投资的公允价值发生变动，A 公司将以价内行权。会计分录为

借：继续涉入负债　　　　　　　　　　　　　103
　　其他综合收益　　　　　　　　　　　　　2
　　贷：银行存款　　　　　　　　　　　　　　105

假定其他权益工具投资的公允价值降为 103 万元，此时，A 公司将不会行权，则 A 公司将终止确认其他权益工具投资和继续涉入的负债，会计分录为

借：继续涉入负债　　　　　　　　　　　　　103
　　其他综合收益　　　　　　　　　　　　　23（104−80−1）
　　贷：其他权益工具投资　　　　　　　　　　106（104+2）
　　　　其他综合收益（金融资产转让收益）　　20（100−80）

（2）企业因签出看跌期权形成的义务而继续涉入被转移金融资产的，应当按照该金融

资产的公允价值和该期权行权价格两者的较低者，计量继续涉入形成的资产；同时，按照该期权的行权价格与时间价值之和，计量相关负债。

如果企业卖出的一项看跌期权使所转移金融资产不满足终止确认条件，则企业仍应继续确认该项资产。由于企业对所转移金融资产公允价值高于期权行权价格的部分不拥有权利，因此，当该金融资产原按照公允价值进行计量时，继续确认该项资产的金额为其转移日公允价值与期权行权价格之间的较低者。

【例2.6.4】 企业签出看跌期权且所转移金融资产以公允价值计量方式下的继续涉入

20×7年12月31日，A公司向B公司出售一项指定为以公允价值计量且其变动计入其他综合收益的金融资产（其他权益工具投资），该投资初始入账价值为80万元，转让日的公允价值为97万元，获得价款102万元，但是双方签订了一项看跌期权协议，约定在两年内，当该资产公允价值低于96万元时，B公司可以96万元返售给A公司。假定B公司没有出售该金融资产的实际能力，A公司没有放弃对该资产的控制。

分析：本例中，由于A公司签出一项看跌期权，使得其既没有转移也没有保留该金融资产所有权上几乎所有的风险和报酬，同时也没有放弃对该金融资产的控制，因此，应当按照继续涉入程度确认有关金融资产和负债。具体计算和会计处理如下（金额单位：万元）。

20×7年1月1日，A公司应当按照该金融资产的公允价值（97万元）和该期权行权价格（96万元）之间的较低者，确认继续涉入形成的资产为96万元。由于看跌期权的时间价值（额外收款额）为5万元（102-97），因此，继续涉入形成负债的入账金额为101万元（96+5），会计分录如下。

借：银行存款　　　　　　　　　　　　　　　　102
　　贷：继续涉入负债　　　　　　　　　　　　101
　　　　其他权益工具投资　　　　　　　　　　　1

20×7年12月31日，假定资产公允价值下跌为94万元，此时，期权为价内期权（行权价96>94），期权时间价值为2万元。因此，继续涉入资产的价值从96万元降为94万元（94<96），相应地，继续涉入负债的金额从101万元降为98万元（96+2），会计分录为

借：继续涉入负债　　　　　　　　　　　　　　　3
　　贷：其他权益工具投资　　　　　　　　　　　2
　　　　其他综合收益　　　　　　　　　　　　　1

20×8年12月31日，假定资产的公允价值没有发生变动，B公司决定在价内行权，A公司必须以行权价重新取得该投资，会计分录为

借：继续涉入负债　　　　　　　　　　　　　　98
　　贷：银行存款　　　　　　　　　　　　　　96
　　　　其他综合收益　　　　　　　　　　　　　2

（3）企业因持有看涨期权和签出看跌期权（即上下限期权）而继续涉入被转移金融资产的，应当继续按照公允价值计量被转移金融资产，同时按照下列规定计量相关负债。

① 该看涨期权是价内或平价期权的，应当按照看涨期权的行权价格和看跌期权的公允价值之和，扣除看涨期权的时间价值后的金额，计量相关负债。

② 该看涨期权是价外期权的，应当按照被转移金融资产的公允价值和看跌期权的公允

价值之和，扣除看涨期权的时间价值后的金额，计量相关负债。

【例 2.6.5】 企业持有看涨期权和签出看跌期权（即上下限期权）且所转移金融资产以公允价值计量方式下的继续涉入

甲公司与乙公司签订一项股票转让协议，同时购入一项行权价为 110 万元的看涨期权，并出售了一项行权价为 90 万元的看跌期权。假定转移日该股票的公允价值为 100 万元，看涨期权和看跌期权的时间价值分别为 5 万元和 2 万元。

分析：由于甲公司卖出一项看跌期权和购入一项看涨期权使所转移股票投资不满足终止确认条件，且按照公允价值来计量该股票投资，因此，在转移日仍应按照公允价值确认所转移金融资产。根据相关规定，甲公司应确认的金融资产金额为 100 万元，应确认的继续涉入形成的负债金额为 97 万元[(100 + 2)–5]。

4. 保留次级权益方式继续涉入

【例 2.6.6】 企业保留次级权益方式的继续涉入

甲公司实施了一项资产证券化交易，转让金额为 1 000 万元的一组贷款，甲公司保留其中金额为 50 万元的次级权益，其余 900 万元优先权益和 50 万元次级权益以 950 万元的对价转让给第三方。甲公司转移了该组贷款所有权相关的部分重大风险和报酬（如重大提前偿付风险），但由于设立了次级权益（即内部信用增级），因而也保留了所有权相关的部分重大风险和报酬，并且能够对留存的该部分权益实施控制。根据金融资产转移准则的分析结果显示甲公司继续涉入所转移的金融资产。为简化处理，假定甲公司不收取超额利差且上述转让中信用增级的对价为零。甲公司的账务处理如下（金额单位：万元）。

（1）确认保留的 50 万元的次级证券。

借：银行存款　　　　　　　　　　　　　　950
　　贷款——次级权益　　　　　　　　　　50
　　贷：贷款　　　　　　　　　　　　　　1000

（2）确认继续涉入金融资产和金融负债。

在该例中，甲公司因信用增级而不能收到的现金流入最大值为 50 万元，由于不存在其他资产，信用增级的公允价值为 0，因继续涉入而确认的资产和负债的金额都为 50 万元。

借：继续涉入资产——次级权益　　　　　　50
　　贷：继续涉入负债　　　　　　　　　　50

（3）金融资产转移后，甲公司需要在资产负债表日确认已发生的资产减值损失，如于 201×年 12 月 31 日，已转移应收款项发生信用损失 10 万元，则甲公司需要做以下会计处理（金额单位：万元）。

借：资产减值损失　　　　　　　　　　　　10
　　贷：贷款损失准备——次级权益　　　　10
借：继续涉入负债　　　　　　　　　　　　10
　　贷：继续涉入资产　　　　　　　　　　10

企业采用基于被转移金融资产的现金结算期权或类似条款的形式继续涉入的，其会计处理方法与本准则第二十一条和第二十二条中规定的以非现金结算期权形式继续涉入的会计处理方法相同。

企业按继续涉入程度继续确认的被转移金融资产以及确认的相关负债不应当相互抵销。企业应当对继续确认的被转移金融资产确认所产生的收入（或利得），对相关负债确认所产生的费用（或损失），两者不得相互抵销。继续确认的被转移金融资产以公允价值计量的，在后续计量时对其公允价值变动应根据《企业会计准则第 22 号——金融工具确认和计量》第六十四条的规定进行确认，同时相关负债公允价值变动的确认应当与之保持一致，且两者不得相互抵销。

企业对金融资产的继续涉入仅限于金融资产一部分的，应当根据 CAS 23（2017）第十六条的规定，按照转移日因继续涉入而继续确认部分和不再确认部分的相对公允价值，在两者之间分配金融资产的账面价值，并将下列两项金额的差额计入当期损益：

（1）分配至不再确认部分的账面金额（以转移日计量的为准）；

（2）不再确认部分所收到的对价。

如果涉及转移的金融资产为根据《企业会计准则第 22 号——金融工具确认和计量》第十八条分类为以公允价值计量且其变动计入其他综合收益的金融资产的，不再确认部分的金额对应的原计入其他综合收益的公允价值变动累计额计入当期损益。

【例 2.6.7】 住房抵押贷款证券化的会计处理

甲银行持有一组住房抵押贷款，借款方可提前偿付。20×7 年 1 月 1 日，该组贷款的本金和摊余成本均为 100 000 000 元，票面年利率和实际年利率均为 10%。经批准，甲银行拟将该组贷款转移给某信托机构（以下简称受让方）进行证券化。有关资料如下：

20×7 年 1 月 1 日，甲银行与受让方签订协议，将该组贷款转移给受让方，并办理有关手续。甲银行收到款项 91 150 000 元，同时保留以下权利：① 收取本金 10 000 000 元以及这部分本金按 10%的利率所计算确定利息的权利；② 收取以 90 000 000 元为本金、以 0.5%为利率所计算确定利息（超额利差）的权利（"利差账户"是指资产证券化交易中的一种内部信用增级方式。利差账户资金来源于资产利息收入和其他证券化交易收入减去资产支持证券利息支出和其他证券化交易费用之后所形成的超额利差，用于弥补资产证券化业务活动中可能产生的损失），受让人（转入方）取得收取该组贷款本金中的 90 000 000 元以及这部分本金按 9.5%的利率收取利息的权利。根据双方签订的协议，如果该组贷款被提前偿付，则偿付金额按 1:9 的比例在甲银行和受让人（转入方）之间进行分配。但是，如该组贷款发生违约，则违约金额从甲银行拥有的 10 000 000 元贷款本金中扣除，直到扣完为止。

20×7 年 1 月 1 日，该组贷款的公允价值为 101 000 000 元，0.5%的超额利差的公允价值为 400 000 元。

甲银行的分析及会计处理如下：

（1）甲银行转移了该组贷款所有权相关的部分重大风险和报酬（如重大提前偿付风险），但由于设立了次级权益（即内部信用增级），因而也保留了所有权相关的部分重大风险和报酬，并且能够对留存的该部分权益实施控制。根据金融资产转让准则，甲银行应采用继续涉入法对该金融资产转移交易进行会计处理。

（2）甲银行收到的 91 150 000 元对价，由两部分构成：一部分是转移的 90% 贷款及相关利息的对价,即 90 900 000 元(101 000 000×90%);另一部分是因为使保留的权利次级化所取得的对价 250 000 元。此外,由于超额利差的公允价值为 400 000 元,从而甲银行的该项金融资产转移交易的信用增级相关的对价为 650 000 元。

假定甲银行无法取得所转移该组贷款的 90% 和 10% 部分各自的公允价值,则甲银行所转移该组贷款的 90% 部分形成的利得或损失计算如表 2.6.1 所示。

表 2.6.1　甲银行所转移贷款的 90% 的利得和损失计算　　　　单位:元

项目	估计公允价值	百分比/%	分摊后的账面价值
已转移部分	90 900 000	90	90 000 000
未转移部分	10 100 000	10	10 000 000
合计	101 000 000	100	100 000 000

注:甲银行该项金融资产转移形成的利得=90 900 000-90 000 000=900 000(元)

(3)甲银行仍保留贷款部分的账面价值为 10 000 000 元。

(4)甲银行因继续涉入而确认资产的金额,按双方协议约定的、因信用增级使甲银行不能收到的现金流入最大值为 10 000 000 元;另外,超额利差形成的资产 400 000 元本质上也是继续涉入形成的资产。

因继续涉入而确认负债的金额,按因信用增级使甲银行不能收到的现金流入最大值 10 000 000 元和信用增级的公允价值总额 650 000 元,两项合计为 10 650 000 元。

据此,甲银行在金融资产转移日应作如下账务处理。

借:存放同业　　　　　　　　　　　　　　91 150 000
　　继续涉入资产——次级权益　　　　　　10 000 000
　　超额账户　　　　　　　　　　　　　　　　400 000
　贷:贷款　　　　　　　　　　　　　　　　90 000 000
　　　继续涉入负债　　　　　　　　　　　　10 650 000
　　　其他业务收入　　　　　　　　　　　　　900 000

(5)金融资产转移后,甲银行应根据收入确认原则,采用实际利率法将信用增级取得的对价 650 000 元分期予以确认。此外,还应在资产负债表日对已确认资产确认可能发生的减值损失。比如,在 20×7 年 12 月 31 日,已转移贷款发生信用损失 3 000 000 元,则甲银行应作如下账务处理。

借:资产减值损失　　　　　　　　　　　　3 000 000
　贷:贷款损失准备——次级权益　　　　　　3 000 000
借:继续涉入负债　　　　　　　　　　　　3 000 000
　贷:继续涉入资产次级权益　　　　　　　　3 000 000

2.7　向转入方提供非现金担保物的会计处理

企业向金融资产转入方提供了非现金担保物(如债务工具或权益工具投资等)的,企业（转出方）和转入方应当按照下列规定进行处理。

（1）转入方按照合同或惯例有权出售该担保物或将其再作为担保物的，企业应当将该非现金担保物在财务报表中单独列报。

（2）转入方已将该担保物出售的，转入方应当就归还担保物的义务，按照公允价值确认一项负债。

（3）除因违约丧失赎回担保物权利外，企业应当继续将担保物确认为一项资产。

企业因违约丧失赎回担保物权利的，应当终止确认该担保物；转入方应当将该担保物确认为一项资产，并以公允价值计量。转入方已出售该担保物的，应当终止确认归还担保物的义务。

2.8 金融资产转移终止确认总结

按照上述内容，可将金融资产转移的确认总结如表 2.8.1 所示。

表 2.8.1 金融资产的转移与确认

金融资产转移情形		金融资产终止确认
已转移金融资产所有权上几乎所有的风险和报酬		终止确认该金融资产（确认新资产/负债）
既没有转移也没有保留金融资产所有权上几乎所有的风险和报酬	放弃了对金融资产的控制	终止确认该金融资产（确认新资产/负债）
	未放弃对金融资产的控制	按照继续涉入所转移金融资产的程度确认有关资产和负债及任何保留权益
保留了金融资产所有权上几乎所有的风险和报酬		继续确认该金融资产，并将收益确认为负债

2.9 新旧比较与衔接

2.9.1 新旧比较

新的金融工具准则与国际会计准则理事会 2014 年发布的《国际财务报告准则第 9 号——金融工具》(IFRS 9) 趋同。修订的金融资产转移准则在维持金融资产转移及其终止确认判断原则不变的前提下，对相关判断标准、过程及会计处理进行了梳理，突出金融资产终止确认的判断流程，对相关实务问题提供了更加详细的指引。

（1）增加了继续涉入情况下相关负债计量的相关规定，并对此情况下企业判断是否继续控制被转移资产提供更多指引，对不满足终止确认条件情况下转入方的会计处理和可能产生的对同一权利或义务的重复确认等问题进行了明确。

（2）根据 CAS 22 的变化进行相应的调整。对于分类为以公允价值变动计入其他综合收益的金融资产中的债务工具，在确定资产转移损益时，其计入其他综合收益的累计金额应予转回；对于继续涉入情况下金融资产发生重分类时，相关负债的计量需要进行追溯调整。

2.9.2 新旧衔接

在 CAS 23（2017）施行日，企业仍继续涉入被转移金融资产的，应当按照《企业会计准则第 22 号——金融工具确认和计量》及 CAS 23（2017）关于被转移金融资产确认和计量的相关规定进行追溯调整，再按照 CAS 23（2017）的规定对其所确认的相关负债进行重新计量，并将相关影响按照与被转移金融资产一致的方式在 CAS 23（2017）施行日进行调整。追溯调整不切实可行的除外。

第 3 章
套 期 会 计

3.1 套 期 概 述

企业在风险管理实务中，经常会运用套期或套期保值（hedging）方法。比如，企业自主运用外汇远期合同锁定汇率，防范汇率风险；从事境内外商品期货交易来锁定购进或出售商品的价格风险等，都属于套期的运用。为了规范套期保值交易的会计处理，2006 年 2 月财政部发布了《企业会计准则第 24 号——套期保值》[CAS 24（2006）]。为了实现同国际会计准则的持续趋同，2017 年 3 月 31 日，财政部正式发布了《关于印发修订〈企业会计准则第 24 号——套期会计〉的通知》[CAS 24（2017）]。要求在境内外同时上市的企业以及在境外上市并采用国际财务报告准则或企业会计准则编制财务报告的企业，自 2018 年 1 月 1 日起施行；其他境内上市企业自 2019 年 1 月 1 日起施行；执行企业会计准则的非上市企业自 2021 年 1 月 1 日起施行。同时，鼓励企业提前执行。执行 CAS 24（2017）的企业，不再执行 CAS 24（2006），以及 2015 年 11 月印发的《商品期货套期业务会计处理暂行规定》（财会〔2015〕18 号），并且应当同时执行财政部于 2017 年修订印发的《企业会计准则第 22 号——金融工具确认和计量》（财会〔2017〕7 号）、《企业会计准则第 23 号——金融资产转移》（财会〔2017〕8 号）和《企业会计准则第 37 号——金融工具列报》（财会〔2017〕14 号）。

套期会计的目标是在财务报表中反映企业采用金融工具管理因特定风险引起的风险敞口的风险管理活动的影响，上述特定风险可能影响企业的损益（或其他综合收益，适用于将公允价值变动计入其他综合收益的权益工具投资）。

3.1.1 套期的概念

套期是指企业为管理外汇风险、利率风险、价格风险、信用风险等特定风险引起的风险敞口，指定金融工具为套期工具，以使套期工具的公允价值或现金流量变动，预期抵销被套期项目全部或部分公允价值或现金流量变动的风险管理活动。

企业运用商品期货进行套期时，其套期策略通常是，买入（卖出）与现货市场数量相当但交易方向相反的期货合同，以期在未来某一时间通过卖出（买入）期货合同来补偿现货市场价格变动所带来的实际价格风险。

相对于非金融企业，金融企业面临较多的金融风险，例如利率风险、外汇风险、信用风险等，对套期有更多的需求。例如，某上市银行为规避汇率变动风险，与某金融机构签订外币期权合同对现存数额较大的美元敞口进行套期。

3.1.2 套期的分类

1. 按套期的策略分

按套期的策略分，可以分为空头套期和多头套期。

（1）空头套期也称卖出套期，是指对未来要出售的资产进行套期。

【例 3.1.1】空头套期或卖出套期

20×7 年 5 月 15 日一家石油生产厂商签订了一份 20×7 年 8 月 15 日出售 100 万桶原油的合同。销售合同中的价格为 8 月 15 日的现货价格。现在原油价格为 49 美元/桶，8 月的原油期货价格为 48.75 美元/桶。

为了避免原油价格下跌带来损失，石油生产厂商可以使用空头套期策略。

① 5 月 15 日：以 48.75 美元/桶卖出 100 份 8 月份的原油期货合同。

② 8 月 15 日：通过买入原油期货合同将期货头寸平仓。

使用空头套期的结果是：可以确保原油销售的价格接近 48.75 美元/桶，不论出售日原油的现货价格是上涨还是下跌。

假定 8 月 15 日现货价格为 47.5 美元/桶，则 8 月到期的期货价格同 47.5 美元/桶非常接近。执行销售合同的收入为 4 750 万美元。

期货合同平仓的利润为 125 万美元（48.75–47.5）×100。

因此现货和期货市场的总收入为 4 875 美元（4 750+125），使用空头套期的结果是：使原油销售的价格为 48.75 美元/桶。

思考：如果原油价格上涨到 49.5 美元/桶呢？

（2）多头套期也称买入套期，是指对未来要买入的资产进行套期。

【例 3.1.2】多头套期或买入套期

20×7 年 5 月 15 日一家石油生产厂商签订了一份 20×7 年 8 月 15 日购买 100 万桶原油的合同。采购合同中的价格为 8 月 15 日的现货价格。现在原油价格为 49 美元/桶，8 月的原油期货价格为 48.75 美元/桶。

为了防止原油价格上涨带来采购成本的增加，石油生产厂商可以使用多头套期策略。

① 5 月 15 日：以 48.75 美元/桶买入 100 份 8 月份的原油期货合同。

② 8 月 15 日：通过卖出原油期货合同将期货头寸平仓。

使用多头套期的结果是：可以确保原油购买的价格接近 48.75 美元/桶，不论购买日原油的现货价格是上涨还是下跌。

假定 8 月 15 日现货价格为 49.5 美元/桶，则 8 月到期的期货价格同 49.5 美元/桶非常接近。执行采购合同的成本为 4 950 万美元。

期货合同平仓的收益为 75 万美元（49.5–48.75）×100。

因此现货和期货市场的总成本为 4 875 美元（4 950–75），使用多头套期的结果是：使原油采购的价格为 48.75 美元/桶。

思考：如果原油价格下降到 47.5 美元/桶呢？

2. 按套期的会计处理方法分

为运用套期会计处理方法，套期可划分为公允价值套期、现金流量套期和境外经营净投资套期。

（1）公允价值套期是指对已确认资产或负债、尚未确认的确定承诺，或上述项目组成部分的公允价值变动风险敞口进行的套期。该公允价值变动源于特定风险，且将影响企业的损益或其他综合收益。其中，影响其他综合收益的情形，仅限于企业对指定为以公允价值计量且其变动计入其他综合收益的非交易性权益工具投资（其他权益工具投资）的公允价值变动风险敞口进行的套期。

以下是公允价值套期的例子。

① 某企业对承担的固定利率负债的公允价值变动风险进行套期。

② 航空公司签订了一项 3 个月后以固定外币金额购买飞机的合同（未确认的确定承诺），为规避外汇风险对该确定承诺的外汇风险进行套期。

③ 电力公司签订了一项 6 个月后以固定价格购买煤炭的合同（未确认的确定承诺），为规避价格变动风险对该确定承诺的价格变动风险进行套期。

对收取或支付合同现金流量的业务模式中持有的金融工具（如债权投资），企业持有该金融工具的业务模式是为了收取（或支付）合同现金流量，而非在合同到期前出售（或结算/转让）该工具以实现公允价值变动损益。因此，有些人认为，基于对业务模式评估的认定，企业应仅关注这些投资产生的合同现金流量，而非公允价值变动。对利率风险的公允价值套期与持有金融工具以收取或支付合同现金流量这一事实并不矛盾。例如，签署一份利率互换合同将固定利率现金流量转换为浮动利率现金流量，从风险管理的角度来看，所谓出于会计目的的公允价值套期，往往是在收取（或支付）固定利率现金流量与浮动利率现金流量之间的一种选择，而不是防止公允价值变动的一种策略。因此，公允价值套期应适用于为收取或支付合同现金流量而持有的金融工具。

（2）现金流量套期是指对现金流量变动风险敞口进行的套期。该现金流量变动源于与已确认资产或负债、极可能发生的预期交易，或与上述项目组成部分有关的特定风险，且将影响企业的损益。

以下是现金流量套期的例子。

① 企业对承担的浮动利率债务的现金流量变动风险进行套期。

② 航空公司为规避 3 个月后预期很可能发生的与购买飞机相关的现金流量变动风险进行套期。

③ 商业银行对 3 个月后预期很可能发生的与金融资产处置相关的现金流量变动风险进行套期。

对确定承诺的外汇风险进行的套期，企业可以作为现金流量套期或公允价值套期。

（3）境外经营净投资套期是指对境外经营净投资外汇风险敞口进行的套期。境外经营净投资是指企业在境外经营净资产中的权益份额。

企业既无计划也无可能于可预见的未来会计期间结算的长期外币货币性应收项目（含贷款），应当视同境外经营净投资的组成部分。因销售商品或提供劳务等形成的期限较短的应收账款不构成境外经营净投资。

3.2 套期工具和被套期项目

3.2.1 套期工具

1. 符合条件的套期工具

套期工具是指企业为进行套期而指定的、其公允价值或现金流量变动预期可抵销被套期项目的公允价值或现金流量变动的金融工具。包括以下几种。

（1）以公允价值计量且其变动计入当期损益的衍生工具，但签出期权除外。衍生工具包括远期合同、期货合同、互换和期权，以及具有远期合同、期货合同、互换和期权中一种或一种以上特征的工具。例如，某企业为规避库存铜价格下跌的风险，可以卖出一定数量铜期货合同。其中，铜期货合同即是套期工具。

签出期权（企业发行的期权）通常不能作为套期工具，因为该期权的潜在损失可能大大超过被套期项目的潜在利得，从而不能有效地对冲被套期项目的风险。企业只有在对购入期权（包括嵌入在混合合同中的购入期权）进行套期时，签出期权才可以作为套期工具。与此不同的是，购入期权的一方可能承担的损失最多就是期权费，而可能拥有的利得通常等于或大大超过被套期项目的潜在损失，因而购入期权的一方可以将购入的期权作为套期工具。

嵌入在混合合同中但未分拆的衍生工具不能作为单独的套期工具。根据《企业会计准则第 22 号——金融工具确认和计量》（2017）的规定，混合金融资产作为整体（即包括任何嵌入衍生工具）采用摊余成本计量，或以公允价值计量且其变动计入当期损益，不允许分拆任何嵌入衍生工具。相应地，套期会计准则不允许将金融资产中嵌入的衍生工具指定为合格套期工具，即使它们是混合金融资产不可分割的一部分。此外，将嵌入衍生工具拆分指定为套期工具在实务中不常见，也会增加套期的复杂性。如果混合金融资产以公允价值计量且其变动计入当期损益，则可以整体指定为套期工具。

（2）以公允价值计量且其变动计入当期损益的非衍生金融资产或非衍生金融负债，但指定为以公允价值计量且其变动计入当期损益，且其自身信用风险变动引起的公允价值变动计入其他综合收益的金融负债除外。

将套期工具扩展到以公允价值计量且其变动计入当期损益的非衍生金融工具时，如果整体上指定，无须改变金融工具利得或损失的计量或确认，能更好地应对套期策略未来的变化。这一扩展还可以改善企业在财务报表中对风险管理活动的列报，这对衍生金融工具使用及可用性设置了法律和监管限制的国家尤为重要。

将套期工具扩展到以公允价值计量且其变动计入当期损益的非衍生金融工具时，包括使用公允价值选择权而指定以公允价值计量且其变动计入当期损益的非衍生金融工具。但如果允许以公允价值计量且其变动计入当期损益，且其自身信用风险变动引起的公允价值变动计入其他综合收益的金融负债指定为套期工具，则可以指定为套期关系的部分要么限定为以公允价值计量且其变动计入当期损益的负债的那一部分（套期关系不包括信用风险），要么为负债整体的公允价值变动（允许将其他综合收益重分类为损益），这都将增加套期的复杂性和概念运用的不一致性，因此对于使用了公允价值选择权的金融负债，如果由自身信用风险变动引起的公允价值变动计入其他综合收益，则不可以指定为套期工具。

需要指出的是，无论是衍生工具还是某些非衍生金融资产或非衍生金融负债，其作为套期工具的基本条件就是其公允价值应当能够可靠地计量。因此，在活跃市场上没有报价的权益工具投资，以及与该权益工具挂钩并须通过交付该权益工具进行结算的衍生工具，由于其公允价值难以可靠地计量，不能作为套期工具。

企业自身的权益工具既非企业的金融资产也非金融负债，因而不能作为套期工具。

对于外汇风险套期，企业可以将非衍生金融资产（选择以公允价值计量且其变动计入其他综合收益的非交易性权益工具投资除外）或非衍生金融负债的外汇风险成分指定为套期工具。例如，某种外币借款可以作为对同种外币结算的销售（确定）承诺的套期工具；又如，债权投资可以作为规避外汇风险的套期工具。

（3）只有涉及报告主体以外的企业的工具（含符合条件的衍生工具或非衍生金融资产或非衍生金融负债）才能作为套期工具。这里所指报告主体，指企业集团或集团内的各企业，也指提供分部信息的各分部。因此，在分部或集团内各企业的财务报表中，只有涉及这些分部或企业以外的企业的工具及相关套期指定，才能在符合套期会计准则规定条件时运用套期会计方法；而在集团合并财务报表中，如果这些套期工具及相关套期指定并不涉及集团外的企业，则不能对其运用套期会计方法进行处理。

内部衍生工具通常用于汇总集团的风险敞口（经常以净额为基础），从而使企业能对合并的风险敞口进行管理。而套期会计准则主要旨在解决一对一的套期关系，出于财务报告目的，风险的降低或转移通常仅在风险转移至报告主体以外的对手方时才相关。作为一个整体而言，报告主体内部的风险转移并未改变其风险敞口。例如，子公司可以利用利率互换合同，将浮动利率融资所产生的现金流量利率风险转移至集团的中央资金部门。中央资金部门可以决定保留该风险敞口（而不是将其通过套期转移到集团外的对手方）。在这种情况下，子公司单个的现金流量利率风险已经被转移（即从子公司的角度来看，互换合约是外部衍生工具）。但是，从集团整体角度来看，现金流量利率风险并未改变，只是在集团内不同部门之间进行重新分配而已（从集团的角度来看，互换合同是内部衍生工具）。因此，内部衍生工具不应在报告主体的财务报表中作为合格套期工具（如合并财务报表中的集团内衍生工具），原因在于内部衍生工具不能作为报告主体将风险转移至外部对手方（即报告主体以外）的工具。

2. 对套期工具的指定

在确立套期关系时，企业应当将符合条件的金融工具整体指定为套期工具，但下列情形除外。

（1）对于期权，企业可以将期权的内在价值和时间价值分开，只将期权的内在价值变动指定为套期工具。

（2）对于远期合同，企业可以将远期合同的远期要素和即期要素分开，只将即期要素的价值变动指定为套期工具。

（3）对于金融工具，企业可以将金融工具的外汇基差单独分拆，只将排除外汇基差后的金融工具指定为套期工具。

由于期权的内在价值和远期合同的升水通常可以单独计量，为便于提高某些套期策略的有效性，套期会计准则允许企业在对套期工具进行指定时，就期权和远期合同做出例外处理。

（4）企业可以将套期工具的一定比例（如其名义金额的 50%）指定为套期工具，但不可以将套期工具剩余期限内某一时段的公允价值变动部分指定为套期工具。

例如，某公司拥有一项支付固定利息、收取浮动利息的互换合同，打算将其用于对所发行的浮动利率债券进行套期。该互换合同的剩余期限为 10 年，而债券的剩余期限为 5 年。在这种情况下，甲公司不能在互换合同剩余期限中的某 5 年将互换指定为套期工具。

企业可以将两项或两项以上金融工具（或其一定比例）的组合（视为一个整体）指定为套期工具（包括组合内的金融工具形成风险头寸相互抵销的情形）。例如，对于一项由签出期权和购入期权组成的期权（如利率上下限期权），或对于两项或两项以上金融工具（或其一定比例）的组合，其在指定日实质上相当于一项净签出期权的，不能将其指定为套期工具。只有在对购入期权（包括嵌入在混合合同中的购入期权）进行套期时，净签出期权才可以作为套期工具。

3.2.2 被套期项目

1. 符合条件的被套期项目

被套期项目是指使企业面临公允价值或现金流量变动风险，且被指定为被套期对象的、能够可靠计量的项目。企业可以将下列单个项目、项目组合或其组成部分指定为被套期项目。

（1）已确认资产或负债。

（2）尚未确认的确定承诺。确定承诺是指在未来某特定日期或期间，以约定价格交换特定数量资源、具有法律约束力的协议。

（3）极可能发生的预期交易。预期交易是指尚未承诺但预期会发生的交易。

（4）境外经营净投资。

与被套期项目相关的被套期风险，通常包括外汇风险、利率风险、商品价格风险、股票价格风险、信用风险等。企业的一般经营风险（如固定资产毁损风险等）不能作为被套期风险，因为这些风险不能具体辨认和单独计量。同样的，企业合并交易中，与购买另一个企业的确定承诺相关的风险（不包括外汇风险）也不能作为被套期风险。

采用权益法核算的股权投资不能在公允价值套期中作为被套期项目，因为权益法下，投资方只是将其在联营企业或合营企业中的损益份额确认为当期损益，而不确认投资的公允价值变动。与之相类似，在母公司合并财务报表中，对子公司投资也不能作为被套期项目，因为在合并报表中计入损益的是子公司的损益，而不是这项投资的公允价值变动。但对境外经营净投资可以作为被套期项目，因为相关的套期指定针对的是外汇风险，而非境外经营净投资的公允价值变动风险。

金融资产和金融负债现金流量的一部分指定为被套期项目时，被指定部分的现金流量应当少于该金融资产或金融负债现金流量总额。但是，企业可以仅就一项特定风险（LIBOR 变动形成的风险等），将金融资产或金融负债整体的所有现金流量进行指定。例如，假定企业有一项实际利率比伦敦银行同业拆借利率（LIBOR）低 1%（即 LIBOR-1%）的附息金融负债，则其不能将债务本金和以实际利率 LIBOR-1%确定的利息指定为被套期项目，但企业可以就 LIBOR 变动引起的该金融负债整体（即债务本金和以实际利率 LIB0R-1%确定的利息）的公允价值或现金流量变动，将该金融负债整体指定为被套期项目。企业可以将符合被套期项目条件的风险敞口与衍生工具组合形成的汇总风险敞口指定为被套期项目。

衍生工具以及与衍生工具组合的敞口（汇总风险敞口）是否可以作为被套期项目存在争议。《国际会计准则第 39 号》的实施指南指出，衍生工具只能被指定为套期工具，而不能被指定为被套期项目（无论是单独还是作为一组被套期项目的一部分）。类似地，一项风险敞口和一项衍生工具组合的敞口（汇总风险敞口）也不能被指定为被套期项目。作为唯一的例外情况，《国际会计准则第 39 号》应用指南允许将购入期权指定为被套期项目。IASB 认为，除非衍生工具被指定为套期工具，否则衍生工具通常被视作为交易目的而持有并以公允价值计量且其得和损失计入损益。然而，某些购入期权，无论是单独的衍生工具还是嵌入衍生工具，都满足作为被套期项目的条件，上述理由难以成立。如果单独的购入期权可以作为被套期项目，却不允许组成汇总风险敞口的衍生工具作为被套期项目，这不免武断。而且在实务中，这通常会阻碍衍生工具成为被套期项目。因此，《国际财务报告准则第 9 号——金融工具》和我国套期会计准则允许将符合被套期项目条件的风险敞口与衍生工具组合形成的汇总风险敞口指定为被套期项目。

在将汇总风险敞口指定为被套期项目时，企业应当评估该汇总风险敞口是否是由风险敞口与衍生工具相结合，从而产生了另一个不同的汇总风险敞口，并将其作为针对某项（或几项）特定风险的同一风险敞口进行管理。在这种情况下，企业可基于该汇总风险敞口指定被套期项目。举例如下。

（1）企业可利用合同期限为 15 个月的咖啡期货合同（多头）对在未来 15 个月后极可能发生的确定数量的咖啡采购进行套期，以防范价格风险（基于美元的）。出于风险管理目的，该极可能发生的咖啡采购和咖啡期货合同相结合可被视为一项 15 个月的固定金额的美元外汇风险敞口（即如同在未来 15 个月后发生的固定金额的美元现金流出）。

（2）企业可针对 10 年期固定利率外币债务整个期间的外汇风险进行套期。但是，企业仅要求锁定其记账本位币的中短期（如 2 年）的利率风险敞口，而剩余期间其记账本位币的风险敞口为浮动利率。企业在每 2 年的期末（即每 2 年一次滚动）锁定未来 2 年的利率风险敞口（如果其利率水平是企业希望锁定固定利率的）。在这种情况下，企业可签订一项 10 年期的固定利率换取浮动利率的交叉货币利率互换合同，将固定利率的外币债务转换为浮动利率的记账本位币风险敞口。与此同时，企业还签订一项基于记账本位币的 2 年期利率互换合同，将浮动利率债务转换为固定利率债务。实际上，出于风险管理目的，该固定利率外币债务和 10 年期的固定利率换取浮动利率的交叉货币利率互换相结合可被视为一项基于记账本位币的 10 年期浮动利率风险敞口。

将衍生工具纳入以汇总风险敞口为被套期项目的方式，必须与在汇总风险敞口的层面上（如适用，即如果在第一层面关系上运用套期会计）将该衍生工具指定为套期工具的方式保持一致。如果衍生工具并未在汇总风险敞口层面上被指定为套期工具，则必须将其整体或等比例份额部分指定为被套期项目的汇总风险敞口的组成部分。这也确保了包含衍生工具的汇总风险敞口不允许按风险、按部分条款或按现金流量分拆衍生工具。

2. 被套期项目的指定

在套期关系中，企业可将某一项目（包括单个项目和项目组合）整体或其组成部分指定为被套期项目。项目整体包括该项目现金流量或公允价值的所有变动；而项目组成部分是指小于项目整体公允价值或现金流量变动的部分，企业只能将下列项目组成部分或其组合指定为被套期项目。

（1）项目整体公允价值或现金流量变动中仅由某一个或多个特定风险引起的公允价值或现金流量变动部分（风险成分）。根据在特定市场环境下的评估，该风险成分应当能够单独识别并可靠计量。风险成分也包括被套期项目公允价值或现金流量的变动仅高于或仅低于特定价格或其他变量的部分。

项目中的风险成分是否可以指定为被套期项目，存在争议。允许对风险成分进行套期的理由是有以下几个。

① 由于缺乏适当的套期工具，无法对项目整体进行套期。

② 对单一风险成分进行套期较对项目整体进行套期更为经济（如由于风险成分存在活跃市场，但项目整体不存在活跃市场）。

③ 企业有意识地决定仅对公允价值或现金流量风险的特定部分进行套期（如由于其中一项风险成分波动性尤其剧烈，因此花费成本对其进行套期是合理的）。

不允许对风险成分进行套期的理由是：由于可以对风险成分进行指定从而始终不会产生套期无效性，那么会计准则中被套期项目识别和有效性测试的原则将被动摇。

《国际会计准则第 39 号》通过区分项目的类型来识别合格风险成分并将其指定为被套期项目。对于金融项目，如果风险成分可以单独识别且可靠计量，则企业可对该风险成分进行指定；然而，对于非金融项目，企业仅可将外汇风险指定为风险成分。对于非金融项目的其他风险成分，即使合同中有明确规定，也不属于合格风险成分。这种区分遭到了来自实务界的大量批评，他们认为 IAS 39 对非金融项目的套期（如商品套期）存在偏见，在确定哪些风险成分是合格被套期项目时，该准则区别对待金融项目和非金融项目的做法是武断的，且缺乏概念基础。

2010 年 IASB 发布《套期会计》征求意见稿，提议只要风险成分可以单独识别且可靠计量，合同明确的和非合同明确的风险成分都应被指定为被套期项目。这得到了大多数反馈意见者的支持并最终被 IFRS 9 采纳。这些反馈意见者指出风险成分的提议是新套期会计模型的关键所在，因为它将允许套期会计反映出以下事实，即在商业实务中对风险组成成分进行套期属于惯例，而对项目整体进行套期则属于例外情况。

在将风险成分指定为被套期项目时，企业应考虑该风险成分是否已在合同中明确指明（合同明确的风险成分），还是隐含在其所属项目的公允价值或现金流量中（非合同明确的风险成分）。非合同明确的风险成分可能涉及不构成合同的项目（如预期交易），或者可能涉及未明确该成分的合同（如仅包含某个单一价格，而未列明基于不同基础变量的定价公式的确定承诺）。举例如下。

① A 企业订立了一项以合同指定公式进行定价的长期天然气供应合同，该公式参考商品和其他因素（如柴油、燃油和诸如运输费等其他组成部分），即天然气的价格将根据柴油、燃油、运输费等因素的价格进行定价。A 企业利用柴油远期合同对该供应合同中的柴油组成部分进行套期。由于该供应合同的条款和条件对柴油组成部分作出明确规定，因而柴油组成部分属于合同明确的风险成分。因此，A 企业根据定价公式得出结论，认为柴油的价格风险敞口能够单独识别。同时，存在可交易柴油远期合同的市场。因此，A 企业认为柴油的价格风险敞口能够可靠计量。据此，该供应合同中柴油的价格风险敞口可作为符合指定为被套期项目条件的风险成分。

同样，在电力采购协议中有合同明确的定价方式，该定价公式与燃油价格和通货膨胀指数挂钩，企业可以对燃油价格风险进行套期。

② D 企业持有一项固定利率债务工具。在该工具发行的当时，市场上大量类似债务工具的价差都是与基准利率[例如，伦敦银行同业拆借利率（LIBOR）]进行比较，且该市场环境中的可变利率工具通常与该基准利率指数挂钩。利率互换合同往往用于管理基于该基准利率的利率风险（无论债务工具相对于该基准利率的利差有多大）。固定利率债务工具的价格直接随基准利率的变动而变化。D 企业得出结论，认为基准利率是能够单独识别和可靠计量的组成部分。据此，D 企业可基于该基准利率风险的风险成分指定固定利率债务工具的套期关系。

（2）一项或多项选定的合同现金流量。

（3）项目名义金额的组成部分，即项目整体金额或数量的特定部分，其可以是项目整体的一定比例部分，例如，某项贷款 50%的合同现金流量；也可以是项目整体的某一层级部分。

为什么允许对项目整体的某一层级部分指定为被套期项目？《国际会计准则第 39 号》要求企业对被指定为被套期项目的预期交易进行足够明确的识别并书面记录，以便在交易发生时，能清楚知道该笔交易是否为被套期的交易。因此，《国际会计准则第 39 号》允许将预期交易识别为名义金额的"层级"部分，例如某个特定月份所有原油采购中最初的 100 桶（即原油总采购量的一层）。上述指定兼顾了被套期项目在金额或时间上的某些不确定性。在发生的被套期数量范围内（无论哪些特定的个别项目组成该数量），这种不确定性不影响套期关系。

问题是，是否对某些情况下的现有交易或项目的套期进行类似的考虑。例如确定承诺或贷款也可能涉及某些不确定性，原因如下：

① 合同可能由于违约（即不履行）而被取消；

② 有提前终止选择权的合同（以公允价值提前还款）可能在合同到期之前被终止。

由于预期交易和现有交易及项目都存在不确定性，所以 IASB 决定出于指定层级部分的目的，在 IFRS 9 中对上述交易和项目不予以区分。

下面为作为项目整体的某一层级部分的相关例子。

① 货币性交易量的一部分（例如，在 2017 年 3 月的首笔金额为 20 万元的外币销售之后，下一笔金额为 10 万元的销售所产生的现金流量）。

② 实物数量的一部分（例如，储藏在某地的 5 百万立方米的底层天然气）。

③ 实物数量或其他交易量的一部分（例如，2017 年 6 月购入的前 100 桶石油或 2017 年 6 月售出的前 100 兆瓦小时的电力）。

④ 被套期项目的名义金额的某一层级[例如，金额为 1 亿元的确定承诺的最后 8 千万元部分，金额为 1 亿元的固定利率债券的底层 2 千万元部分，或可按公允价值提前偿付的总金额为 1 亿元（设定的名义金额为 1 亿元）的固定利率债务的顶层 3 千万元部分]。

显然，将项目的等比例份额部分指定为被套期项目，与指定一个层级部分相比是不同的，可能会产生不同的会计结果。

若某一层级部分包含提前还款权，且该提前还款权的公允价值受被套期风险变化影响的，企业不得将该层级指定为公允价值套期的被套期项目，因为如果该提前偿付选择权的公允价值随被套期风险变动，则采用层级法无异于对不能单独识别的风险成分进行识别（因为由被套期风险引起的提前偿付选择权的价值变动，不属于如何计量套期有效性的一部分）。但企业在计量被套期项目的公允价值时已包含该提前还款权影响的情况除外，因为这种情况下，将层级指定为被套期项目，被套期风险不会导致提前偿付选择权的价值变动。

当企业出于风险管理目的对一组项目（包括构成净头寸的一组项目）进行组合管理，且组合中的每一个项目（包括其组成部分）都属于符合条件的被套期项目时，可以将该项目组合指定为被套期项目。

对一组项目进行套期时，只有当企业出于风险管理目的以净额为基础进行套期时，净头寸才符合运用套期会计的标准。判断企业是否以净额为基础进行套期应当基于事实（而不仅仅是声明或文件记录）。因此，如果仅为了达到特定的会计结果却无法反映企业的风险管理方法，则企业不得运用以净额为基础的套期会计。净敞口套期必须是既定风险管理策略的组成部分，其通常应获得《企业会计准则第 24 号》所定义的关键管理人员的批准。

【例 3.2.1】对一组项目的套期

A 企业（其记账本位币为人民币）拥有以下两项确定承诺：① 9 个月后支付金额为 150 000 美元的广告费用；② 15 个月后出售价格为 150 000 美元的产成品。A 企业签立了一份外汇衍生工具合同，约定在 9 个月后结算时企业将收取 10 000 美元，并支付人民币 65 000 元。A 企业没有任何其他外汇风险敞口，不以净额为基础管理外汇风险。因此，A 企业不能运用套期会计来核算上述外汇衍生工具与金额为 10 000 美元的净头寸之间为期 9 个月的套期关系[该净头寸包括一项金额为 150 000 美元的确定购买承诺（即广告服务费）以及一项金额为 140 000 美元（总额 150 000 美元中的 140 000 美元部分）的确定销售承诺]。

如果 A 企业确实以净额为基础管理外汇风险，且未签订上述外汇衍生工具（因为该工具将增加而非减少 A 企业所面临的外汇风险敞口），则企业面临的外汇风险敞口在 9 个月内是自然对冲的。通常，该被套期敞口不会反映在财务报表中，因为这两项交易在未来不同的报告期间确认。仅当符合准则规定的条件时，净头寸为零的组合才能适用套期会计。

当构成净头寸的一组项目被指定为被套期项目时，企业应对包含构成净头寸所有项目的项目组合整体进行指定。不允许企业对净头寸的不确定的抽象金额进行指定。例如，企业拥有一组在9个月后履约的金额为100万美元的确定销售承诺，以及一组在18个月后履约的金额为120万美元的确定购买承诺。企业不能对一个最大金额为20万美元的抽象金额的净头寸进行指定。取而代之的是，企业必须对形成该被套期净头寸的购买总额和销售总额进行指定。企业应当对形成该净头寸的总额进行指定，以遵循对符合条件的套期关系的会计处理要求。

当企业对一组风险相互抵销的项目（即净头寸）进行套期时，是否适用套期会计将取决于套期的类型。如果该套期属于公允价值套期，则净头寸也许可以作为被套期项目。但是，如果该套期属于现金流量套期，则只有针对外汇风险的套期。

在现金流量套期中，企业对一组项目的风险净敞口（存在风险头寸相互抵销的项目）进行套期时，仅可以将外汇风险净敞口指定为被套期项目，并且应当在套期指定中明确预期交易预计影响损益的报告期间，以及预期交易的性质和数量。

【例3.2.2】对一组项目风险净敞口的套期

企业持有的净头寸组合中包括100万美元的底层销售和150万美元的底层采购。销售额和采购额均以美元计价。为充分明确对被套期净头寸的指定，企业在该套期关系的初始文件记录中明确载明，销售标的可以是A产品或B产品，而采购标的可以是C类机械、D类机械和原材料E。同时，企业还描述了每类交易的交易量。企业在文件中载明底层销售（100万美元）包括A产品前70万美元的预期销售和B产品前30万美元的预期销售。如果预计上述销售将影响不同报告期间的损益，则企业应在文件记录中阐明该情况。例如，源自A产品销售的前70万美元预计将影响第1个报告期间的损益，而源自B产品销售的前30万美元预计将影响第2个报告期间的损益。企业同时在文件中载明底层采购（150万美元）包括C类机械前60万美元的采购、D类机械前40万美元的采购和原材料E前50万美元的采购。如果此类采购预计将影响不同报告期间的损益，则企业应在文件记录中将采购量按其预计将影响损益的报告期间进行分解（与销量额的记录相似）。例如，企业应当列明预期交易的如下内容：

（1）C类机械前60万美元的采购，预期影响损益的期间是从第3个报告期间开始的10个报告期间；

（2）D类机械前40万美元的采购，预期影响损益的期间是从第4个报告期间开始的20个报告期间；

（3）原材料E前50万美元的采购，预期于第3个报告期间收到，并于当期和下一个报告期间售出，进而影响上述期间的损益。

对于不动产、厂场和设备的项目，如果折旧方式会根据企业对此类项目的使用方式不同而变动的话，预期交易量的性质描述应包含同类不动产、厂场和设备所采用的折旧方式。例如，如果企业在两个不同的生产过程中使用C类机械，并分别采用直线法在10个报告期间内计提折旧以及采用工作量法计提折旧，则企业应在关于C类机械预期采购量的文件记录中，按适用的折旧方式对该预期采购量进行分解。

企业将一组项目名义金额的组成部分指定为被套期项目时，应当分别满足下列条件。

（1）企业将一组项目的一定比例指定为被套期项目时，该指定应当与该企业的风险管理目标相一致。

（2）企业将一组项目的某一层级部分指定为被套期项目时，应当同时满足下列条件。
① 该层级能够单独识别并可靠计量。
② 企业的风险管理目标是对该层级进行套期。
③ 该层级所在的整体项目组合中的所有项目均面临相同的被套期风险。
④ 对于已经存在的项目（如已确认资产或负债、尚未确认的确定承诺）进行的套期，被套期层级所在的整体项目组合可识别并可追踪。
⑤ 该层级包含提前还款权的，应当符合套期会计准则第九条项目名义金额的组成部分中的相关要求。

风险管理目标是指企业在某一特定套期关系层面上，确定如何指定套期工具和被套期项目，以及如何运用指定的套期工具对指定为被套期项目的特定风险敞口进行套期。

如果被套期项目是净敞口为零的项目组合（即各项目之间的风险完全相互抵销），同时满足下列条件时，企业可以将该组项目指定在不含套期工具的套期关系中：
（1）该套期是风险净敞口滚动套期策略的一部分，在该策略下，企业定期对同类型的新的净敞口进行套期；
（2）在风险净敞口滚动套期策略整个过程中，被套期净敞口的规模会发生变化，当其不为零时，企业使用符合条件的套期工具对净敞口进行套期，并通常采用套期会计方法；
（3）如果企业不对净敞口为零的项目组合运用套期会计，将导致不一致的会计结果，因为不运用套期会计方法将不会确认在净敞口套期下确认的相互抵销的风险敞口。

运用套期会计时，在合并财务报表层面，只有与企业集团之外的对手方之间交易形成的资产、负债、尚未确认的确定承诺或极可能发生的预期交易才能被指定为被套期项目；在合并财务报表层面，只有与企业集团之外的对手方签订的合同才能被指定为套期工具。对于同一企业集团内的企业之间的交易，在企业个别财务报表层面可以运用套期会计，在企业集团合并财务报表层面不得运用套期会计，但下列情形除外。
（1）在合并财务报表层面，符合《企业会计准则第 33 号——合并财务报表》规定的投资性主体与其以公允价值计量且其变动计入当期损益的子公司之间的交易，可以运用套期会计。
（2）企业集团内部交易形成的货币性项目的汇兑收益或损失，不能在合并财务报表中全额抵销的，企业可以在合并财务报表层面将该货币性项目的外汇风险指定为被套期项目。
（3）企业集团内部极可能发生的预期交易，按照进行此项交易的主体的记账本位币以外的货币标价，且相关的外汇风险将影响合并的记账本位币以外的货币标价，且相关的外汇风险将影响合并损益的，企业可以在合并财务报表层面将该外汇风险指定为被套期项目。

3.3 套期关系评估

对于满足套期会计准则规定条件的公允价值套期、现金流量套期和境外经营净投资套期，企业可运用套期会计方法进行处理。套期会计方法是指在相同会计期间将套期工具和被套期项目公允价值变动的抵销结果计入当期损益（或其他综合收益，仅适用于其他权益工具投资）的方法。

套期会计是企业会计准则中常规确认和计量要求的例外规定。通过套期会计，可以：

（1）对根据常规会计要求未确认的项目予以确认（如确定承诺）；

（2）以不同于常规计量要求对项目进行计量（如在公允价值套期中调整被套期项目的计量）；

（3）现金流量套期中套期工具的公允价值变动被递延在其他综合收益中，而根据常规计量要求该公允价值变动应被计入损益（如对极可能发生的预期交易进行套期）。

在很多情况下，采用常规会计而不采用套期会计，要么不能提供有用信息，要么遗漏了重要信息。因此，套期会计有其存在的合理性，尤其是套期交易属于跨期（年）交易时。但套期会计毕竟是常规会计要求的例外规定，并且套期会计对套期交易而言并不是必须的，必须严格限定其使用，只有满足一定条件才可以使用。

3.3.1 运用套期会计方法应满足的条件

公允价值套期、现金流量套期或境外经营净投资套期同时满足下列条件的，才能运用套期会计准则规定的套期会计方法进行处理。

（1）套期关系仅由符合条件的套期工具和被套期项目组成。

（2）在套期开始时，企业正式指定了套期工具和被套期项目，并准备了关于套期关系和企业从事套期的风险管理策略（risk management strategy）和风险管理目标（risk management objectives）的书面文件。该文件至少载明了套期工具、被套期项目、被套期风险的性质以及套期有效性评估方法（包括套期无效部分产生的原因分析以及套期比率确定方法）等内容。

企业的风险管理策略有别于其风险管理目标。风险管理策略是在企业确定如何管理其风险的最高层次上制定。风险管理策略通常识别企业面临的风险并阐述企业如何应对这些风险。风险管理策略通常适用于较长时期，并且可能包含一定的灵活性以适应策略实施期间内环境的变化（例如，不同利率或商品价格水平导致不同程度的套期）。这通常在纲领性文件中阐述，并通过含有更具体指引的政策性文件在企业范围内贯彻落实。与此相反，套期关系的风险管理目标适用于某一特定套期关系的具体层面，其涉及如何运用被指定的特定套期工具对指定为被套期项目的特定风险敞口进行套期。因此，风险管理策略可以涵盖许多不同的套期关系，而这些套期关系的风险管理目标旨在实施整体的风险管理策略。

（3）套期关系符合套期有效性要求。

套期有效性是指套期工具的公允价值或现金流量变动能够抵销被套期风险引起的被套期项目公允价值或现金流量变动的程度。套期工具的公允价值或现金流量变动大于或小于被套期项目的公允价值或现金流量变动的部分为套期无效部分。

3.3.2 符合套期有效性的要求

套期有效性的评价是套期会计运用的重要组成部分。为了满足《国际会计准则第 39 号》和《企业会计准则第 24 号——套期保值》（2006）中套期会计的要求，套期必须在预期性评价和回顾性评价时都高度有效。因此，企业要对每个套期关系进行两种有效性评价。

预期性评价支持套期关系在未来期间有效，回顾性评价确定套期关系在报告期间实际有效。所有回顾性评价须采用定量的方法。"有效性"指套期关系在套期期间由套期风险引起的套期工具公允价值变动或现金流量变动与被套期项目公允价值变动或现金流量变动之间获得的抵销程度。如果抵销程度在80%~125%的范围内（俗称"明显界限测试"），那么套期会被视为高度有效。

但是"高度有效"的评价标准在实际应用时遭到大量的批评。主要原因有以下几个。

（1）套期有效性评价武断、繁冗且难以应用；

（2）套期会计和风险管理策略之间通常很少或完全没有联系；

（3）如果套期有效性超出80%~125%的范围而未采用套期会计，那么结合企业的风险管理策略时就会导致很难理解套期会计。

在大量调研的基础上，IFRS 9和《企业会计准则第24号——套期会计》（2017）提出了一项更加以原则为导向的套期有效性评价。具体如下。

1. 符合套期有效性要求的判断条件

套期同时满足下列条件的，企业应当认定套期关系符合套期有效性要求。

（1）被套期项目和套期工具之间存在经济关系。该经济关系使得套期工具和被套期项目的价值因面临相同的被套期风险而发生方向相反的变动。

例如，通过卖出原油期货合同对将要出售的原油进行套期，套期工具原油期货合同和被套期项目原油，都面临相同的被套期风险，即价格变动风险。若价格上涨，套期工具原油期货合同价值下降，被套期项目原油价值上涨。

在评估套期工具与被套期项目之间是否存在经济关系时，应当分析套期关系在套期期限内可能发生的情形，以确定能否预期达到风险管理目标。两个变量之间仅仅存在某种统计相关性的事实本身不足以有效证明套期工具与被套期项目之间存在经济关系。

（2）被套期项目和套期工具经济关系产生的价值变动中，信用风险的影响不占主导地位。

由于套期会计模型建立在套期工具和被套期项目所产生的利得和损失能够相互抵销这一基本概念之上，因此套期有效性不仅取决于此类项目之间的经济关系（即其基础变量的变动），还取决于信用风险对套期工具和被套期项目价值的影响。信用风险的影响意味着，即使套期工具与被套期项目之间存在经济关系，两者之间相互抵销的程度仍可能变得不规律。这可能是由于套期工具或被套期项目的信用风险的变化所致，且此类信用风险的变化已达到一定程度，使信用风险将主导经济关系引起的价值变动（即基础变量变动的影响）。导致信用风险发挥上述主导作用的信用风险变化的程度是指，由信用风险引起的损失（或利得）将干扰基础变量的变动对套期工具或被套期项目价值的影响（即使此类变动十分显著）。反之，如果基础变量在特定期间内发生很少的变动，则即使套期工具或被套期项目价值变动中与信用风险相关的很小的价值变动，可能会超过基础变量变动所引起的价值变动，此时信用风险的变化并不形成主导作用。

信用风险主导套期关系的一个例子为：企业使用无担保的衍生工具对商品价格风险敞口进行套期。如果该衍生工具交易对手方的信用状况严重恶化，则与商品价格的变动相比，该交易对手方信用状况的变化对套期工具公允价值所产生的影响可能更大，而被套期项目的价值变动则主要取决于商品价格的变动。

（3）套期关系的套期比率，应当等于企业实际套期的被套期项目数量与对其进行套期的套期工具实际数量之比，但不应当反映被套期项目和套期工具相对权重的失衡，这种失衡会导致套期无效，并可能产生与套期会计目标不一致的会计结果。

根据这一要求，首先，套期关系的套期比率必须与企业进行套期的被套期项目的实际数量以及企业用于对这些数量的被套期项目进行套期的套期工具的实际数量所形成的比率一致。因此，如果企业对某一项目不足100%的风险敞口（如85%）进行套期，则其用来指定套期关系的套期比率应当与上述85%的风险敞口以及企业用于对上述85%的风险敞口进行套期的套期工具实际数量所形成的套期比率相一致。与此类似，例如，如果企业使用名义金额为40个单位的金融工具对某个风险敞口进行套期，则其用来指定套期关系的套期比率应当与上述40个单位（即企业不能使用其所持有的总数的更多的数量单位或更少的数量单位来确定套期比率），以及企业使用上述40个单位实际进行套期的被套期项目的数量所形成的套期比率相一致。

下述情形中，可能产生与套期会计目标不一致的会计结果：企业确定拟采用的套期比率是为了避免确认现金流量套期的套期无效部分，或是为了创造更多的被套期项目进行公允价值调整以达到增加使用公允价值会计的目的。

如果被套期项目与套期工具的权重失衡具有商业理由，尽管这将导致套期无效部分，但这不会产生与套期会计目标不一致的会计结果。例如，企业使用并指定了一定数量的套期工具，而此数量并非是对被套期项目进行套期时所应使用的最佳数量，因为套期工具的标准数量使企业无法取得所需的精确数量的套期工具（批量问题）。例如，企业使用标准咖啡期货合同对100吨咖啡采购进行套期，每份期货合同的标准数量为37 500磅。企业只能使用5份或6份合同（分别相当于85吨和102.1吨）对100吨的咖啡采购进行套期。在这种情况下，企业应采用由其实际使用的咖啡期货合同数量形成的套期比率来指定套期关系，因为由被套期项目和套期工具的权重错配导致的套期无效部分不会产生与套期会计目标不一致的会计结果。

> **相关链接3-1：套期比率**
>
> 套期比率（hedge ratio）是指持有期货合同的头寸与资产风险敞口数量的比率。当期货的标的资产与被套期资产相同时，应选取的套期比率当然为1。当进行交叉套期时，套期比率为1并不一定最优。套期者采用的套期比率应使得被套期后头寸价格变化的方差达到极小。交叉套期（cross hedging）是对应于以上标的资产及被套期资产不同的情形。例如，某航空公司对飞机燃料油的未来价格有些担心，但是交易所没有关于飞机燃料油的期货，该公司可以采用加热油期货合约来套期风险。
>
> 最小方差套期比率取决于现货价格变化与期货价格变化之间的关系，我们采用以下符号：
>
> ΔS：在套期期限内，现货价格S的变化；
>
> ΔF：在套期期限内，期货价格F的变化；

σ_S: ΔS 的标准差;
σ_F: ΔF 的标准差;
ρ: ΔS 与 ΔF 的相关系数;
h^*: 使得套期者的头寸变化的方差达到极小的套期比率。

可以证明,最佳套期比是 ΔS 以 ΔF 进行回归时所产生的最优拟合直线(best-fit line)的斜率,即 $h^* = \rho(\sigma_S/\sigma_F)$。

如果 $\rho = 1$,$\sigma_F = \sigma_S$,那么最小方差套期比率 h^* 的值为 1.0。这一结果完全符合预期,因为在这种情况下期货价格完全反映了现货价格。如果 $\rho = 1$,$\sigma_F = 2\sigma_S$,那么最小方差套期比率 h^* 的值为 0.5。这一结果符合预期,因为在这种情况下期货价格的变化总是现货价格的 2 倍。

根据最佳套期比率,可以计算拥有套期的最优套期工具数量。

定义如下变量:
N_A: 被套期项目的规模(单位数);
Q_F: 一份期货合同的最优期货合同数;
N^*: 用于套期的最优期货合同数。

用于套期的期货合同的面值应为 $h^* N_A$,因此需要的期货合同数量为

$$N^* = (h^* N_A) / Q_F$$

例如,一家航空公司预计在今后一个月需要购买 200 万加仑飞机燃料油,并决定用民用燃料油来进行对冲。我们假定在下表中给出了 15 个连续月份的飞机燃料油价格变化 ΔS,以及相应月份的民用燃料油期货价格的变化 ΔF。在纽约商业交易所(NYMEX)的每一份加热油期货合约的规模为 42 000 加仑民用燃料油。则最佳套期比率和最优套期工具数量可计算如下。

单位:美元

月份	飞机燃料油现货价格的变动 ΔS	民用燃料油期货价格的变动 ΔF
1	0.029	0.021
2	0.020	0.035
3	−0.044	−0.046
4	0.008	0.001
5	0.026	0.044
6	−0.019	−0.029
7	−0.010	−0.026
8	−0.007	−0.029
9	0.043	0.048
10	0.011	−0.006
11	−0.036	−0.036
12	−0.018	−0.011
13	0.009	0.019
14	−0.032	−0.027
15	0.023	0.029

根据上述数据可知:

$\sigma_S = 0.026\ 3$; $\sigma_F = 0.031\ 3$; $\rho = 0.928$; $h^* = 0.928 \times (0.026\ 3/0.031\ 3) = 0.78$

最优期货合同数 = 0.78×2 000 000/42 000 = 37.14，近似为整数得到 37。

2. 评估是否符合套期有效性要求的频率

企业应当在套期开始日及以后期间持续地对套期关系是否符合套期有效性要求进行评估，尤其应当分析在套期剩余期限内预期将影响套期关系的套期无效部分产生的原因。企业至少应当在资产负债表日及相关情形发生重大变化将影响套期有效性要求时对套期关系进行评估。

3. 评估是否符合套期有效性要求的方法

套期会计准则并未明确规定评估套期关系是否符合套期有效性要求的方法。但是，企业所采用的方法应当考虑套期关系的相关特征（包括套期无效部分的来源）。取决于上述因素，该方法可以是定性评估或定量评估。定量评价或测试的方法和技术很多。选择合适的方法或技术取决于套期的复杂性、数据的可获取程度以及套期关系中抵销的不确定性程度。

判断被套期项目和套期工具之间套期有效性的方法主要有主要条款比较法、比率分析法和回归分析法。

（1）主要条款比较法。

主要条款比较法是通过比较套期工具和被套期项目的主要条款，来确定套期有效性。如果套期工具和被套期项目的所有主要条款均能准确地匹配，并且因被套期风险引起的套期工具和被套期项目公允价值或现金流量总体上呈相反方向变动而可以相互抵销，可认定被套期项目与套期工具之间存在经济关系。套期工具和被套期项目的"主要条款"包括名义金额或本金、到期期限、内含变量、定价日期、商品数量、货币单位等。

企业在以利率互换对利率风险进行套期时，可以采用主要条款比较法。此外，以远期合同对很可能发生的预期商品购买进行套期，也可以采用主要条款比较法。例如，当以下全部条件同时符合时，可以认定被套期项目和套期工具之间存在经济关系。

① 远期合同与被套期的预期商品购买交易，在商品购买时间、地点、数量、质量等方面条款相同。

② 远期合同初始确认时的公允价值为零。

③ 进行套期有效性评价时，不考虑远期合同溢价或折价变动对其价值的影响，或预期商品购买交易的预计现金流量变动以商品的远期价格为基础确定。

值得注意的是，采用这种方法对被套期项目和套期工具之间套期有效性的评价虽然不需要进行计算，但适用的情形往往有限，而且只能用于套期预期性评价。即使是套期工具和被套期项目的主要条款均能准确地匹配，企业依然需要进行套期的回顾性评价。因为在这种情况下，套期无效仍可能出现。例如，套期工具的流动性或其交易对手的信用等级发生变化时，通常会导致套期无效。

如果套期工具和被套期项目的主要条款并非基本匹配，则会增加相互抵销程度的不确定性，从而套期关系存续期间的套期有效性将更难预测。在这种情况下，企业可能只能基于定量评估来判断被套期项目与套期工具之间是否存在经济关系。在某些情况下,企业还可能需要通过定量评估来评价用于指定套期关系的套期比率是否满足套期有效性的要求。

(2)比率分析法。

比率分析法也称金额对冲法,是通过比较被套期风险引起的套期工具和被套期项目公允价值或现金流量变动比率,以确定被套期项目和套期工具之间是套期有效性的方法。运用比率分析法时,企业可以根据自身风险管理政策的特点进行选择,以累积变动数(即自套期开始以来的累积变动数)为基础比较,或以单个期间变动数为基础评估套期有效性。

【例3.3.1】套期有效性评估:比率分析法

甲公司20×7年1月1日预期将在20×8年1月1日对外出售一批商品。为了规避商品价格下降的风险,甲公司于20×7年1月1日与其他方签订了一项远期合同(套期工具),在20×8年1月1日以预期相同的价格(作为远期价格)卖出相同数量的商品。合同签订日,该远期合同的公允价值为零。假定套期开始时,该现金流量套期高度有效。

甲公司每季采用比率分析法对套期有效性进行评价。套期期间,套期工具的公允价值及其变动、被套期项目的预计未来现金流量现值及其变动如表3.3.1~表3.3.3所示。

表3.3.1 以单个期间为基础比较　　　　　　　　　　单位:万元

项　目	3月31日	6月30日	9月30日	12月31日
当季套期工具公允价值变动	(100)*	(50)	110	140
当季被套期项目预计未来现金流量现值变动	90	70	(110)	(140)
当季套期有效性/%	111	71.4	100	80

*加括号表示金额为负。下同。

表3.3.2 以累积变动数为基础比较　　　　　　　　　　单位:万元

项　目	3月31日	6月30日	9月30日	12月31日
至本月止套期工具公允价值累积变动	(100)	(150)	(40)	100
至本月止被套期项目预计未来现金流量现值累积变动	90	160	50	(90)
至本月止累积套期有效性/%	111	93.8	80	111

表3.3.3 确定应计入其他综合收益/当期损益的套期工具公允价值变动 单位:万元

项　目	3月31日	6月30日	9月30日	12月31日
在其他综合收益反映的套期工具公允价值变动额	(90)	(150)	(40)	90
当季套期工具公允价值变动中的有效部分(计入其他综合收益)	(90)	(60)	110	130
当季套期工具公允价值变动中的无效部分(计入当期损益)	(10)	10	0	10
当季套期工具公允价值变动	(100)	(50)	110	140

(3)回归分析法。

回归分析法是一种统计学方法,它是在掌握一定量观察数据基础上,利用数理统计方法建立自变量和因变量之间回归关系函数的方法。将此方法运用到套期有效性评价中,需要研究分析套期工具和被套期项目价值变动之间是否具有高度相关性,进而判断确定套期是否有效。运用回归分析法,自变量反映被套期项目公允价值变动或预计未来现金流量现值变动,而因变量反映套期工具公允价值变动。相关回归模型如下:

$$y = kx + b + \varepsilon$$

式中 y ——因变量，即套期工具的公允价值变动；

k ——回归直线的斜率，反映套期工具公允价值变动/被套期项目公允价值变动的比率；

b —— y 轴上的截距；

x ——自变量，即被套期风险引起的被套期项目公允价值变动；

ε ——均值为零的随机变量，服从正态分布。

企业运用线性回归分析确定套期有效性时，可以根据回归直线的斜率、回归拟合优度（R^2）、整个回归模型的统计有效性（F 检验）来进行判断。

企业的风险管理策略是评估套期关系是否符合套期有效性要求的主要信息来源。这意味着，用于决策目的的管理信息（或分析）可作为评估套期关系是否符合套期有效性要求的依据。

企业关于套期关系的书面文件应当载明企业将如何评估套期有效性的要求，包括所采用的方法。当评估方法发生改变时，应对套期关系书面文件作相应更新。

3.3.3 套期关系再平衡

由于套期比率的原因，套期关系不再符合套期有效性要求，但指定该套期关系的风险管理目标没有改变的，企业应当进行套期关系再平衡。

套期关系再平衡是指对已经存在的套期关系中被套期项目或套期工具的数量进行调整，以使套期比率重新符合套期有效性要求。基于其他目的对被套期项目或套期工具所指定的数量进行变动，不构成套期会计准则所称的套期关系再平衡。

调整套期比率可以使企业应对由于基础变量或风险变量而引起的套期工具和被套期项目之间关系的变动。例如，当套期关系中的套期工具和被套期项目具有不同但是相关的基础变量（如不同但相关的指数、比率或价格）时，套期关系会随着这两个基础变量之间关系的变动而发生变化。因此，当套期工具和被套期项目之间关系发生的变动能通过调整套期比率得以弥补时，再平衡将可以使套期关系得到延续。

例如，企业运用参考外币 B 的货币衍生工具对外币 A 的风险敞口进行套期，而外币 A 和外币 B 之间的汇率是挂钩的（即其汇率由中央银行或其他监管机构设定或者保持在某一区间）。如果外币 A 与外币 B 的汇率发生了变动（即设定了一个新区间或汇率），则再平衡套期关系用以反映新汇率可确保套期关系在新情况下的套期比率继续满足套期有效性的要求。反之，如果货币衍生工具发生拖欠，则更改套期比率并不能确保套期关系能够继续满足套期有效性的要求。因此，在套期工具与被套期项目之间的关系变动不能通过调整套期比率来弥补的情况下，再平衡并不能促使套期关系得到延续。

> **相关链接 3-2：套期关系再平衡**
>
> 一家航空公司预计在今后一个月需要购买 200 万加仑飞机燃料油，并决定用民用燃料油来进行冲对。我们假定在 1~15、16~30 个连续月份的飞机燃料油价格变化 ΔS，以及相应月份的民用燃料油期货价格的变化 ΔF。在纽约商业交易所（NYMEX）的每一份加热油期货合约的规模为 42 000 加仑民用燃料油。

单位：美元

月份	飞机燃料油现货价格的变动 ΔS	民用燃料油期货价格的变动 ΔF	月份	飞机燃料油现货价格的变动 ΔS	民用燃料油期货价格的变动 ΔF
1	0.029	0.021	16	0.011	0.031
2	0.020	0.035	17	0.010	0.045
3	−0.044	−0.046	18	−0.054	−0.036
4	0.008	0.001	19	−0.008	0.011
5	0.026	0.044	20	0.016	0.054
6	−0.019	−0.029	21	−0.029	−0.019
7	−0.010	−0.026	22	−0.110	−0.016
8	−0.007	−0.029	23	−0.017	−0.019
9	0.043	0.048	24	0.032	0.058
10	0.011	−0.006	25	0.001	−0.001
11	−0.036	−0.036	26	−0.056	−0.026
12	−0.018	−0.011	27	−0.025	−0.001
13	0.009	0.019	28	−0.009	0.029
14	−0.032	−0.027	29	−0.021	−0.017
15	0.023	0.029	30	0.012	0.039

根据前 1~15 个月计算的最佳套期比率和最优套期工具数如下：

$\sigma_S = 0.026\ 3$；$\sigma_F = 0.031\ 3$；$\rho = 0.928$；$h^* = 0.928 \times (0.026\ 3/0.031\ 3) = 0.78$

最优期货合同数 $= 0.78 \times 2\ 000\ 000/42\ 000 = 37.14$，近似为整数得到 37。

根据前 16~30 个月计算的最佳套期比率和最优套期工具数如下：

$\sigma_S = 0.035\ 9$；$\sigma_F = 0.031\ 4$；$\rho = 0.772\ 9$；$h^* = 0.772\ 9 \times (0.035\ 9/0.031\ 4) = 0.88$

最优期货合同数 $= 0.88 \times 2\ 000\ 000/42\ 000 = 41.90$，近似为整数得到 42。

由于被套期项目价格的波动和套期工具的波动关系发生了变化，继续使用原有套期比率不再符合套期有效性要求，并且指定该套期关系的风险管理目标没有改变的，企业应当进行套期关系再平衡。本例中通过调整套期工具的数量，可以使套期比率重新符合套期有效性要求。

企业在套期关系再平衡时，应当首先确认套期关系调整前的套期无效部分，并更新在套期剩余期限内预期将影响套期关系的套期无效部分产生原因的分析，同时相应更新套期关系的书面文件。

1. 套期关系的评估

并非所有套期工具的公允价值变动和被套期项目的公允价值或现金流量变动之间抵销程度的变动，均会导致套期工具与被套期项目之间的套期关系的变化。企业应分析预期将对存续期内影响套期关系的套期无效部分的来源，并评估抵销程度的变动是否符合下列情况：

（1）虽然围绕套期比率上下波动，但仍然有效（即继续能够适当反映套期工具与被套期项目之间的关系）；

（2）存在迹象表明套期比率不再能够适当反映套期工具与被套期项目之间的关系。企业针对套期比率进行套期有效性要求的上述评估，即确保套期关系不会反映被套期项目与套期工具之间权重的失衡，这种失衡可能产生套期无效（无论确认与否），并可能产生与套期会计目标不一致的会计结果。因此，该评估须运用判断。

为应对每一特定结果而调整套期比率的做法，并不能减少围绕某个固定套期比率的上下波动（及由此产生的套期无效部分）。因此，在该情况下，抵销程度的变动涉及套期无效部分的计量和确认，但无须作出再平衡。与此相反，如果抵销程度的变动表明该波动围绕着一个套期比率，而该套期比率不同于当前针对该套期关系所使用的套期比率，或存在偏离目前采用的套期比率的趋势，企业可以通过调整套期比率来降低套期无效部分，而保留原套期比率将显著增加套期的无效部分。因此，在该情况下，企业必须评价套期关系是否反映出被套期项目与套期工具之间权重的失衡，这种失衡可能产生套期无效（无论确认与否），并可能产生与套期会计目标不一致的会计结果。如果套期比率被调整，则会同时影响套期无效部分的确认和计量，在做出再平衡时，应在调整套期关系之前确定及即刻确认套期关系的套期无效部分。

2. 套期关系再平衡概述

套期关系再平衡通常应当反映企业实际使用的套期工具和被套期项目的数量调整。但是，如果出现下列情况，则企业必须调整根据实际使用的被套期项目或套期工具的数量而得出的套期比率：

（1）由企业的套期工具或被套期项目的实际数量变动所产生的套期比率反映出某种失衡，这种失衡可能产生套期无效，并可能产生与套期会计目标不一致的会计结果；

（2）企业维持套期工具和被套期项目的实际数量而得出的套期比率在新的情况下反映出某种失衡，这种失衡可能产生套期无效，并可能产生与套期会计目标不一致的会计结果（即企业不能不对套期比率进行调整而造成某种失衡）。

当套期关系的风险管理目标发生改变，则再平衡不再适用。取而代之的是，应当终止对该套期关系运用套期会计。

如果对套期关系作出再平衡，则可通过多种不同的方式（增加被套期项目的权重、增加套期工具的权重）调整套期比率。

① 可通过以下方式增加被套期项目的权重（同时减少套期工具的权重）。

a. 增加被套期项目的量。通过增加被套期项目的量来调整套期比率，并不影响套期工具公允价值变动的计量方法，与原指定的量相关的被套期项目的价值变动的计量也保持不变。但是，自再平衡之日起，被套期项目的价值变动也包括被套期项目的新增量的价值变动。该等变动的计量的起始日和参照日应当是套期关系的再平衡日（而非套期关系的原指定日）。例如，如果企业最初对100吨的量的商品进行套期，远期价格为80元（套期关系开始时的远期价格），之后在远期价格为90元时，企业通过增加10吨的量的被套期项目作出再平衡，则再平衡后的被套期项目由两层级组成：以80元进行套期的100吨商品和以90元进行套期的10吨商品。

b. 减少套期工具的量。通过减少套期工具的量来调整套期比率，并不影响被套期项目价值变动的计量方法，与继续被指定的量相关的套期工具的公允价值变动的计量也保持不变。但是，自再平衡之日起，套期工具被调减的量不再作为套期关系的一部分。例如，如果企业对某商品的价格风险进行套期，初始套期工具为100吨的量的衍生工具，之后减少10吨的量对套期关系作出再平衡，则套期工具90吨的名义金额的量还将保留（不再构成套期关系一部分的衍生工具的量，即 10 吨，应以公允价值计量，且其变动计入当期损益（除非其在其他套期关系中被指定为套期工具）。

② 可通过以下方式增加套期工具的权重（同时减少被套期项目的权重）。

a. 增加套期工具的量。通过增加套期工具的量来调整套期比率，并不影响被套期项目价值变动的计量方法，与原指定的量相关的套期工具的公允价值变动的计量也保持不变。但是，自再平衡之日起，套期工具的公允价值变动也包括套期工具的新增量的价值变动。该等变动的计量的起始日和参照日应当是套期关系的再平衡日（而非套期关系的原指定日）。例如，如果企业对某一商品的价格风险进行套期，初始套期工具为 100 吨的量的衍生工具，之后增加 10 吨的量对套期关系作出再平衡，则再平衡后的套期工具由总量为110吨的衍生工具构成。套期工具的公允价值变动是共计量为 110 吨的衍生工具公允价值变动的总额。由于该等衍生工具在不同的时点订立（包括存在衍生工具在初始确认后才被指定为套期关系的可能性），因此这些衍生工具可以（且很可能）具有不同的主要条款（如远期汇率）。

b. 减少被套期项目的量。通过减少被套期项目的量来调整套期比率，并不影响套期工具公允价值变动的计量方法，与继续被指定的量相关的被套期项目公允价值变动的计量也保持不变。但是，自套期关系再平衡之日起，被套期项目减少的量不再作为套期关系的一部分。例如，如果企业最初对 100 吨的量的商品进行套期，远期价格为 80 元，之后减少10 吨的量对套期关系作出再平衡，则再平衡后被套期项目的数量为 90 吨，以 80 元的远期价格进行套期。原被套期项目中减少的 10 吨不再是套期关系的一部分，应按照终止套期会计的有关规定核算。

需要指出的是，量的变动是指作为套期关系一部分的数量调整。因此，量的减少并不一定意味着那些项目或交易不再存在，或预计不再发生，而是表明其并不是套期关系的一部分。例如，减少套期工具的量可能导致企业保留某项衍生工具，但该衍生工具仅有一部分将继续作为套期关系中的套期工具。如果仅通过减少套期关系中套期工具的量来实现再平衡，但企业仍继续持有调减的部分，则可能发生这种情况。在该情况下，衍生工具中未被指定的部分应以公允价值计量，且其变动计入当期损益（除非其在其他套期关系中被指定为套期工具）。

在对套期关系作出再平衡时，企业应当更新其对预期将在未来剩余期限内影响套期关系的套期无效部分产生的来源的分析。套期关系的书面文件记录也应作出相应更新。

3.4 套期会计：确认和计量

3.4.1 公允价值套期

1. 公允价值套期会计处理原则

公允价值套期满足运用套期会计方法条件的，应当按照下列规定处理。

（1）套期工具产生的利得或损失应当计入当期损益。如果套期工具是对选择以公允价值计量且其变动计入其他综合收益的非交易性权益工具投资（或其组成部分）进行套期的，套期工具产生的利得或损失应当计入其他综合收益。

（2）被套期项目因被套期风险敞口形成的利得或损失应当计入当期损益，同时调整未以公允价值计量的已确认被套期项目的账面价值。

被套期项目为按照《企业会计准则第 22 号——金融工具确认和计量》（2017）第十八条分类为以公允价值计量且其变动计入其他综合收益的金融资产（或其组成部分）的（指其他债权投资），其因被套期风险敞口形成的利得或损失应当计入当期损益，其账面价值已经按公允价值计量，不需要调整。

被套期项目为企业选择以公允价值计量且其变动计入其他综合收益的非交易性权益工具投资（或其组成部分）的（指其他权益工具投资），其因被套期风险敞口形成的利得或损失应当计入其他综合收益，其账面价值已经按公允价值计量，不需要调整。

被套期项目为尚未确认的确定承诺（或其组成部分）的，其在套期关系指定后因被套期风险引起的公允价值累计变动额应当确认为一项资产或负债，相关的利得或损失应当计入各相关期间损益。当履行确定承诺而取得资产或承担负债时，应当调整该资产或负债的初始确认金额，以包括已确认的被套期项目的公允价值累计变动额。

公允价值套期中，被套期项目为以摊余成本计量的金融工具（或其组成部分）的，企业对被套期项目账面价值所作的调整应当按照开始摊销日重新计算的实际利率进行摊销，并计入当期损益。该摊销可以自调整日开始，但不应当晚于对被套期项目终止进行套期利得和损失调整的时点。被套期项目为按照《企业会计准则第 22 号——金融工具确认和计量》（2017）第十八条分类为以公允价值计量且其变动计入其他综合收益的金融资产（或其组成部分）的，企业应当按照相同的方式对累计已确认的套期利得或损失进行摊销，并计入当期损益，但不调整金融资产（或其组成部分）的账面价值。

对于被套期项目为一组项目（不包括风险净敞口的被套期项目）的公允价值套期，企业在套期关系存续期间，应当针对被套期项目组合中各组成项目，分别确认公允价值变动所引起的相关利得或损失，按照公允价值套期的会计处理规定进行相应处理，计入当期损益或其他综合收益。涉及调整被套期各组成项目账面价值的，企业应当对各项资产和负债的账面价值做相应调整。

对于被套期项目为风险净敞口的公允价值套期，涉及调整被套期各组成项目账面价值的，企业应当对各项资产和负债的账面价值做相应调整。

对于被套期项目为风险净敞口的套期，被套期风险影响利润表不同列报项目的，企业应当将相关套期利得或损失单独列报，不应当影响利润表中与被套期项目相关的损益列报项目金额（如营业收入或营业成本）。

2. 公允价值套期会计处理的科目设置

为反映企业开展套期业务中套期工具和被套期项目的公允价值变动，应设置"套期工具""被套期项目"及"套期损益"等科目。

（1）"套期工具"科目。

"套期工具"科目反映企业开展套期业务中套期工具公允价值变动形成的资产或负债。该科目按套期工具的类别设明细账。指定套期关系后，按套期工具的公允价值及其公允价值的变动借记或贷记该科目，贷记或借记相应科目。本科目期末借方余额，反映企业套期工具形成的资产的公允价值；若期末为贷方余额，则反映企业套期工具形成的负债的公允价值。当金融资产或金融负债不再作为套期工具核算时，应转销该套期工具形成的资产或负债。

（2）"被套期项目"科目。

"被套期项目"科目反映企业开展套期业务中被套期项目公允价值变动形成的资产或负债。该科目按被套期项目类别设明细账。企业将已确认的资产或负债指定为被套期项目时，应按其账面价值，借记或贷记本科目，贷记或借记"库存商品""长期借款"及"应收账款"等科目。资产负债表日，对于有效套期，应按被套期项目产生的利得，借记本科目，贷记"套期损益"等科目；按被套期项目产生的损失，做相反的会计分录。当资产或负债不再作为被套期项目核算时，应转销被套期项目形成的资产或负债。本科目期末借方余额，反映企业被套期项目形成的资产；若期末为贷方余额，则反映企业被套期项目形成的负债。

（3）"套期损益"科目。

对于企业开展套期业务中的有效套期关系中套期工具或被套期项目的公允价值变动，设"套期损益"科目核算。该科目的核算方法与"公允价值变动损益"科目核算方法相同。

3. 公允价值套期会计处理举例

【例3.4.1】利用远期合同和期货合同对持有存货进行公允价值套期的会计处理

20×7年1月1日，甲公司为规避所持有存货X公允价值变动风险，与某金融机构签订了一项衍生工具合同（即衍生工具Y），该金融机构信用状况良好。并将远期合同整体（不区分远期要素和即期要素）指定为20×7年上半年存货X价格变化引起的公允价值变动风险的套期。衍生工具Y的标的资产与被套期项目存货在数量、质次、价格变动和产地方面相同。

20×7年1月1日，衍生工具Y的公允价值为零，被套期项目（存货X）的账面价值和成本均为1 000 000元，公允价值是1 100 000元。20×7年6月30日，衍生工具Y的公允价值上涨了25 000元，存货X的公允价值下降了25 000元。20×7年7月1日，甲公司以1 075 000元将存货X出售，并以25 000元将衍生工具Y结算。

分析：首先进行套期有效性评价：

（1）被套期项目和套期工具之间存在经济关系。该经济关系使得套期工具和被套期项目的价值因面临相同的被套期风险而发生方向相反的变动。

本例中存货 X 的公允价值与衍生工具 Y 的公允价值因面临相同的价格风险而发生方向相反的变动。

（2）被套期项目和套期工具经济关系产生的价值变动中，信用风险的影响不占主导地位。

本例中，该金融机构信用状况良好，信用风险的影响不占主导地位。

（3）套期关系的套期比率，应当等于企业实际套期的被套期项目数量与对其进行套期的套期工具实际数量之比，但不应当反映被套期项目和套期工具相对权重的失衡，这种失衡会导致套期无效，并可能产生与套期会计目标不一致的会计结果。

本例中，套期比率为 1，不存在相对权重的失衡。后续评价中，甲公司进一步采用定量分析中的比率分析法评价套期有效性，即通过比较衍生工具 Y 和存货 X 的公允价值变动评价套期有效性。甲公司预期该套期完全有效，故满足运用套期会计方法的条件。

假定不考虑衍生工具的时间价值、商品销售相关的增值税及其他因素，甲公司的账务处理如下（金额单位：元）：

（1）20×7 年 1 月 1 日

借：被套期项目——库存商品　　　　　1 000 000
　　贷：库存商品——X　　　　　　　　　　　　1 000 000

（2）20×7 年 6 月 30 日

借：套期工具——衍生工具 Y　　　　　25 000
　　贷：套期损益　　　　　　　　　　　　　　　25 000

借：套期损益　　　　　　　　　　　　25 000
　　贷：被套期项目——库存商品 X　　　　　　　25 000

（3）20×7 年 7 月 1 日

借：应收账款或银行存款　　　　　　　1 075 000
　　贷：主营业务收入　　　　　　　　　　　　　1 075 000

借：主营业务成本　　　　　　　　　　975 000
　　贷：被套期项目——库存商品 X　　　　　　　975 000

借：银行存款　　　　　　　　　　　　25 000
　　贷：套期工具——衍生工具 Y　　　　　　　　25 000

注：由于甲公司采用了套期策略，规避了存货公允价值变动风险，因此其存货公允价值下降没有对预期毛利额 100 000 元（即 1 100 000-1 000 000）产生不利影响。

假定 20×7 年 6 月 30 日，衍生工具 Y 的公允价值上涨了 22 500 元，存货 X 的公允价值下降了 25 000 元。20×7 年 7 月 1 日，甲公司以 1 075 000 元将存货 X 出售，并以 22 500 元将衍生工具 Y 结算。其他资料不变。

显然，这种情况下，仍然满足套期有效性评价中的第（1）项和第（2）项要求，对于第（3）项，套期比率为 1，不存在相对权重的失衡。后续评价中，采用定量分析中的比率分析法评价套期有效性时，尽管预期该套期并非完全有效，但通过比较衍生工具 Y 和存货 X 的公允价值变动，两者的变动仍然是高度有效。故满足运用套期会计方法的条件。

甲公司的账务处理如下：

（1）20×7年1月1日

借：被套期项目——库存商品X　　　　　1 000 000
　　贷：库存商品——X　　　　　　　　　　　　1 000 000

（2）20×7年6月30日

借：套期工具——衍生工具Y　　　　　　22 500
　　贷：套期损益　　　　　　　　　　　　　　　22 500

借：套期损益　　　　　　　　　　　　　25 000
　　贷：被套期项目——库存商品X　　　　　　　25 000

（3）20×7年7月1日

借：应收账款或银行存款　　　　　　　1 075 000
　　贷：主营业务收入　　　　　　　　　　　　1 075 000

借：主营业务成本　　　　　　　　　　　975 000
　　贷：被套期项目——库存商品X　　　　　　　975 000

借：银行存款　　　　　　　　　　　　　22 500
　　贷：套期工具——衍生工具Y　　　　　　　　22 500

说明：两种情况的差异在于，前者不存在"无效套期损益"，后者存在"无效套期损益"2 500元，从而对甲公司当期利润总额的影响相差2 500元。

假定上例中甲公司从期货交易所购入期货合同进行套期保值（其他同【例3.4.1】），由于进行期货交易需要交纳保证金（假定交纳不低于10%的保证金，即11万元）。注意，这种保证金账户不是衍生工具中初始净投资的一部分。保证金账户是为对方或清算所提供抵押品的一种形式，并且可以表现为现金、证券或其他专门的资产，一般是流动资产。保证金账户是需要进行单独核算的独立资产，在我国，通过"其他货币资金——保证金"进行核算。

套期有效性的评价第（1）项和第（3）项同前。对于第（2）项，从期货交易所购入期货合同，需要缴纳保证金，信用风险的影响不占主导地位。

具体核算方法如下。

（1）20×7年1月1日指定套期关系和交纳保证金

借：被套期项目——库存商品　　　　　1 000 000
　　贷：库存商品——X　　　　　　　　　　　　1 000 000

交纳保证金：

借：其他货币资金——期货保证金　　　　11 000
　　贷：银行存款　　　　　　　　　　　　　　　11 000

购入期货合同，其公允价值为0不做账务处理。

（2）20×7年6月30日

借：套期工具——衍生工具Y　　　　　　25 000
　　贷：套期损益　　　　　　　　　　　　　　　25 000

借：套期损益 25 000
　　贷：被套期项目——库存商品 X 25 000

套期工具公允价值发生有利变化，有套期收益，保证金不增加，不做会计分录。若套期工具公允价值发生不利变化，有套期损失，需要补充保证金，则需作如下会计分录。

借：其他货币资金——期货保证金 　增加的金额
　　贷：银行存款

（3）20×7年7月1日出售存货和套期工具

借：应收账款或银行存款 1 075 000
　　贷：主营业务收入 1 075 000

借：主营业务成本 975 000
　　贷：被套期项目——库存商品 X 975 000

借：其他货币资金——期货保证金 25 000
　　贷：套期工具——衍生工具 Y 25 000

若将保证金转出，则

借：银行存款 36 000
　　贷：其他货币资金——期货保证金 36 000

【例3.4.2】利用期权合同对持有金融资产（股票）进行公允价值套期的会计处理

20×6年1月1日，乙公司以每股50元的价格，从二级市场上购入B公司股票20 000股（占B公司有表决权股份的3%），且将其指定为以公允价值计量且其变动计入其他综合收益的金融资产。为规避该股票价格下降风险，乙公司于20×6年12月31日支付期权费120 000元从交易所购入一项看跌期权。购入该看跌期权使乙公司有权在20×8年12月31日以每股65元卖出B公司股票20 000股（即行权价格为每股65元，行权日期为20×8年12月31日）。乙公司购入的B公司股票和卖出期权的公允价值见表3.4.1。

表3.4.1　乙公司购入的B公司股票和卖出期权的公允价值　　单位：元

项　目	20×6年12月31日	20×7年12月31日	20×8年12月31日
B公司股票			
每股价格	65	60	57
总价	1 300 000	1 200 000	1 140 000
卖出期权			
时间价值	120 000	70 000	0
内在价值	0	100 000	160 000
总价	120 000	170 000	160 000

乙公司将该卖出期权指定为对以公允价值计量且其变动计入其他综合收益金融资产（B公司股票投资）的套期工具，在进行套期有效性评价时将期权的时间价值排除在外。

假定乙公司于20×8年12月31日行使了卖出期权，同时不考虑税费等其他因素的影响。据此，乙公司套期有效性分析及账务处理如下。

1. 套期有效性分析

（1）被套期项目和套期工具之间存在经济关系。该经济关系使得套期工具和被套期项目的价值因面临相同的被套期风险而发生方向相反的变动。

本例中被套期项目 B 公司股票的公允价值与套期工具买入看跌期权的公允价值因面临相同的价格风险而发生方向相反的变动。

（2）被套期项目和套期工具经济关系产生的价值变动中，信用风险的影响不占主导地位。

本例中，通过交易所购入期权，信用风险的影响不占主导地位。

（3）套期关系的套期比率，应当等于企业实际套期的被套期项目数量与对其进行套期的套期工具实际数量之比，但不应当反映被套期项目和套期工具相对权重的失衡，这种失衡会导致套期无效，并可能产生与套期会计目标不一致的会计结果。

本例中，套期比率为 1，不存在相对权重的失衡。后续评价中，甲公司进一步采用定量分析中的比率分析法评价套期有效性（见表 3.4.2），即通过比较期权和股票的公允价值变动评价套期有效性。乙公司预期该套期完全有效。故满足运用套期会计方法的条件。

表 3.4.2 套期有效性评价

日 期	期权内在价值变化利得（损失）/元	B 公司股票市价变化利得（损失）/元	套期有效率/%
20×7 年 12 月 31 日	100 000	(100 000)	100
20×8 年 12 月 31 日	60 000	(60 000)	100

注：括号内金额表示损失。

2. 账务处理

（1）20×6 年 1 月 1 日

借：其他权益工具投资　　　　　　　　　1 000 000
　　贷：银行存款　　　　　　　　　　　　　　1 000 000
（确认购买 B 公司股票）

（2）20×6 年 12 月 31 日

借：其他权益工具投资　　　　　　　　　　300 000
　　贷：其他综合收益　　　　　　　　　　　　　300 000
（确认 B 公司股票价格上涨）

借：被套期项目——其他权益工具投资　　1 300 000
　　贷：其他权益工具投资　　　　　　　　　　1 300 000
（指定其他权益工具投资为被套期项目）

借：套期工具——卖出期权　　　　　　　　120 000
　　贷：银行存款　　　　　　　　　　　　　　　120 000
（购入卖出期权并指定为套期工具）

（3）20×7 年 12 月 31 日

借：套期工具——卖出期权　　　　　　　　100 000
　　贷：其他综合收益　　　　　　　　　　　　　100 000
（确认套期工具公允价值变动——内在价值变动）

借：其他综合收益　　　　　　　　　　　　　100 000
　　贷：被套期项目——其他权益工具投资　　　　100 000
（确认被套期项目公允价值变动）
借：其他综合收益　　　　　　　　　　　　　50 000
　　贷：套期工具——卖出期权　　　　　　　　50 000

[确认套期工具公允价值变动——时间价值50 000元（70 000–120 000），期权时间价值的处理分析见第3.4.6节。本例中被套期项目的性质属于与时间段相关的被套期项目，企业应当将期权时间价值的公允价值变动中与被套期项目相关的部分（期权的主要条款与被套期项目相一致的，期权的时间价值与被套期项目相关）计入其他综合收益。然后在剩余期间（12个月）内摊销，并将摊销金额4 167元（50 000/12）从"其他综合收益"中转出，计入"套期损益"]。

（4）20×8年12月31日
借：套期工具——卖出期权　　　　　　　　　60 000
　　贷：其他综合收益　　　　　　　　　　　　60 000
（确认套期工具公允价值变动——内在价值变动）
借：其他综合收益　　　　　　　　　　　　　60 000
　　贷：被套期项目——其他权益工具投资　　　　60 000
（确认被套期项目公允价值变动）
借：其他综合收益　　　　　　　　　　　　　70 000
　　贷：套期工具——卖出期权　　　　　　　　70 000
（确认套期工具公允价值变动——时间价值，计入其他综合收益）
借：套期损益　　　　　　　　　　　　　　　70 000
　　贷：其他综合收益　　　　　　　　　　　　70 000
（因企业终止运用套期会计，则其他综合收益中剩余的相关金额应当转出，计入当期损益。）
借：套期损益　　　　　　　　　　　　　　　4 167
　　贷：其他综合收益　　　　　　　　　　　　4 167
（将上年度确认的其他综合收益，按平均摊销金额逐月转入当期损益）
借：银行存款　　　　　　　　　　　　　　　1 300 000
　　贷：套期工具——卖出期权　　　　　　　　160 000
　　　　被套期项目——其他权益工具投资　　　1 140 000
（确认卖出期权行权）
借：其他综合收益　　　　　　　　　　　　　300 000
　　贷：利润分配——未分配利润　　　　　　　300 000
（将其他权益工具投资公允价值变动形成的其他综合收益转入留存收益）

【例3.4.3】利用期权合同对持有金融资产（债券）进行公允价值套期的会计处理

20×6年1月1日，乙公司以每张50元的价格，从二级市场上购入B公司债券20 000份，且将其划分为以公允价值计量且其变动计入其他综合收益的金融资产（其他债权投资）。为规避该债券价格下降风险，乙公司于 20×6 年 12 月 31 日支付期权费 120 000 元从交易所购入一项看跌期权。购入该看跌期权使乙公司有权在 20×8 年 12 月 31 日以每张 65 元卖出 B 公司债券 20 000 份（即行权价格为每张 65 元，行权日期为 20×8 年 12 月 31 日）。乙公司购入的 B 公司债券和卖出期权的公允价值见表 3.4.3。

表 3.4.3　乙公司购入的 B 公司债券和卖出期权的公允价值　　　单位：元

项　　目	20×6 年 12 月 31 日	20×7 年 12 月 31 日	20×8 年 12 月 31 日
B 公司债券			
每份价格	65	60	57
总价	1 300 000	1 200 000	1 140 000
卖出期权			
时间价值	120 000	70 000	0
内在价值	0	100 000	160 000
总价	120 000	170 000	160 000

乙公司将该卖出期权指定为对以公允价值计量且其变动计入其他综合收益的金融资产（B 公司债券投资）的套期工具，在进行套期有效性评价时将期权的时间价值排除在外。

假定乙公司于 20×8 年 12 月 31 日行使了卖出期权，同时不考虑利息收入、税费等其他因素的影响。据此，乙公司套期有效性分析及账务处理如下。

1. 套期有效性分析

同【例 3.4.2】。

套期有效性评价中套期有效性分析见表 3.4.4。

表 3.4.4　套期有效性评价

日　　期	期权内在价值变化利得（损失）/元	B 公司债券市价变化利得（损失）/元	套期有效率/%
20×7 年 12 月 31 日	100 000	(100 000)	100
20×8 年 12 月 31 日	60 000	(60 000)	100

注：括号内的金额表示损失。

2. 账务处理

（1）20×6 年 1 月 1 日

借：其他债权投资　　　　　　　　　1 000 000
　　贷：银行存款　　　　　　　　　　　　1 000 000
（确认购买 B 公司债券）

（2）20×6 年 12 月 31 日

借：其他债权投资　　　　　　　　　300 000
　　贷：其他综合收益　　　　　　　　　　300 000
（确认 B 公司债券价格上涨）

借：被套期项目——其他债权投资　　1 300 000
　　贷：其他债权投资　　　　　　　　　　1 300 000

（指定其他债权投资为被套期项目）

借：套期工具——卖出期权　　　　　　120 000
　　贷：银行存款　　　　　　　　　　　　　　120 000
（购入卖出期权并指定为套期工具）

（3）20×7 年 12 月 31 日

借：套期工具——卖出期权　　　　　　100 000
　　贷：套期损益　　　　　　　　　　　　　　100 000
（确认套期工具公允价值变动——内在价值变动）

借：套期损益　　　　　　　　　　　　100 000
　　贷：被套期项目——其他债权投资　　　　　100 000
（确认被套期项目公允价值变动）

借：其他综合收益　　　　　　　　　　 50 000
　　贷：套期工具——卖出期权　　　　　　　　 50 000

[确认套期工具公允价值变动——时间价值，期权时间价值的处理分析见 3.4.6 节。本例中被套期项目的性质属于与时间段相关的被套期项目，企业应当将期权时间价值的公允价值变动中与被套期项目相关的部分（期权的主要条款与被套期项目相一致的，期权的时间价值与被套期项目相关）计入其他综合收益。然后在剩余期间（12 个月）内摊销，并将摊销金额 4 167 元（50 000/12）从"其他综合收益"中转出，计入"套期损益"]。

（4）20×8 年 12 月 31 日

借：套期工具——卖出期权　　　　　　 60 000
　　贷：套期损益　　　　　　　　　　　　　　 60 000
（确认套期工具公允价值变动——内在价值变动）

借：套期损益　　　　　　　　　　　　 60 000
　　贷：被套期项目——其他债权投资　　　　　 60 000
（确认被套期项目公允价值变动）

借：其他综合收益　　　　　　　　　　 70 000
　　贷：套期工具——卖出期权　　　　　　　　 70 000
（确认套期工具公允价值变动——时间价值，计入其他综合收益）

借：套期损益　　　　　　　　　　　　 70 000
　　贷：其他综合收益　　　　　　　　　　　　 70 000
（因企业终止运用套期会计，则其他综合收益中剩余的相关金额应当转出，计入当期损益。）

借：套期损益　　　　　　　　　　　　 4 167
　　贷：其他综合收益　　　　　　　　　　　　 4 167
（将上年度确认的其他综合收益，按平均摊销金额逐月转入当期损益）

借：银行存款　　　　　　　　　　　1 300 000
　　贷：套期工具——卖出期权　　　　　　　　160 000
　　　　被套期项目——其他债权投资　　　　1 140 000

第3章　套期会计

（确认卖出期权行权）
借：其他综合收益　　　　　　　　　　　　　300 000
　　贷：套期损益　　　　　　　　　　　　　　　　300 000

【例3.4.4】利用远期合同对确定承诺进行公允价值套期的会计处理

丙公司为境内商品生产企业，采用人民币作为记账本位币。20×7年2月3日，丙公司与某境外公司签订了一项设备购买合同（确定承诺），设备价格为270 000美元，交货日期为20×7年5月1日。丙公司计划从C银行购买欧元的远期合同对确定承诺进行套期[①]。历史经验表明，境外公司和C银行信用状况良好。

基于最小方差套期比率的测算，20×7年2月3日，丙公司签订了一项购买240 000欧元的远期合同。根据该远期合同，丙公司将于20×7年5月1日支付人民币1 779 840元购入240 000欧元，汇率为1欧元=7.416人民币（即20×7年5月1日的现行远期汇率）。

丙公司将该远期合同指定为对由于人民币/美元汇率变动可能引起的、确定承诺公允价值变动风险的套期工具。假定最近3个月，人民币对欧元、人民币对美元之间的汇率变动具有高度正相关。20×7年5月1日，丙公司履行确定承诺并以净额结算了远期合同。

与套期有关的远期汇率资料如表3.4.5所示。

表3.4.5　与套期有关的远期汇率资料

日　　期	20×7年5月1日欧元/人民币的远期汇率	20×7年5月1日美元/人民币的远期汇率
20×7年2月3日	1欧元=7.416人民币	1美元=6.886人民币
20×7年3月31日	1欧元=7.274人民币	1美元=6.749人民币
20×7年5月1日	1欧元=7.068人民币	1美元=6.569人民币

根据上述资料，丙公司进行如下分析和账务处理。

1. 套期有效性评价

（1）被套期项目和套期工具之间存在经济关系。该经济关系使得套期工具和被套期项目的价值因面临相同的被套期风险而发生方向相反的变动。

因为人民币对欧元、人民币对美元之间的汇率变动具有高度正相关，通过购入欧元的远期合同对未来支付美元的确定承诺进行套期，故被套期项目和套期工具存在经济关系，且该经济关系使套期工具和被套期项目的价值因面临相同的被套期风险而发生方向相反的变化。

（2）被套期项目和套期工具经济关系产生的价值变动中，信用风险的影响不占主导地位。

本例中，境外公司和C银行信用状况良好，信用风险的影响不占主导地位。

（3）套期关系的套期比率，应当等于企业实际套期的被套期项目数量与对其进行套期的套期工具实际数量之比，但不应当反映被套期项目和套期工具相对权重的失衡，这种失衡会导致套期无效，并可能产生与套期会计目标不一致的会计结果。

丙公司基于最小方差法计算套期比率，不会导致被套期项目和套期工具相对权重的失

---

① 本例中，可以通过直接购买美元进行套期。此处使用购买欧元进行套期主要是说明交叉套期的运用。

衡。因此，套期是高度有效的。

但是，该套期并非完全有效，因为与远期合同名义金额 240 000 欧元等值人民币的变动，与将支付的 270 000 美元等值人民币的变动存在差异。另外，应注意，即期汇率与远期汇率之间的差异无须在评价套期有效性时考虑，因为确定承诺公允价值变动是以远期汇率来计量的。

远期合同和确定承诺的公允价值变动如表 3.4.6 所示。

表 3.4.6　远期合同和确定承诺的公允价值变动

	项　目	2月3日	3月31日	5月1日
A. 远期合同	5月1日结算用的人民币/欧元的远期汇率	7.416	7.274	7.068
	金额单位：欧元	240 000	240 000	240 000
	远期价格（240 000 欧元折算成人民币）	1 779 840	1 745 760	1 696 320
	合同价格（人民币）	(1 779 840)#	(1 779 840)	(1 779 840)
	以上两项的差额（人民币）	0	(34 080)	(83 520)
	公允价值（上述差额的现值，假定折现率为6%）	0	(33 910)*	(83 520)
	本期公允价值变动		(33 910)	(49 610)
B. 确定承诺	5月1日结算用的人民币/美元远期汇率	6.886	6.749	6.569
	金额单位：美元	270 000	270 000	270 000
	远期价格（270 000 美元折成人民币）	(1 859 220)	(1 822 230)	(1 773 630)
	初始远期价格（人民币）（270 000×6.886）	1 859 220	1 859 220	1 859 220
	以上两项的差额（人民币）	0	36 990	85 590
	公允价值（上述差额的现值，假定折现率为6%）	0	36 806#	85 590
	本期公允价值变动		36 806	48 784
C. 套期无效部分	（以欧元标价的远期合同和以美元标价的确定承诺两者公允价值变动的差额）		2 896	(826)

注：*在结算日5月1日的差异是34 080元，折现到3月31日（期间为1个月）为33 910元=34 080/(1+6%/12)。
#在结算日5月1日的差异是36 990元，折现到3月31日（期间为1个月）为36 806元=36 990/(1+6%/12)。
括号内的金额表示公允价值下降。

2. 账务处理（单位：人民币）

（为简化核算，假定不考虑设备购买有关的税费因素、设备运输和安装费用等）

（1）20×7年2月3日

无须进行账务处理。因为远期合同和确定承诺当日公允价值均为零。

（2）20×7年3月31日

借：被套期项目——确定承诺　　　　36 806
　　贷：套期损益　　　　　　　　　　　　36 806
借：套期损益　　　　　　　　　　　33 910
　　贷：套期工具——远期合同　　　　　　33 910

（3）20×7年5月1日

借：被套期项目——确定承诺　　　　　　48 784
　　贷：套期损益　　　　　　　　　　　　　　　48 784
借：套期损益　　　　　　　　　　　　　49 610
　　贷：套期工具——远期合同　　　　　　　　　49 610
借：套期工具——远期合同　　　　　　　83 520
　　贷：银行存款　　　　　　　　　　　　　　　83 520
（确认远期合同结算）
借：固定资产——设备　　　　　　　　1 859 220
　　贷：银行存款　　　　　　　　　　　　　　1 773 630
　　　　被套期项目——确定承诺　　　　　　　　85 590
（确认履行确定承诺购入固定资产）

注：丙公司通过运用套期策略，使所购设备的成本锁定在将确定承诺的购买价格270 000美元按1美元=6.886人民币（套期开始日的远期合同汇率）进行折算确定的金额上。

3.4.2　现金流量套期

1. 现金流量套期会计处理原则

现金流量套期满足运用套期会计方法条件的，应当按照下列规定处理。

（1）套期工具产生的利得或损失中属于套期有效的部分，作为现金流量套期储备，应当计入其他综合收益。现金流量套期储备的金额，应当按照下列两项的绝对额中较低者确定：

①套期工具自套期开始的累计利得或损失；

②被套期项目自套期开始的预计未来现金流量现值的累计变动额。

之所以采用上述两者的较低者（孰低原则），是因为对于现金流量套期，许多被套期项目是极可能发生的预期交易，如果被套期项目在损益中确认的利得和损失超过了套期工具的利得和损失就是有问题的。尽管被套期项目预计将来会发生，但其实尚不存在。因此，如果以上被套期项目确认的利得和损失超过了套期工具的利得和损失，这无异于对尚不存在的项目确认利得和损失（而非递延套期工具的利得或损失）。这在概念上令人怀疑且有悖常理。"孰低测试"确保了不会确认被套期项目的累计价值变动中超过套期工具累计公允价值变动的部分。相反，由于公允价值套期的被套期项目是存在的，所以公允价值套期不适用"孰低"测试。同样对于可能尚未确认确定承诺，但该交易已经存在。反之，预期交易尚不存在，而仅会在将来发生。

每期计入其他综合收益的现金流量套期储备的金额应当为当期现金流量套期储备的变动额。

（2）套期工具产生的利得或损失中属于套期无效的部分（即扣除计入其他综合收益后的其他利得或损失），应当计入当期损益。

现金流量套期储备的金额,应当按照下列规定处理。

(1)被套期项目为预期交易,且该预期交易使企业随后确认一项非金融资产或非金融负债的,或者非金融资产或非金融负债的预期交易形成一项适用于公允价值套期会计的确定承诺时,企业应当将原在其他综合收益中确认的现金流量套期储备金额转出,计入该资产或负债的初始确认金额。

预期交易会随后导致确认非金融资产或非金融负债。在这些情况下,IAS 39 和 CAS 24(2006)允许企业在下列会计政策中进行选择:

①在获取的资产或承担的债务影响损益的相同期间将确认在其他综合收益中的相关利得或损失重分类至损益;

②将确认在其他综合收益中的相关利得和损失转出,并将其包含在资产或负债的初始成本或其他账面金额中。该方法通常被称为"基础调整"。

为了提高可比性,IFRS 9 和 CAS 24(2014)不允许在上述会计政策中进行选择,要求只能进行基础调整。

(2)对于不属于第(1)项涉及的现金流量套期,企业应当在被套期的预期现金流量影响损益的相同期间,将原在其他综合收益中确认的现金流量套期储备金额转出,计入当期损益。

(3)如果在其他综合收益中确认的现金流量套期储备金额是一项损失,且该损失全部或部分预计在未来会计期间不能弥补的,企业应当在预计不能弥补时,将预计不能弥补的部分从其他综合收益中转出,计入当期损益。

当企业对现金流量套期终止运用套期会计时,在其他综合收益中确认的累计现金流量套期储备金额,应当按照下列规定进行处理。

(1)被套期的未来现金流量预期仍然会发生的,累计现金流量套期储备的金额应当予以保留,并按照套期会计准则第二十五条的规定进行会计处理。

(2)被套期的未来现金流量预期不再发生的,累计现金流量套期储备的金额应当从其他综合收益中转出,计入当期损益。被套期的未来现金流量预期不再极可能发生但可能预期仍然会发生,在预期仍然会发生的情况下,累计现金流量套期储备的金额应当予以保留,并按照套期会计准则第二十五条的规定进行会计处理。

对于被套期项目为一组项目(不包括风险净敞口的被套期项目)的现金流量套期,企业在将其他综合收益中确认的相关现金流量套期储备转出时,应当按照系统、合理的方法将转出金额在被套期各组成项目中分摊,并按照套期会计准则第二十五条的规定进行相应处理。

对于净头寸的现金流量套期,根据上述规定确定的金额应包含与套期工具有类似效果的净头寸中各项目的公允价值变动以及套期工具的公允价值变动。但是,与套期工具有类似效果的净头寸中各项目的价值变动,只能在与之相关的交易确认时(如当预期销售确认为收入时)予以确认。例如,企业拥有一组极可能在 9 个月后发生的金额为 100 万美元的预期销售,以及一组极可能在 18 个月后发生的金额为 120 万美元的预期采购。企业利用金额为 20 万美元的远期外汇合同对 20 万美元的净头寸的外汇风险进行套期。在按上述规定确定应计入现金流量套期储备的金额时,企业应当比较下列两者:

① 远期外汇合同的公允价值变动及极可能发生的预期销售的与外汇风险相关的价值变动；

② 极可能发生的预期采购的与外汇风险相关的价值变动。

但是，企业只就与外汇远期合同相关的金额予以确认，直到极可能发生的预期销售在财务报表中确认时，才确认预期交易的利得或损失（即从指定套期关系至收入确认之间的汇率变动所导致的价值变动）。

与此类似，如果在上例中，企业持有一个净头寸为零的组合，则企业应比较极可能发生的预期销售的与外汇风险相关的价值变动和极可能发生的预期采购的与外汇风险相关的价值变动。但是，仅当相关的预期交易在财务报表中确认时，才可确认上述价值变动。

2. 现金流量套期会计处理的科目设置

在现金流量套期中，除设置"套期工具"和"被套期项目"等科目外，还应在"其他综合收益"科目下设置"套期储备"明细科目，核算现金流量套期下套期工具累计公允价值变动中的有效部分，该科目应当按被套期项目进行明细核算；通过"公允价值变动损益"核算现金流量套期下套期工具累计公允价值变动中的无效部分。

企业将衍生工具等指定为套期工具时，借记"套期工具"科目，贷记"衍生工具"等科目。资产负债表日，企业应当按套期工具产生的利得或损失，借记或贷记"套期工具"科目，按套期工具累计产生的利得或损失与被套期项目累计预计现金流量现值的变动两者绝对值中较低者的金额（套期有效部分）与套期储备账面余额的差额，贷记或借记"其他综合收益——套期储备"科目，按其差额，贷记或借记"公允价值变动损益"科目。

3. 现金流量套期会计处理举例

【例 3.4.5】利用远期合同对预期商品销售进行现金流量套期的会计处理

20×7 年 1 月 1 日，甲公司预期在 20×7 年 6 月 30 日将销售一批商品 X，数量为 100 000 吨。为规避该预期销售有关的现金流量变动风险，甲公司于 20×7 年 1 月 1 日与某金融机构签订了一项衍生工具合同 Y，且将其指定为对该预期商品销售的套期工具。金融机构信用状况良好。衍生工具 Y 的标的资产与被套期预期商品销售在数量、质次、价格变动和产地等方面相同，并且衍生工具 Y 的结算日和预期商品销售日均为 20×7 年 7 月 1 日。

20×7 年 1 月 1 日，衍生工具 Y 的公允价值为零，商品的预期销售价格为 1 100 000 元。20×7 年 6 月 30 日，衍生工具 Y 的公允价值上涨了 25 000 元，预期销售价格下降了 25 000 元。20×7 年 7 月 1 日，甲公司以 1 075 000 元将存货 X 出售，并以 25 000 元将衍生工具 Y 结算。

分析：首先进行套期有效性评价。

（1）被套期项目和套期工具之间存在经济关系。该经济关系使得套期工具和被套期项目的价值因面临相同的被套期风险而发生方向相反的变动。

本例中存货 X 的公允价值与衍生工具 Y 的公允价值因面临相同的价格风险而发生方向相反的变动。

（2）被套期项目和套期工具经济关系产生的价值变动中，信用风险的影响不占主导地位。

本例中,该金融机构信用状况良好,信用风险的影响不占主导地位。

(3)套期关系的套期比率,应当等于企业实际套期的被套期项目数量与对其进行套期的套期工具实际数量之比,但不应当反映被套期项目和套期工具相对权重的失衡,这种失衡会导致套期无效,并可能产生与套期会计目标不一致的会计结果。

本例中,套期比率为1,不存在相对权重的失衡。后续评价中,甲公司进一步采用定量分析中的比率分析法评价套期有效性,即通过比较衍生工具 Y 和存货 X 的公允价值变动评价套期有效性。甲公司预期该套期完全有效。故满足运用套期会计方法的条件。

假定不考虑衍生工具的时间价值、商品销售相关的增值税及其他因素,甲公司的账务处理如下(单位:元)。

(1)20×7 年 1 月 1 日,甲公司不作账务处理

(2)20×7 年 6 月 30 日

借:套期工具——衍生工具 Y　　　　　　25 000
　　贷:其他综合收益——套期储备　　　　　25 000
(确认衍生工具的公允价值变动)

借:应收账款或银行存款　　　　　　　1 075 000
　　贷:主营业务收入　　　　　　　　　1 075 000
(确认商品 X 的销售)

借:银行存款　　　　　　　　　　　　　25 000
　　贷:套期工具——衍生工具 Y　　　　　　25 000
(确认衍生工具 Y 的结算)

借:其他综合收益——套期储备　　　　　25 000
　　贷:主营业务收入　　　　　　　　　　25 000
(确认将原计入其他综合收益的套期储备转出,调整销售收入)

【例 3.4.6】利用远期外汇合同对确定承诺进行套期的会计处理

丁公司于 20×6 年 11 月 1 日与境外 D 公司签订合同,约定于 20×7 年 1 月 30 日以每吨 600 澳币(AUD)的价格购入 100 吨橄榄油。为规避购入橄榄油成本的外汇风险,丁公司于当日与某金融机构签订一项 3 个月到期的远期外汇合同,约定汇率为 1 澳币=4.5 人民币,合同金额为 60 000 澳币。20×7 年 1 月 30 日,丁公司以净额方式结算该远期外汇合同,并购入橄榄油。

假定:① 20×6 年 12 月 31 日,1 个月澳币(AUD)对人民币远期汇率为 1 澳币=4.48 人民币,人民币的市场利率为 6%;② 20×7 年 1 月 30 日,澳币对人民币即期汇率为 1 澳币=4.46 人民币;③ 该套期符合运用套期会计准则所规定的运用套期会计的条件;④ 不考虑增值税等相关税费。

(根据套期会计准则,对外汇确定承诺的套期既可以划分为公允价值套期,也可以划分为现金流量套期。)

情形 1:丁公司将上述套期划分为公允价值套期

(1)20×6 年 11 月 1 日

远期合同的公允价值为零,不作账务处理,将套期进行表外登记。

(2) 20×6年12月31日

远期外汇合同的公允价值 =【(4.5–4.48)×60 000/(1+6%×1/12)】= 1 194（元）。

 借：套期损益   1 194
   贷：套期工具——远期外汇合同   1 194
 借：被套期项目——确定承诺   1 194
   贷：套期损益   1 194

(3) 20×7年1月30日

远期外汇合同的公允价值=(4.5–4.46)×60 000=2 400（元）。

 借：套期损益   1 206
   贷：套期工具——远期外汇合同   1 206
 借：套期工具——远期外汇合同   2 400
   贷：银行存款   2 400
 借：被套期项目——确定承诺   1 206
   贷：套期损益   1 206
 借：库存商品——橄榄油   267 600
   贷：银行存款   267 600
 借：库存商品——橄榄油   2 400
 贷：被套期项目——确定承诺   2 400

（将被套期项目的余额调整橄榄油的入账价值）

情形2：丁公司将上述套期划分为现金流量套期

(1) 20×6年11月1日

不作账务处理，将套期进行表外登记。

(2) 20×6年12月31日

远期外汇合同的公允价值=(4.5–4.48)×60 000/(1+6%×1/12) =1 194（元）。

 借：其他综合收益——套期储备   1 194
   贷：套期工具——远期外汇合同   1 194

(3) 20×7年1月30日

远期外汇合同的公允价值=(4.5–4.46)×60 000=2 400（元）。

 借：其他综合收益——套期储备   1 206
   贷：套期工具——远期外汇合同   1 206
 借：套期工具——远期外汇合同   2 400
   贷：银行存款   2 400
 借：库存商品——橄榄油   267 600
   贷：银行存款   267 600
 借：库存商品——橄榄油   2 400
   贷：其他综合收益——套期储备   2 400

丁公司将套期工具于套期期间形成的公允价值变动累计额（净损失）暂记在其他综合

收益——套期储备中，在该预期交易使企业随后确认一项非金融资产（存货）时，企业应当将原在其他综合收益中确认的现金流量套期储备金额转出，计入该资产的初始确认金额。

【例3.4.7】存在套期无效部分的现金流量套期的会计处理

接【例3.3.1】，单位为万元。

（1）20×7年1月1日

远期合同的公允价值为零，不作账务处理。

（2）20×7年3月31日

确认套期工具的公允价值变动（-100万元），将套期工具自套期开始的累计利得或损失（-100万元）和被套期项目自套期开始的预计未来现金流量现值的累计变动额（90万元），两项的绝对额中较低者确定为其他综合收益（-90万元），由于前期累计已确认0万元，因此本期应确认-90万元；套期工具产生的利得或损失中属于套期无效的部分-10万元（-100+90），应当计入当期损益。

借：其他综合收益——套期储备　　　　　　　90
　　公允价值变动损益——套期无效部分　　　10
　　　贷：套期工具——远期合同　　　　　　　　100

（3）20×7年6月30日

确认套期工具的公允价值变动（-50万元），将套期工具自套期开始的累计利得或损失（-150万元）和被套期项目自套期开始的预计未来现金流量现值的累计变动额（160万元），两项的绝对额中较低者确定为其他综合收益（-150万元），由于前期已累计确认-90万元，因此本期应确认-60万元；套期工具产生的利得或损失中属于套期无效的部分10万元（-50+60），应当计入当期损益。

借：其他综合收益——套期储备　　　　　　　60
　　　贷：套期工具——远期合同　　　　　　　　50
　　　　　公允价值变动损益——套期无效部分　　10

（4）20×7年6月30日

确认套期工具的公允价值变动（110万元），将套期工具自套期开始的累计利得或损失（-40万元）和被套期项目自套期开始的预计未来现金流量现值的累计变动额（50万元），两项的绝对额中较低者确定为其他综合收益（-40万元），由于前期已累计确认-150万元，因此本期应确认110万元；套期工具产生的利得或损失中不存在套期无效的部分（-110+110）。

借：套期工具——远期合同　　　　　　　　　110
　　　贷：其他综合收益——套期储备　　　　　　110

（5）20×7年12月31日

确认套期工具的公允价值变动（140万元），将套期工具自套期开始的累计利得或损失（100万元）和被套期项目自套期开始的预计未来现金流量现值的累计变动额（-90万元），两项的绝对额中较低者确定为其他综合收益（90万元），由于前期已累计确认-40万元，因此本期应确认 130 万元；套期工具产生的利得或损失中不存在套期无效的部分 10 万元（140–130）。

　　借：套期工具——远期合同　　　　　　　　140
　　　　贷：其他综合收益——套期储备　　　　　　130
　　　　　　公允价值变动损益——套期无效部分　　10

3.4.3　境外经营净投资套期

1. 境外经营净投资套期会计处理原则

对境外经营净投资的套期，包括对作为净投资的一部分进行会计处理的货币性项目的套期，应当按照类似于现金流量套期会计的规定处理。

（1）套期工具形成的利得或损失中属于套期有效的部分，应当计入其他综合收益。

全部或部分处置境外经营时，上述计入其他综合收益的套期工具的利得或损失应当相应转出，计入当期损益。

（2）套期工具形成的利得或损失中属于套期无效的部分，应当计入当期损益。

2. 境外经营净投资套期会计处理举例

【例 3.4.8】利用外汇远期合同进行境外经营净投资套期的会计处理

20×6 年 10 月 1 日，P 公司（记账本位币为人民币）在其境外子公司 FS 有一项境外净投资 5000 万美元。为规避境外经营净投资外汇风险，P 公司与某境外金融机构签订了一项外汇远期合同，约定于 20×7 年 4 月 1 日卖出 5 000 万美元。P 公司将外汇远期合同整体（不区分远期要素和即期要素）指定为对境外经营净投资的套期。P 公司每季度对境外净投资余额进行检查，且依据检查结果调整对净投资价值的套期。其他有关即期汇率、远期汇率的资料如表 3.4.7 所示。

表 3.4.7　有关即期汇率、远期汇率资料

日　　期	即期汇率（人民币/美元）	远期汇率（人民币/美元）	远期合同的公允价值/元
20×6 年 10 月 1 日	6.71	6.70	0
20×6 年 12 月 31 日	6.64	6.63	3 430 000
20×7 年 3 月 31 日	6.60	不适用	5 000 000

P 公司在评价套期有效性时，将远期合同的时间价值排除在外。假定 P 公司的上述套期满足运用套期会计方法的所有条件，则 P 公司的账务处理如下（单位：人民币万元）。

（1）20×6 年 10 月 1 日

外汇远期合同的公允价值为零，不作账务处理。

（2）20×6 年 12 月 31 日

假定被套期项目自套期开始的预计未来现金流量现值的累计变动额为–350 万元（假定相当于因即期汇率变动导致的长期股权投资的金额变动，即等于（6.64–6.71）×5 000）。套期工具的累计公允价值变动为 343 万元，按照类似于现金流量套期会计的规定，两者的较低者属于套期有效部分，在其他综合收益中确认。

借：套期工具——外汇远期合同　　　　　　　343
　　贷：其他综合收益——套期储备　　　　　　343
（确认远期合同的公允价值变动）

（3）20×7年3月31日

假定被套期项目自套期开始的预计未来现金流量现值的累计变动额为–550万元（假定相当于因即期汇率变动导致的长期股权投资的金额变动，即等于（6.60-6.71）×5 000）。套期工具的累计公允价值变动为500万元，按照类似于现金流量套期会计的规定，两者的较低者属于套期有效部分，在其他综合收益中确认。

借：套期工具——外汇远期合同　　　　　　　157
　　贷：其他综合收益——套期储备　　　　　　157
（确认远期合同的公允价值变动）

借：银行存款　　　　　　　　　　　　　　　500
　　贷：套期工具——外汇远期合同　　　　　　500
（确认外汇远期合同的结算）

注：境外经营净投资套期（类似现金流量套期）产生的利得在其他综合收益中列示，直至子公司被处置。

假定远期合同20×6年12月31日、20×7年3月31日的公允价值分别为353万元和563万元，其他条件不变。则P公司的账务处理如下（单位：人民币万元）。

（1）20×6年10月1日

外汇远期合同的公允价值为零，不作账务处理。

（2）20×6年12月31日

假定被套期项目自套期开始的预计未来现金流量现值的累计变动额为–350万元（假定相当于因即期汇率变动导致的长期股权投资的金额变动，即等于（6.64-6.71）×5 000）。套期工具的累计公允价值变动为353万元，按照类似于现金流量套期会计的规定，两者的较低者属于套期有效部分，在其他综合收益中确认，无效套期计入当期损益。

借：套期工具——外汇远期合同　　　　　　　353
　　贷：其他综合收益——套期储备　　　　　　350
　　　　公允价值变动损益——套期无效部分　　　3
（确认远期合同的公允价值变动）

（3）20×7年3月31日

假定被套期项目自套期开始的预计未来现金流量现值的累计变动额–550万元（假定相当于因即期汇率变动导致的长期股权投资的金额变动，即等于（6.60-6.71）×5 000）。套期工具的累计公允价值变动为563万元，按照类似于现金流量套期会计的规定，两者的较低者属于套期有效部分，在其他综合收益中确认。

借：套期工具——外汇远期合同　　　　　　　210（563-353）
　　贷：其他综合收益——套期储备　　　　　　200[–350–（–550）]
　　　　公允价值变动损益——套期无效部分　　10
（确认远期合同的公允价值变动）

借：银行存款   563
　　贷：套期工具——外汇远期合同   563
（确认外汇远期合同的结算）

3.4.4　汇总风险敞口套期的会计处理

如果企业基于汇总风险敞口指定被套期项目，则应在评价套期有效性和计量套期无效部分时考虑构成该汇总风险敞口的所有项目的综合影响。但是，构成该汇总风险敞口的项目仍须单独核算。

【例 3.4.9】商品价格风险和外汇风险组合套期（现金流量套期/现金流量套期组合）的会计处理。

A 公司打算对一笔极可能发生的预期咖啡采购（预计将在第五期期末发生）进行套期。A 公司的记账本位币是其本币（美元）。咖啡以外币（欧元）进行交易。A 公司面临以下风险敞口。

（1）商品价格风险：外币标价的咖啡现货价格波动所导致的采购价格现金流量波动。

（2）外汇风险：本币和外币之间的即期汇率波动所导致的现金流量波动。

A 公司运用以下风险管理策略对风险敞口进行套期。

（1）A 公司使用外币标价的基准商品远期合同，对咖啡采购交付前的四个期间进行套期。由于咖啡种类、地点和交付安排不同，A 公司在采购中实际支付的咖啡价格与基准价格不一致[①]。上述差异导致了两种咖啡价格之间存在关系发生变化的风险（有时称为"基差风险"），从而对套期关系的有效性产生影响。基于成本/收益的考虑，A 公司认为对基差风险实施套期并不经济，因此并未对基差风险进行套期。

（2）A 公司还对其外汇风险进行套期。然而，外汇风险套期的涵盖范围不同——仅针对交付前的三个期间。A 公司将外币标价的咖啡采购产生的可变付款外汇风险敞口与外币标价的商品远期合同的利得或损失视为汇总的外汇风险敞口。因此，A 公司采用单一的外汇远期合同，对预期咖啡采购以及相关商品远期合同所产生的外币现金流量进行套期。

表 3.4.8 列示了本例中使用的参数（"基差"指 A 公司实际购买的咖啡价格与基准咖啡价格之间的差别，以百分比表示）。

表 3.4.8　各期间使用的参数

参　　数	一	二	三	四	五
剩余期限的利率（外币）/%	0.26	0.21	0.16	0.06	0.00
剩余期限的利率（本币）/%	1.12	0.82	0.46	0.26	0.00
远期价格（外币/磅）	1.25	1.01	1.43	1.22	2.15
基差/%	−5.00	−5.50	−6.00	−3.40	
（即期）汇率（外币/本币）	1.380 0	1.330 0	1.410 0	1.460 0	1.430 0

A 公司将以下两种套期关系指定为现金流量套期[②]。

（1）商品价格风险套期关系（第一层关系）：将外币标价的预期咖啡采购所引起的有

[①] 假设未将基于咖啡基准价格的风险成分指定为被套期风险。因此，对咖啡价格的整体风险进行了套期。
[②] 假设已满足套期会计的所有标准。

关咖啡价格现金流量波动指定为被套期项目，将外币标价的商品远期合同指定为套期工具。这种套期关系在第一期期末被指定，并于第五期期末到期。由于A公司实际购买咖啡的价格与咖啡基准价格之间存在基差，A公司指定为套期工具的咖啡数量为112 500磅，指定为被套期项目的咖啡数量为118 421磅[①]。

（2）外汇风险套期关系（第二层关系）：将汇总风险敞口指定为被套期项目，将外汇远期合同指定为套期工具。这种套期关系在第二期期末被指定，并于第五期期末到期。被指定为被套期项目的汇总风险敞口就是，与第二期期末（即指定外汇风险套期关系的时点）的远期汇率相比，汇率变动对于商品价格风险套期关系中指定的两个外币标价项目的汇总外币现金流量的影响。上述两个项目是指预期咖啡采购以及商品远期合同。从第一期期末起，A公司对实际购买咖啡的价格与咖啡基准价格之间的基差所持的长远看法并未发生改变。因此，A公司签订的套期工具的实际数量（名义金额为140 625元外币的外汇远期合同）反映了与基差相关的现金流量风险敞口，该敞口始终保持在-5%。然而，A公司的实际汇总风险敞口却受到基差变化的影响。由于在第二期基差从-5%变为-5.5%，因此在第二期期末A公司的实际汇总风险敞口为140 027元外币。

表3.4.9列出了套期工具的公允价值，被套期项目的价值变动，以及对现金流量套期储备与套期无效部分的计算[②]：

表3.4.9　套期工具和被套期项目的价值变动以及现金流量套期储备与套期无效部分的计算

期间		一	二	三	四	五
商品价格风险套期关系（第一层关系）						
咖啡远期采购合同						
数量（磅）	112 500					
远期价格（外币/磅）1.25	价格（远期）（外币/磅）	1.25	1.01	1.43	1.22	2.15
	公允价值（外币）	0	(26 943)	20 219	(3 373)	101 250
	公允价值（本币）	0	(20 258)	14 340	(2 310)	70 804
公允价值变动（本币）			(20 258)	34 598	(16 650)	73 114
被套期的预期咖啡采购						
套期比率105.26%	基差	-5.00%	-5.50%	-6.00%	-3.40%	-7.00%
被套期数量118 421	价格（远期）（外币/磅）	1.19	0.95	1.34	1.18	2.00
隐含远期价格1.187 5	现值（外币）	0	27 540	(18 528)	1 063	(96 158)
	现值（本币）	0	20 707	(13 140)	728	(67 243)
现值变动（本币）			20 707	(33 847)	13 868	(67 971)
会计处理		本币	本币	本币	本币	本币
衍生工具		0	(20 258)	14 340	(2 310)	70 804

[①] 本例中，在套期关系指定时点的当前基差，恰巧与A公司确定其实际套期的咖啡采购数量时对于基差的长远看法（-5%）一致。此外，本例假设A公司对套期工具的整体进行指定，并尽可能多地将其认为极可能发生的预期采购指定为被套期项目。这导致了1/（100%-5%）的套期比率。在确定实际套期的风险敞口数量时，其他主体可能采用不同方式，这将导致不同的套期比率，也会导致指定的数量少于套期工具整体。

[②] 本表中所有金额的计算（包括出于会计目的，对资产、负债、权益和损益金额所做的计算），均以正数（+）和负数（-）形式表示（如以负数出现的损益金额代表亏损）。

续表

期间		一	二	三	四	五
现金流量套期储备		0	(20 258)	13 140	(728)	67 243
现金流量套期储备变动			(20 258)	33 399	(13 868)	67 971
损益			0	1 199	(2 781)	5 143
留存收益		0	0	1 199	(1 582)	3 561
外汇风险套期关系（第二层关系）						
外币汇率（外币/本币）						
	即期汇率	1.3800	1.3300	1.4100	1.4600	1.4300
	远期汇率	1.3683	1.3200	1.4058	1.4571	1.4300
外汇远期合同（买入外币/卖出本币）						
数量（外币）140 625						
期间		一	二	三	四	五
远期汇率（第2期）1.322 0	公允价值（本币）		0	(6 313)	(9 840)	(8 035)
	公允价值变动（本币）			(6 313)	(3 528)	1 805
被套期的外汇风险						
汇总外汇风险敞口	被套期数量（外币）		140 027	138 932	142 937	135 533
	现值（本币）		0	6 237	10 002	7 744
	现值变动（本币）			6 237	3 765	(2 258)
会计处理		本币	本币	本币	本币	本币
衍生工具			0	(6 313)	(9 840)	(8 035)
现金流量套期储备			0	(6 237)	(9 840)	(7 744)
现金流量套期储备变动				(6 237)	(3 604)	2 096
损益					(76)	76	(291)
留存收益			0	(76)	0	(291)

商品价格风险套期关系是对极可能发生的预期交易所进行的现金流量套期，该交易始于第一期期末，并在外汇风险套期关系于第二期期末开始时仍然存在，即第一层关系继续作为单独的套期关系存在。

汇总外汇风险敞口的数量（外币），即外汇风险套期关系中的被套期数量，为下列各项之和：[①]

（1）被套期的咖啡采购数量乘以当前远期价格（代表实际采购咖啡的预计现货价格）。

（2）套期工具的数量（被指定的名义金额）乘以合同远期价格和当前远期价格之间的差额（代表A公司在商品远期合同下，将来收到或支付的因外币标价的基准咖啡价格变动而产生的预计价差）。

外汇风险套期关系中被套期项目（即汇总风险敞口）的现值（以本币计量）是由被套期数量（外币）乘以计量日远期汇率与套期关系指定日（即第二期期末）远期汇率之差计

[①] 例如，在第三期期末，汇总外汇风险敞口计算如下：实际咖啡采购预计价格的外汇风险敞口为118 421磅×1.34外币/磅=159 182元外币，以及商品远期合同的预计价差为112 500磅×（1.25外币/磅−1.43外币/磅）=（20 250）元外币，总额138 932元外币，即为第三期期末汇总外汇风险敞口的数量。

算得出。①

通过被套期项目的现值和套期工具的公允价值,就可以确定现金流量套期储备和套期无效部分。表3.4.10展示了对A公司的损益和其他综合收益表及财务状况表的影响(为明晰展示,在报表上分解行项②列示两种套期关系,即对商品价格风险套期关系和外汇风险套期关系分别列示)。

表3.4.10 对财务业绩及财务状况表影响(本币)概览

期间	计算	一	二	三	四	五
损益和其他综合收益表						
套期无效部分						
商品套期	(1)		0	(1 199)*	2 781	(5 143)
外汇套期	(2)		0	76	(76)	291
损益	(3)=(2)+(1)	0	0	(1 123)	2 705	(4 852)
其他综合收益						
商品套期	(4)		20 258	(33 399)	13 868	(67 971)
外汇套期	(5)		0	6 237	3 604	(2 096)
其他综合收益总额	(6)=(4)+(5)	0	20 258	(27 162)	17 472	(70 067)
综合收益	(7)=(3)+(6)	0	20 258	(28 285)	20 177	(74 920)
财务状况表						
商品远期合同	(8)	0	(20 258)	14 340	(2 310)	70 804
外汇远期合同	(9)		0	(6 313)	(9 840)	(8 035)
净资产合计	(10)=(8)+(9)	0	(20 258)	8 027	(12 150)	62 769
权益						
累计其他综合收益						
商品套期		0	20 258	(13 140)	728	(67 243)
外汇套期			0	6 237	9 840	7 744
		0	20 258	(6 904)	10 568	(59 499)
留存收益						
商品套期		0	0	(1 199)	1 582	(3 561)
外汇套期			0	76	0	291
		0	0	(1 123)	1 582	(3 270)
权益合计		0	20 258	(8 027)	12 150	(62 769)

*加括号表示公允价值下降,——表示小计,══表示合计。

① 例如,在第三期期末,被套期项目的现值由第三期期末的汇总风险敞口数量(138 932元外币)乘以第三期期末的远期汇率(1/1.405 8)与指定时的远期汇率(即第二期期末:1/1.322 0)之间的差额,利用第三期期末后两个期间(即直到第五期期末)的本币利率——0.46%进行贴现计算得出,具体计算为:138 932元外币×[1/1.405 8(外币/本币)-1/1.322 0(外币/本币)]/(1+0.46%)=6 237元本币。

② 本例使用的行项是一种可能的列示方式。也可以使用其他行项(包括此处有金额列示的行项)的列示格式(《企业会计准则第37号——金融工具列报》列出了对套期会计的披露要求,包括关于套期无效部分、套期工具账面金额和现金流量套期储备的披露)。

运用套期会计后，存货的总成本如下表3.4.11所示。[①]

表 3.4.11　存货的总成本　　　　　　　　　　　单位：元

存货成本（所有金额以本币列示）	
付现价格（对商品价格风险和外汇风险而言的即期价格）	165 582
对商品价格风险的现金流量套期储备利得/损失	（67 243）
对外汇风险的现金流量套期储备利得/损失	7 744
存货成本	106 083

所有交易（以现货价格交易的实际咖啡采购以及对两项衍生工具的结算）的现金流量总计为 102 813 元本币。这与经套期会计调整的存货成本相差 3 270 元本币，该金额为两个套期关系的套期无效部分的累计净额。套期无效部分影响现金流量，但被排除在存货的计量之外。

3.4.5　套期关系再平衡的会计处理

企业根据套期会计准则对套期关系作出再平衡的，应当在调整套期关系之前确定套期关系的套期无效部分，并将相关利得或损失计入当期损益。

在计量套期的无效部分时，企业应当考虑货币的时间价值。因此，企业应基于现值来确定被套期项目的价值，从而被套期项目的价值变动同时包括货币时间价值的影响。

在计量套期的无效部分时，为计算被套期项目的价值变动，企业可使用其条款与被套期项目的主要条款相匹配的衍生工具（通常称为"虚拟衍生工具"），例如，对于预期交易的套期，将使用被套期的价格（或利率）水平进行校准。例如，如果套期是针对处于当前市场水平的双方面风险，则虚拟衍生工具应代表在套期关系被指定的当时被校准为零值的假定远期合同。例如，如果套期是针对单方面风险，则虚拟衍生工具将代表假定的期权的内在价值，其在套期关系被指定的当时为平价期权（若被套期的价格水平为当前市场水平）或者价外期权（若被套期的价格水平高于（或者低于）当前市场水平）。使用虚拟衍生工具是计算被套期项目价值变动的一种可行方式。虚拟衍生工具与被套期项目完全匹配，从而能够与采用另一不同的方法确定该价值变动得出的结果相同。因此，使用"虚拟衍生工具"本身不能被视为一种估算方法，而仅仅是为了便于计算被套期项目的价值所采用的一种数学方法。据此，在使用"虚拟衍生工具"估计被套期项目的价值时，不能使用仅存在于套期工具（而非被套期项目）的特征。其中一个例子是以外币计价的债务（无论其是固定利率还是可变利率债务）。在使用虚拟衍生工具计算该债务的价值变动或其现金流量累计变动的现值时，虚拟衍生工具不能仅仅简单地考虑不同货币的汇兑费用，即使实际的衍生工具的不同货币汇兑可能包括该种费用（如交叉货币利率互换）。

使用虚拟衍生工具确定的被套期项目的价值变动同样可用于评估套期关系是否满足套期有效性的要求。

套期关系再平衡可能会导致企业增加或减少指定套期关系中被套期项目或套期工具

---

① 现金流量套期储备，即现金流量套期计入其他综合收益的累计金额。

的数量。企业增加了指定的被套期项目或套期工具的，增加部分自指定增加之日起作为套期关系的一部分进行处理；企业减少了指定的被套期项目或套期工具的，减少部分自指定减少之日起不再作为套期关系的一部分，作为套期关系终止处理。

3.4.6 套期会计中期权时间价值的会计处理

关于期权时间价值的会计处理在准则制定方面的争辩以往主要聚焦于套期无效性。许多典型的被套期交易（如确定承诺、预期交易或现有项目）由于本身不是期权所以并未涉及时间价值的概念。因此，这类被套期项目的公允价值变动中没有相应的部分可以来抵销作为与套期工具的期权时间价值相关的公允价值变动的部分。除非期权的时间价值被排除在指定的套期工具之外，否则就会产生套期无效性。

在 IAS 39 和 CAS 24（2006）中，允许企业选择：将期权类型的衍生工具整体指定为套期工具；或将期权的时间价值分开，仅就期权的内在价值部分指定为套期工具。在 IAS 39 和 CAS 24（2006）的套期会计模型下，企业通常基于期权的内在价值将期权类型的衍生工具指定为套期工具。因此，未指定的期权的时间价值被作为交易性金融工具，并以公允价值计量且其变动计入当期损益，这造成了损益的剧烈波动。这种特定的会计处理与风险管理视角相背离，风险管理中企业通常将期权的时间价值（开始时，即包含在支付溢价中的时间价值）视为套期成本。这项成本是为了防范不利的价格变动同时保留享有任何有利的变动，即为保护企业免于风险所支付的溢价（"保费"观点），在保费观点下，为时间价值的支付类似某些保险风险成本，要么应资本化为被保险资产的成本，要么在保险期间进行摊销。

IFRS 9 和 CAS 24（2017）采纳了期权时间价值的"保费"观点，要求当企业将期权的内在价值和时间价值分开，只将期权的内在价值变动指定为套期工具时，应当区分被套期项目的性质是与交易相关还是与时间段相关。

被套期项目与交易相关的，对其进行套期的期权时间价值具备交易成本的特征；例如，如果期权的时间价值与被套期项目相关，且该被套期项目导致确认一项初始计量包含交易成本的项目（例如，企业对商品购买（无论其是预期交易还是确定承诺）的商品价格风险进行套期，并将交易成本纳入存货的初始计量）。由于期权的时间价值被纳入特定的被套期项目的初始计量，时间价值与被套期项目同时影响损益。与此类似，对商品销售（无论其是预期交易还是确定承诺）进行套期的企业，应将期权的时间价值作为销售成本的一部分（因此，时间价值将在被套期的销售确认收入的相同期间计入损益）。

被套期项目与时间段相关的，对其进行套期的期权时间价值具备为保护企业在特定时间段内规避风险所需支付成本的特征。例如，如果使用期限为 6 个月的商品期权对商品存货在该 6 个月中的公允价值减少进行套期，期权的时间价值将在这 6 个月期间内分摊计入损益（即采用系统和合理的方法进行摊销）。另一个例子是，在使用外汇期权对境外经营净投资进行为期 18 个月的套期时，期权的时间价值将在这 18 个月期间内进行分摊。

企业应当根据被套期项目的性质分别进行以下会计处理。

（1）对于与交易相关的被套期项目，企业应当将期权时间价值的公允价值变动中与被套期项目相关的部分计入其他综合收益。对于在其他综合收益中确认的期权时间价值的公允价值累计变动额，应当按照与现金流量套期储备金额相同的会计处理方法进行处理。

（2）对于与时间段相关的被套期项目，企业应当将期权时间价值的公允价值变动中与被套期项目相关的部分计入其他综合收益。同时，企业应当按照系统、合理的方法，将期权被指定为套期工具当日的时间价值中与被套期项目相关的部分，在套期关系影响损益或其他综合收益（仅限于企业对指定为以公允价值计量且其变动计入其他综合收益的非交易性权益工具投资的公允价值变动风险敞口进行的套期）的期间内摊销，摊销金额从其他综合收益中转出，计入当期损益。若企业终止运用套期会计，则其他综合收益中剩余的相关金额应当转出，计入当期损益。

当期权被用于对与时间段相关的被套期项目进行套期时，被套期项目的特征（包括被套期项目影响损益的方式和时间）同时会影响期权时间价值的摊销期间，这与运用套期会计时期权内在价值影响损益的期间相一致。例如，如果使用某一利率期权（利率上限）来防止浮动利率债券利息费用增加，则利率上限的时间价值摊销计入损益的期间与利率上限的内在价值影响损益的期间相同。

① 如果使用利率上限对 5 年期浮动利率债券的前 3 年的利率上升风险进行套期，则利率上限的时间价值在前 3 年摊销计入损益。

② 如果利率上限是远期起始期权，用于对 5 年期的浮动利率债券的第 2 年至第 3 年的利率上升风险进行套期，则利率上限的时间价值应在第 2 年和第 3 年进行摊销计入损益。

期权的主要条款（如名义金额、期限和标的）与被套期项目相一致的，期权的实际时间价值与被套期项目相关；期权的主要条款与被套期项目不完全一致的，企业应当通过对主要条款与被套期项目完全一致的期权进行估值确定校准时间价值，并确认期权的实际时间价值中与被套期项目相关的部分。

在套期关系开始时，期权的实际时间价值高于校准时间价值的，企业应当以校准时间价值为基础，将其累计公允价值变动计入其他综合收益，并将这两个时间价值的公允价值变动差额计入当期损益；在套期关系开始时，期权的实际时间价值低于校准时间价值的，企业应当将两个时间价值中累计公允价值变动的较低者计入其他综合收益，如果实际时间价值的累计公允价值变动扣减累计计入其他综合收益金额后尚有剩余的，应当计入当期损益。

企业根据套期会计准则第七条规定将远期合同的远期要素和即期要素分开，只将即期要素的价值变动指定为套期工具的；或者将金融工具的外汇基差单独分拆，只将排除外汇基差后的金融工具指定为套期工具的，可以按照与前述期权时间价值相同的处理方式对远期合同的远期要素或金融工具的外汇基差进行会计处理。

3.4.7 套期会计的终止

企业发生下列情形之一的，应当终止运用套期会计。

（1）因风险管理目标发生变化，导致套期关系不再满足风险管理目标。

风险管理目标适用于某一特定套期关系的具体层面，其涉及如何运用被指定的特定套期工具对指定为被套期项目的特定风险敞口进行套期。

例如：企业制定了管理债务融资利率风险敞口的策略，该策略规定企业整体浮动利率融资和固定利率融资的占比区间。该策略旨在维持 20%~40%的固定利率债务。企业根据利率水平不时决定如何执行该策略（即将其固定利率风险敞口锁定在 20%~40%范围内的哪一位置）。在利率较低时，与利率较高时相比，企业将选择锁定更多债务的利率。企业持有 100 万元的浮动利率债务，其中 30 万元通过互换合同转换为固定利率债务。企业利用利率较低的优势，额外发行了 50 万元的固定利率债券，用于为某项重大投资提供融资。在低利率的环境下，企业决定通过将之前用于对浮动利率敞口进行套期的部分减少 20 万元，而将固定利率敞口调整为债务总额的 40%[（10+50）/150]，从而使固定利率敞口变为 60 万元（新发行的 50 万元和通过互换转换的剩余 10 万元）。在这种情况下，风险管理策略本身保持不变。然而，企业对策略的执行发生了改变，这意味着对于之前被套期的 20 万元浮动利率敞口而言，风险管理目标发生了变化（即该变化发生在套期关系层面）。据此，在这种情况下，对于原被套期的 20 万元浮动利率敞口，必须终止运用套期会计。这可能涉及将互换头寸的名义金额减少 20 万元，但视具体情况而定，企业也可能保留该互换规模。例如，将其用于对其他不同的敞口进行套期，或者将其作为交易账户的一部分。相反，如果企业将部分新的固定利率债务转换为浮动利率敞口，则必须对原被套期的浮动利率敞口继续运用套期会计。

（2）套期工具已到期、被出售、合同终止或已行使。

（3）被套期项目与套期工具之间不再存在经济关系，或者被套期项目和套期工具经济关系产生的价值变动中，信用风险的影响开始占主导地位。

（4）套期关系不再满足套期会计准则所规定的运用套期会计方法的其他条件。在适用套期关系再平衡的情况下，企业应当首先考虑套期关系再平衡，然后评估套期关系是否满足套期会计准则所规定的运用套期会计方法的条件。

终止套期会计可能会影响套期关系的整体或其中一部分，在仅影响其中一部分时，剩余未受影响的部分仍适用套期会计。

上述规定与 IAS 39 和 CAS 24（2006）的规定不同。根据 IAS 39 和 CAS 24（2006）的规定，当套期关系不再满足运用套期会计的标准时（包括当套期工具不复存在或已被出售时），企业必须终止套期会计。然而，企业还可以自由选择仅通过撤销对套期关系的指定而自愿终止套期会计（即无论出于何种原因）。

但 IFRS 9 和 CAS 24（2017）规定，套期关系同时满足下列条件的，企业不得撤销套期关系的指定并由此终止套期关系。

（1）套期关系仍然满足风险管理目标。

（2）套期关系仍然满足套期会计准则所规定的运用套期会计方法的其他条件。在适用套期关系再平衡的情况下，企业应当首先考虑套期关系再平衡，然后评估套期关系是否满足套期会计准则所规定的运用套期会计方法的条件。

企业发生下列情形之一的，不作为套期工具已到期或合同终止处理。

（1）套期工具展期或被另一项套期工具替换，而且该展期或替换是企业书面文件所载明的风险管理目标的组成部分。

（2）由于法律法规或其他相关规定的要求，套期工具的原交易对手方变更为一个或多个清算交易对手方（如清算机构或其他企业），以最终达成由同一中央交易对手方进行清算的目的。存在套期工具其他变更的，该变更应当仅限于达成此类替换交易对手方所必需的变更。

3.5　信用风险敞口的公允价值选择权

许多金融机构通过信用衍生工具管理借款活动产生的信用风险敞口。例如，信用风险敞口套期使得金融机构得以将贷款或贷款承诺的信用损失风险转移至第三方。这也可降低对贷款或贷款承诺的监管资本要求，并同时允许金融机构保留该贷款的名义所有权以及维持客户关系。信用组合经理经常使用信用衍生工具对特定风险敞口部分（如对特定客户的额度）或银行整体借款组合的信用风险进行套期。但是，金融项目的信用风险不属于满足被套期项目合格标准的风险成分。无风险利率与市场利率之间的利差包含信用风险、流动性风险、融资风险以及其他任何未识别的风险成分和利润部分。尽管能确认利差包括信用风险，但也不能通过允许单独识别仅由信用风险引起的公允价值变动的方式将信用风险独立出来。

因此，使用信用违约互换合约对其贷款组合的信用风险进行套期的金融机构，以摊余成本计量其贷款组合，并且对多数贷款承诺（即符合《国际财务报告准则第 9 号》范围例外的贷款承诺）不予以确认。信用违约互换合同的公允价值变动计入每个报告期间（作为交易账簿）的损益。这种会计结果导致贷款和贷款承诺的利得和损失与信用违约互换合同的利得和损失出现会计错配，从而引起损益的波动。许多财务报表的使用者指出，该结果并未反映金融机构信用风险管理策略的经济实质。

作为套期会计的替代方案，《国际财务报告准则第 9 号》允许企业在初始确认时，将本准则范围内的金融工具指定为以公允价值计量且变动计入当期损益，前提是这样做会消除或大幅度减少会计错配的情况。然而，公允价值选择权仅在初始确认时适用且不可撤销，同时企业必须将该金融项目（即其全部名义金额）整体指定。由于贷款和贷款承诺可选择的特征和提款行为模式多种多样，信用组合经理经常采取灵活且积极的风险管理策略。多数时候，信用组合经理对小于 100%的贷款或贷款承诺进行套期。他们也可在对较贷款或贷款承诺合约到期日更长的期间进行套期。此外，公允价值选择权仅对《国际财务报告准则第 9 号》范围内的工具有效。多数信用风险被管理的贷款承诺属于《国际会计准则第 37 号》而不是《国际财务报告准则第 9 号》的范围。因此，多数金融机构由于相关的限制和范围要求，不选择（并且经常无法选择）运用公允价值选择权。

因此，当企业对信用风险进行套期时，为了容纳一种等同于套期会计的方法，需要针对该类型风险专门制定不同的会计要求。

企业使用以公允价值计量且其变动计入当期损益的信用衍生工具管理金融工具（或其组成部分）的信用风险敞口时，可以在该金融工具（或其组成部分）初始确认时、后续计量中或尚未确认时，将其指定为以公允价值计量且其变动计入当期损益的金融工具，并同时作出书面记录，但应当同时满足下列条件：

（1）金融工具信用风险敞口的主体（如借款人或贷款承诺持有人）与信用衍生工具涉及的主体相一致。

（2）金融工具的偿付级次与根据信用衍生工具条款须交付的工具的偿付级次相一致。

上述金融工具（或其组成部分）被指定为以公允价值计量且其变动计入当期损益的金融工具的，企业应当在指定时将其账面价值（如有）与其公允价值之间的差额计入当期损益。如该金融工具是按照《企业会计准则第 22 号——金融工具确认和计量》（2017）第十八条分类为以公允价值计量且其变动计入其他综合收益的金融资产的，企业应当将之前计入其他综合收益的累计利得或损失转出，计入当期损益。

同时满足下列条件的，企业应当对按照套期会计准则第三十四条规定的金融工具（或其一定比例）终止以公允价值计量且其变动计入当期损益。

（1）套期会计准则第三十四条规定的条件不再适用，例如信用衍生工具或金融工具（或其一定比例）已到期、被出售、合同终止或已行使，或企业的风险管理目标发生变化，不再通过信用衍生工具进行风险管理。

（2）金融工具（或其一定比例）按照《企业会计准则第 22 号——金融工具确认和计量》（2017）的规定，仍然不满足以公允价值计量且其变动计入当期损益的金融工具的条件。

当企业对金融工具（或其一定比例）终止以公允价值计量且其变动计入当期损益时，该金融工具（或其一定比例）在终止时的公允价值应当作为其新的账面价值。同时，企业应当采用与该金融工具被指定为以公允价值计量且其变动计入当期损益之前相同的方法进行计量。

3.6 新旧比较与衔接

3.6.1 新旧比较

《企业会计准则第 24 号——套期会计》（2017）是在对《企业会计准则第 24 号——套期保值》（2006）进行修订的基础上完成的，新准则与原准则相比，主要有以下几个方面的变化。

（1）套期会计准则拓宽了套期工具和被套期项目的范围，允许将以公允价值计量且其变动计入当期损益的非衍生金融工具指定为套期工具。拓宽了可以被指定的被套期项目的范围，增加了以下符合条件的被套期项目：

一是允许将非金融项目的组成部分指定为被套期项目；

二是允许将一组项目的风险总敞口和风险净敞口指定为被套期项目，并且对于风险净敞口套期的列报作出了单独要求；

三是允许将包括衍生工具在内的汇总风险敞口指定为被套期项目。

衍生工具只能被指定为套期工具，而不能被指定为被套期项目（无论是单独还是作为一组被套期项目的一部分）。作为唯一的例外情况，允许将购入期权指定为被套期项目。在实务中，这通常阻碍衍生工具成为被套期项目。类似地，一项风险敞口和一项衍生工具组合的敞口（汇总风险敞口）不能被指定为被套期项目。因此，除非衍生工具被指定为套期工具，否则衍生工具通常被视为为交易目的而持有并以公允价值计量且其变动计入当期损益。但是，有时企业根据经济需要进行的交易同时存在利率风险和外汇风险。尽管可以在整个期间内同时管理这两项风险敞口，但企业通常使用不同的风险管理策略来管理利率风险和外汇风险。如果汇总风险敞口是通过纳入具备衍生品特征的工具而创建的，这一事实本身并不妨碍将该汇总风险敞口指定为被套期项目。

（2）不允许将嵌入金融资产的衍生工具作为合格套期工具。根据《企业会计准则第22号——金融工具确认和计量》(2006)的要求，需分拆嵌入在混合金融资产和负债中且与主合同不紧密相关的衍生工具（分拆法），被分拆出来的衍生工具可以被指定为套期工具。根据《企业会计准则第22号——金融工具确认和计量》(2017)，混合金融资产作为整体（即包括任何嵌入衍生工具）采用摊余成本计量，或以公允价值计量且其变动计入当期损益，不允许分拆任何嵌入衍生工具。相应地，不允许将金融资产中嵌入的衍生工具指定为合格套期工具（即使它们是混合金融资产不可分割的一部分，而混合金融资产以公允价值计量且其变动计入当期损益，且可以整体指定为套期工具。拆分指定在实务中不常见也过于复杂。

（3）改进套期有效性评价。取消了《企业会计准则第24号——套期保值》(2006)中80%~125%的套期高度有效性量化指标及回顾性评价要求，代之以定性的套期有效性要求，更加注重预期有效性评价。定性的套期有效性要求的重点是，套期工具和被套期项目之间应当具有经济关系，使得套期工具和被套期项目的价值因面临相同的被套期风险而发生方向相反的变动，并且套期关系的套期比率不应当反映被套期项目和套期工具相对权重的失衡，否则会产生套期无效以及与套期会计目标不一致的会计结果。

（4）引入套期关系"再平衡"机制。《企业会计准则第24号——套期保值》(2006)要求，如果套期关系不再符合套期有效性要求，企业应当终止套期会计。新准则引入了灵活的套期关系"再平衡"机制，如果套期关系由于套期比率的原因而不再满足套期有效性要求，但指定该套期关系的风险管理目标没有改变的，企业可以进行套期关系再平衡，通过调整套期关系的套期比率，使其重新满足套期有效性要求，从而延续套期关系，而不必如《企业会计准则第24号——套期保值》(2006)所要求先终止再重新指定套期关系。

（5）允许对指定为以公允价值计量且其变动计入其他综合收益的权益投资运用套期会计。根据《企业会计准则第22号——金融工具确认和计量》(2017)的要求，企业在初始确认时可以不可撤销地选择将某些权益工具投资的后续公允价值变动列报在其他综合收益中。上述确认在其他综合收益中的金额不会被重分类至损益。不过，《企业会计准则第24号——套期保值》(2006)将套期关系定义为被套期的风险敞口可能影响损益的一种关系。因此，如果被套期的风险敞口影响其他综合收益，且不能将其从其他综合收益中转出重分类为损益，则企业不可以应用套期会计，因为仅在可以重分类的情况下被套期的风险敞口才可能最终影响损益。因此一开始，IASB在征求意见稿中禁止对这类金融工具进行套期，但几乎所有的回复意见都反对。最后 IASB 指出，作为结果，套期无效性将不会始终列示于损益中，而会一直遵循被套期项目价值变动列示方式。权衡之后，始终在其他综合收益中确认权益工具投资的套期无效性（不重分类）的方法利大于弊，总而言之，这种替代方法优于理事会考虑的其他方法。因此，理事会决定将该方法纳入最终要求。

（6）增加期权时间价值的会计处理方法。《企业会计准则第 24 号——套期保值》（2006）规定，当企业仅指定期权的内在价值为被套期项目时，剩余的未指定部分即期权的时间价值部分作为衍生工具的一部分，应当以公允价值计量且其变动计入当期损益，造成了损益的潜在波动，不利于反映企业风险管理的成果。新准则引入了新的会计处理方法，期权时间价值的公允价值变动应当首先计入其他综合收益，后续的会计处理取决于被套期项目的性质，被套期项目与交易相关的，对其进行套期的期权时间价值具备交易成本的特征，累计计入其他综合收益的金额应当采用与现金流量套期储备金额相同的会计处理方法进行处理；被套期项目与时间段相关的，对其进行套期的期权时间价值具备为保护企业在特定时间段内规避风险所需支付成本的特征，累计计入其他综合收益的金额应当按照系统、合理的方法，在套期关系影响损益（或其他综合收益）的期间内摊销，计入当期损益。

（7）增加信用风险敞口的公允价值选择权。新准则规定，符合一定条件时，企业可以在金融工具初始确认时、后续计量中或尚未确认（如贷款承诺）时，将金融工具的信用风险敞口指定为以公允价值计量且其变动计入当期损益的金融工具；当条件不再符合时，应当撤销指定。

3.6.2　新旧衔接

施行日之前套期会计处理与本准则要求不一致的，企业不作追溯调整，但下列情况下，企业应当按照本准则的规定，对在比较财务报表期间最早的期初已经存在的，以及在此之后被指定的套期关系进行追溯调整。

（1）企业将期权的内在价值和时间价值分开，只将期权的内在价值变动指定为套期工具。

（2）由于法律法规或其他相关规定的要求，套期工具的原交易对手方变更为一个或多个清算交易对手方（如清算机构或其他主体），以最终达成由同一中央交易对手方进行清算的目的。存在套期工具其他变更的，该变更应当仅限于达成此类替换交易对手方所必需的变更。

此外，企业将远期合同的远期要素和即期要素分开，只将即期要素的价值变动指定为套期工具的；或者将金融工具的外汇基差单独分拆，只将排除外汇基差后的金融工具指定为套期工具的，可以按照与本准则关于期权时间价值相同的处理方式对远期合同的远期要素和金融工具的外汇基差的会计处理进行追溯调整。如果选择追溯调整，企业应当对所有满足该选择条件的套期关系进行追溯调整。

在施行日，企业应当按照 CAS 24（2017）的规定对所存在的套期关系进行评估。在符合其规定的情况下可以进行再平衡，再平衡后仍然符合 CAS 24（2017）规定的运用套期会计方法条件的，将其视为持续的套期关系，并将再平衡所产生的相关利得或损失计入当期损益。

第 4 章
金融工具列报

4.1 金融工具列报概述

金融工具列报是金融工具确认和计量结果的综合性描述,是金融工具会计处理的重要组成部分。金融工具各项信息的列报应该有助于全面地反映因发行或持有金融工具所面临的风险、采用的风险管理策略和风险管理水平等信息,便于财务报表使用者对企业进行综合评价。

为了规范金融工具的列示和披露,财政部于 2006 年 2 月 15 日发布了《企业会计准则第 37 号——金融工具列报》[CAS 37（2006）],并自 2007 年 1 月 1 日起逐步在大中型企业有效实施,对于提升金融工具会计信息质量发挥了积极作用。

随着国内金融市场的不断完善和发展,一方面,投资者、债权人和其他财务报表使用者对企业金融工具相关信息的列报提出了更高的要求,金融机构及其监管部门也对金融工具列报准则提出了修订要求;另一方面,在实务中也出现了一些新问题。例如,对于某些可回售工具等符合一定条件的金融负债,根据其交易实质,可以划分为权益工具,而根据 CAS 37（2006）要求将其归类为金融负债,这对一些多地上市的公司和开放式基金、信托等类型主体的财务报告产生了一定影响。为了有助于企业向财务报表使用者提供更多对决策有用的信息,不断提升财务报告的透明度、有用性和可比性,充分发挥会计在防范金融风险中的作用,财政部对金融工具列报准则进行了修订,并于 2014 年 6 月 20 日正式发布了《企业会计准则第 37 号——金融工具列报》[CAS 37（2014）]。修订的主要内容涉及金融负债和权益工具的区分、金融资产和金融负债的抵销以及披露要求、金融资产转移的披露要求以及金融资产和金融负债到期期限分析的披露要求等。

2008 年金融危机后,国际会计准则委员会开始着手修订金融工具准则,并于 2014 年发布了《国际财务报告准则第 9 号——金融工具》,为实现与国际准则的持续趋同,财政部于 2017 年 5 月 2 日发布了《企业会计准则第 37 号——金融工具列报》[CAS 37（2017）]。在境内外同时上市的企业以及在境外上市并采用国际财务报告准则或企业会计准则编制财务报告的企业,自 2018 年 1 月 1 日起施行;其他境内上市企业自 2019 年 1 月 1 日起施行;执行企业会计准则的非上市企业自 2021 年 1 月 1 日起施行。同时,鼓励企业提前执行。执行 2017 年修订印发的《企业会计准则第 22 号——金融工具确认和计量》(财会

〔2017〕7号）、《企业会计准则第23号——金融资产转移》（财会〔2017〕8号）、《企业会计准则第24号——套期会计》（财会〔2017〕9号）的企业，应同时执行本准则。

CAS 37（2017）规范了金融负债和权益工具的区分，所发行金融工具相关利息、股利、利得和损失的会计处理，金融资产和金融负债的抵消，以及金融工具在财务报表中的列示和披露。企业按照 CAS 37（2017）要求提供金融工具各项信息时，还应当遵照下述规定。

（1）企业应当按照《企业会计准则第30号——财务报表列报》[CAS 30（2014）]的规定，列报财务报表信息。因金融工具交易相对于企业的其他经济业务更具特殊性，具有与金融市场结合紧密、风险敏感性强、对企业财务状况和经营成果影响大等特点，对于与金融工具列报相关的信息，除按照财务报表列报准则的要求列报外，还应当按照 CAS 37（2017）的要求列报。

（2）企业应当按照《企业会计准则第22号——金融工具确认和计量》[CAS 22（2017）]确认和计量相关的金融资产和金融负债，对于金融负债和权益工具的区分，按照 CAS 37（2017）的规定执行。

（3）企业应当正确划分和列示金融资产、金融负债和权益工具。CAS 37（2017）针对实务中企业发行的各类金融工具阐述了金融负债和权益工具的区分原则。企业应当根据合同条款所反映的经济实质以及 CAS 37（2017）规定，将金融工具或其组成部分正确地分类为金融资产、金融负债或权益工具。

（4）企业应当正确确定利息、股利（或股息，下同）、利得或损失的会计处理。根据 CAS 37（2017）规定，金融工具或其组成部分分类为金融负债还是权益工具，决定了与该工具或其组成部分相关的利息、股利、利得或损失的会计处理方法。与金融负债或复合金融工具负债成分相关的利息、股利、利得或损失，应当计入当期损益，与权益工具或复合金融工具权益成分相关的利息、股利、利得或损失，应当作为权益的变动处理。

（5）企业应当正确把握金融资产和金融负债的抵销原则。满足 CAS 37（2017）规定抵消条件的，金融资产和金融负债应当以相互抵销后的净额在资产负债表内列示。企业应当充分考虑相关法律法规要求、合同或协议约定等各方面因素以及自身以总额还是净额结算的意图，对金融资产和金融负债是否符合抵销条件进行评估。

（6）企业应当根据自身实际情况，合理确定列报金融工具的详细程度，使金融工具列报信息既不过度详细，又不过分简化。企业在判断信息披露的详细程度时，应当以 CAS 37（2017）的目标为基准。企业提供的金融工具信息，应当能够使财务报表使用者就企业所发行或持有的金融工具对企业的财务影响、导致企业面临的风险以及企业如何管理这些风险作出合理评价。

4.2　金融负债和权益工具的区分

4.2.1　金融负债和权益工具区分的总体要求

企业应当根据所发行金融工具的合同条款及其所反映的经济实质而非仅以法律形式，

结合金融资产、金融负债和权益工具的定义,在初始确认时将该金融工具或其组成部分分类为金融资产、金融负债或权益工具。

1. 金融负债和权益工具的定义

金融负债是指企业符合下列条件之一的负债。

(1)向其他方交付现金或其他金融资产的合同义务。

(2)在潜在不利条件下,与其他方交换金融资产或金融负债的合同义务。

(3)将来须用或可用企业自身权益工具进行结算的非衍生工具合同,且企业根据该合同将交付可变数量的自身权益工具。

(4)将来须用或可用企业自身权益工具进行结算的衍生工具合同,但以固定数量的自身权益工具交换固定金额的现金或其他金融资产的衍生工具合同除外。企业对全部现有同类别非衍生自身权益工具的持有方同比例发行配股权、期权或认股权证,使之有权按比例以固定金额的任何货币换取固定数量的该企业自身权益工具的,该类配股权、期权或认股权证应当分类为权益工具。其中,企业自身权益工具不包括应按照 CAS 37(2017)规定分类为权益工具的金融工具,也不包括本身就要求在未来收取或交付企业自身权益工具的合同,下同。

权益工具是指能证明拥有某个企业在扣除所有负债后的资产中的剩余权益的合同。剩余权益不一定与所有其他的剩余权益具有相同的级别,它可以是对企业股票的固定金额所享有的优先级别的权益。企业发行的金融工具同时满足下列条件的,符合权益工具的定义,应当将该金融工具分类为权益工具。

(1)该金融工具应当不包括交付现金或其他金融资产给其他方,或在潜在不利条件下与其他方交换金融资产或金融负债的合同义务。

(2)将来须用或可用企业自身权益工具结算该金融工具。如为非衍生工具,该金融工具应当不包括交付可变数量的自身权益工具进行结算的合同义务;如为衍生工具,企业只能通过以固定数量的自身权益工具交换固定金额的现金或其他金融资产结算该金融工具。

权益工具的例子包括不可回售的普通股、某些可回售工具[满足 CAS 37(2017)第十六条和第十八条]、某些仅清算条件下产生使企业按股权比例交付给另一企业自身净资产的义务的工具[满足 CAS 37(2017)第十七条和第十八条]、特定类型的优先股、认股权证或发行在外的看涨期权,这些认股权证或看涨期权持有方能以固定金额的现金或其他金融资产认购或购买固定数量的不可回售的发行方自身的普通股。企业承担的通过发行或购买固定数量的自身权益工具以换取固定数额的现金或其他金融资产的义务,是企业的一项权益工具。

2. 区分金融负债和权益工具需考虑的因素

(1)合同所反映的经济实质。在判断一项金融工具是否应划分为金融负债或权益工具时,应当以相关合同条款及其所反映的经济实质而非仅以法律形式为依据。对金融工具合同所反映经济实质的评估应基于合同的具体条款,合同条款以外的因素一般不予考虑。例如，包含强制性赎回条款的优先股，规定发行方必须在未来某一既定日期或某一可确定的日期以某一既定金额或某一可确定的金额赎回该股票，或者使持有方有权要求发行方在某一特定日期或在某一特定日期之后以某一既定金额或某一可确定的金额赎回该股票，则该优先股是一项金融负债。

（2）工具的特征。有些金融工具可能既有权益工具的特征，又有金融负债的特征。例如，企业发行的某些优先股。因此，企业应当全面细致地分析此类金融工具各组成部分的合同条款，以确定其显示的是金融负债还是权益工具的特征，并进行整体评估，以判定整个工具应划分为金融负债或权益工具，还是既包括金融负债成分又包括权益工具成分的复合金融工具。

4.2.2 金融负债和权益工具区分的基本原则

1. 是否存在无条件地避免交付现金或其他金融资产的合同义务

（1）如果企业不能无条件地避免以交付现金或其他金融资产来履行一项合同义务的，该合同义务符合金融负债的定义。实务中，常见的该类合同义务情形包括以下几种。

① 不能无条件地避免赎回，即金融工具发行方不能无条件地避免赎回此金融工具，如不能无条件地避免偿还本金等。例如，对于零息债券（指存续期内不用支付利息，通常情况下折价发行），该金融工具要由发行方在未来某一固定或可确定日期以某一可确定的金额强制赎回。因为具有按债券赎回的价值支付现金的合同义务，所以该金融工具应划分为一项金融负债。如果一项合同[除 CAS 37（2017）第三章分类为权益工具的特殊金融工具外]使发行方承担了以现金或其他金融资产回购自身权益工具的义务，即使发行方的回购义务取决于合同对手方是否行使回售权，发行方也应当在初始确认时将该义务确认为一项金融负债，其金额等于回购所需支付金额的现值（如远期回购价格的现值、期权行权价格的现值或其他回售金额的现值）。如果发行方最终无须以现金或其他金融资产回购自身权益工具，应当在合同对手方回售权到期时将该项金融负债按照账面价值重分类为权益工具。

例如，开放式共同基金、联合信托基金、合伙企业以及一些合作企业可能赋予其单位证券持有人或成员有权在任何时候赎回他们在这些主体中的权益以获得现金，致使单位证券持有人或成员的利益被划分为金融负债。但是，将其界定为金融负债并不妨碍在不拥有权益资本的主体（如一些共同基金和联合信托基金）的财务报表中使用诸如"可归属于信托单位（基金单位）持有人的净资产价值"和"可归属于信托单位（基金单位）持有人的净资产价值变动额"之类的项目名称，或使用附加披露以揭示所有的成员权益包括诸如各项符合权益定义的储备金和不符合权益定义的可回售工具等。

② 强制付息，即金融工具发行方被要求强制支付利息。例如，一项以面值人民币 1 亿元发行的优先股要求每年按 8% 的股息率支付优先股股息，则发行方承担了支付未来每年 8% 股息的合同义务，应当就该强制付息的合同义务确认金融负债。又如，企业发行的

一项永续债,无固定还款期限且不可赎回,每年按 8%的利率强制付息。尽管该项工具的期限永续且不可赎回,但由于企业承担了以利息形式永续支付现金的合同义务,因此符合金融负债的定义。

需要说明的是,对企业履行交付现金或其他金融资产的合同义务能力的限制(如无法获得外币、需要得到有关监管部门的批准才能支付或其他法律法规的限制等),并不能解除企业就该金融工具所承担的合同义务,也不能表明该企业无须承担该金融工具的合同义务。

(2)如果企业能够无条件地避免交付现金或其他金融资产,例如能够根据相应的议事机制自主决定是否支付股息(即无支付股息的义务),同时所发行的金融工具没有到期日且合同对手方没有回售权,或虽有固定期限但发行方有权无限期递延(即无支付本金的义务),则此类交付现金或其他金融资产的结算条款不构成金融负债。如果发放股利由发行方根据相应的议事机制自主决定,则股利是累积股利还是非累积股利本身不会影响该金融工具被分类为权益工具。

实务中,优先股等金融工具发行时还可能会附有与普通股股利支付相连结的合同条款。这类工具常见的连结条款包括"股利制动机制"和"股利推动机制"等。"股利制动机制"的合同条款要求企业如果不宣派或支付(视具体合同条款而定,下同)优先股等金融工具的股利,则其也不能宣派或支付普通股股利。"股利推动机制"的合同条款要求企业如果宣派或支付普通股股利,则其也须宣派或支付优先股等金融工具的股利。如果优先股等金融工具所连结的是诸如普通股的股利,发行方根据相应的议事机制能够自主决定普通股股利的支付,则"股利制动机制"及"股利推动机制"本身均不会导致相关金融工具被分类为金融负债。

【例 4.2.1】金融负债和权益工具区分:永续债

甲公司发行了一项年利率为 8%、无固定还款期限、可自主决定是否支付利息的不可累积永续债,其他合同条款如下(假定没有其他条款导致该工具被分类为金融负债)。

① 该永续债嵌入了一项看涨期权,允许甲公司在发行第 5 年及之后以面值回购该永续债。

② 如果甲公司在第 5 年末没有回购该永续债,则之后的票息率增加至 12%(通常称为"票息递增"特征)。

③ 该永续债票息在甲公司向其普通股股东支付股利时必须支付(即"股利推动机制")。

假设:甲公司根据相应的议事机制能够自主决定普通股股利的支付;该公司发行该永续债之前多年来均支付普通股股利。

分析:尽管甲公司多年来均支付普通股股利,但由于甲公司能够根据相应的议事机制自主决定普通股股利的支付,并进而影响永续债利息的支付,对甲公司而言,该永续债利息并未形成支付现金或其他金融资产的合同义务;尽管甲公司有可能在第 5 年末行使回购权,但是甲公司并没有回购的合同义务,因此该永续债应整体被分类为权益工具。

【例 4.2.2】金融负债和权益工具区分:对赌协议中的增资扩股

20×7 年初,投资公司 A 与被投资公司 B 签订了《增资扩股协议》,该协议约定以下内容。

（1）A公司对B公司增资2亿元，占其5%股权，其中1 000万元计入注册资本。

（2）B公司承诺：20×7年经审计税后利润不低于3亿元；如低于3亿元，B公司愿以实际税后净利润为基础，按"投资估值"中约定的投资市盈率15倍进行计算，给予A公司现金补偿。补偿金额=45/3×（20×7年经审计后净利润低于3亿元的部分）×投资人持有的B公司股份比例。

同时A公司承诺：若20×7年度经审计后净利润高于3亿元，A公司愿以实际税后净利润为基础，按"投资估值"中约定的投资市盈率15倍进行计算，给予B公司现金补偿。补偿金额=45/3×（20×7年经审计后净利润高于3亿元的部分）×投资人持有的B公司股份比例。

若实际净利润与3亿元实际相差在10%以内，双方互不补偿。

本协议签订后，A公司将增资款2亿元汇入B公司账户，经验资，B公司完成了增资工商变更登记手续。

《增资扩股协议》中附有回购条款，即：如被投资方B公司在投资公司A公司投资后两年内不能上市，由B公司回购A公司持有的股份并按年支付10%利息。

20×8年8月，A公司获知B公司20×7年度经审计后净利润为1.5亿元（仅为承诺业绩的50%），于是向B公司要求现金补偿1.125亿元。

分析：本题涉及对赌协议。对赌条款涉及在特定条件下按照事先约定的固定或可确定的价格回购该部分增资股份，适用《企业会计准则第37号——金融工具列报》（2017）等相关规定。

本例中，B公司基于未来上市或不上市事项，以固定或可确定的金额向风险投资基金A公司回购其股份。由于能否上市属于B公司自身无法控制事项，B公司无法无条件避免向A公司支付现金的义务，因此，B公司所吸收A公司投资款，在会计实质上属于金融负债而不是权益工具。对B公司来说，承担的低于3亿元差额补偿的义务和享有的A公司对高于3亿元差额补偿的权利应作为嵌入式衍生工具按照CAS 22（2017）核算（采用公允价值计量），由于嵌入衍生工具（即利润补偿条款）不是紧密相关的，所以可以整体指定为一项以公允价值计量且其变动计入当期损益的金融负债。因此，B公司在收到A公司投资款时的会计处理如下（金额单位：亿元）。

借：银行存款　　　　　　　　　　　　　　2
　　贷：交易性金融负债　　　　　　　　　　　　2

20×7年末，假定交易性金融负债的公允价值为3.525亿元，其会计分录为

借：公允价值变动损益　　　　　　　　　　1.525
　　贷：交易性金融负债　　　　　　　　　　　　1.525

20×7年末B公司20×7年度经审计后净利润为1.5亿元（仅为承诺业绩的50%），B公司向A公司补偿现金1.125亿元，则会计分录为

借：交易性金融负债　　　　　　　　　　　1.125
　　贷：银行存款　　　　　　　　　　　　　　　1.125

20×8年，假设B公司未上市成功，应按合同约定回购股份，则会计分录为

借：交易性金融负债　　　　　　　　　　　2.4

　　　　贷：银行存款　　　　　　　　　　　　　　　　2.4

20×8年，假设B公司上市成功，B公司将继续持有该公司股权，则应将金融负债转为权益，则会计分录为

　　　　借：交易性金融负债　　　　　　　　　　　　　2.4
　　　　　　贷：实收资本　　　　　　　　　　　　　　0.1
　　　　　　　　资本公积——资本溢价（或留存收益）　2.3

（3）有些金融工具虽然没有明确地包含交付现金或其他金融资产义务的条款和条件，但有可能通过其他条款和条件间接地形成合同义务。例如，一项金融工具可能包括一项非金融义务，这项义务当且仅当在企业不能进行股利分配或赎回该工具时必须被履行。如果企业仅能以履行非金融义务来避免交付现金或其他金融工具，那么该金融工具是一项金融负债。

或者，如果一项金融工具在结算时企业将交付下列项目之一，则该金融工具是一项金融负债：

① 现金或其他金融资产。

② 企业自身的股票，且这些股票的价值显著地超出现金或其他金融资产的价值。

尽管企业没有明确地承担交付现金或其他金融资产的合同义务，但是可选的股票结算方式对企业如此不利，因此，企业将使用现金结算。在任何情况下，持有方实质上可以确保至少获得以现金结算所能得到的金额。

（4）判断一项金融工具是划分为权益工具还是金融负债，不受下列因素的影响：

① 以前实施分配的情况。

② 未来实施分配的意向。

③ 相关金融工具如果没有发放股利对发行方普通股的价格可能产生的负面影响。

④ 发行方的未分配利润等可供分配权益的金额。

⑤ 发行方对一段期间内损益的预期。

⑥ 发行方是否有能力影响其当期损益。

例如，对优先股属于金融负债还是权益工具的评估。优先股发行时可附带各种不同的权利。在将优先股归类为金融负债还是权益工具时，企业应评估附着在优先股上的特定权利，以确定它是否表现出金融负债的基本特征，例如，在特定日期赎回或根据持有方的选择权可以赎回的优先股属于金融负债，因为发行方有义务在未来将金融资产转让给股票持有方。如果合同要求发行方有义务赎回优先股，而发行方潜在地不能履行时，不论是由于资金缺乏、受法令限制或是收益或储备不足，都不能取消此项义务。发行方以现金赎回该种股票的选择权并不满足金融负债的定义，因为发行方并没有现时义务将金融资产转让给股东。在这种情况下，是否赎回股票完全取决于发行人的意愿。但是，当股票的发行方作出行使权利的选择后——通常是在将赎回股票的意向正式通告股东时，将产生一项义务。

如果优先股是不可赎回的，应根据附着在其上的其他权利确定适当的分类。对优先股的分类应根据对合同实质的评估以及金融负债和权益工具的定义。当是否对优先股（无论

是累积优先股还是非累积优先股）持有方发放股利完全取决于发行方的意愿时，该优先股属于权益工具。将一项优先股归类为权益工具还是金融负债，不受下列因素影响：

① 以前实施股利分配的情况。
② 未来实施股利分配的意向。
③ 没有发放优先股股利对发行方普通股的价格可能产生的负面影响。
④ 发行方的未分配利润等可供分配权益的金额。
⑤ 发行方对一段期间内损益的预期。
⑥ 发行方是否有能力影响其当期损益。

2. 是否通过交付固定数量的自身权益工具结算

如果一项金融工具须用或可用企业自身权益工具进行结算，需要考虑用于结算该工具的企业自身权益工具，是作为现金或其他金融资产的替代品，还是为了使该工具持有方享有在发行方扣除所有负债后的资产中的剩余权益。如果是前者，该工具是发行方的金融负债；如果是后者，该工具是发行方的权益工具。因此，对于以企业自身权益工具结算的金融工具，其分类需要考虑所交付的自身权益工具的数量是可变的还是固定的。

对于将来须用或可用企业自身权益工具结算的金融工具的分类，应当区分衍生工具和非衍生工具。例如，甲公司发行了一项无固定期限、能够自主决定支付本息的可转换优先股。按相关合同规定，甲公司将在第 5 年末将发行的该工具强制转换为可变数量的普通股。该可转换优先股是一项非衍生工具。又如，甲公司发行一项 5 年期分期付息到期还本，同时到期可转换为甲公司普通股的可转换债券。该可转换债券中嵌入的转换权是一项衍生工具。

（1）基于自身权益工具的非衍生工具。

对于非衍生工具，如果发行方未来有义务交付可变数量的自身权益工具进行结算，则该非衍生工具是金融负债；否则，该非衍生工具是权益工具。

某项合同并不仅因为其可能导致企业交付自身权益工具而成为一项权益工具。在某些情况下，一项金融工具合同规定企业须用或可用自身权益工具结算该金融工具，其中合同权利或合同义务的金额等于可获取或需交付的自身权益工具的数量乘以其结算时的公允价值，则无论该合同权利或合同义务的金额是固定的，还是完全或部分地基于除企业自身权益工具的市场价格以外变量（如利率、某种商品的价格或某项金融工具的价格）的变动而变动的，该合同应当分类为金融负债。

【例 4.2.3】用与特定金额等值的自身权益工具偿还债务

甲公司与乙公司签订的合同约定，甲公司以 1 000 万元等值的自身权益工具偿还所欠乙公司债务。

本例中，甲公司需偿还的负债金额 1 000 万元是固定的，但甲公司需交付的自身权益工具的数量随着其权益工具市场价格的变动而变动。在这种情况下，甲公司发行的该金融工具应当划分为金融负债。

【例 4.2.4】用与特定黄金等值的自身权益工具偿还债务

甲公司与乙公司签订的合同约定,甲公司以 1 000 盎司黄金等值的自身权益工具偿还所欠乙公司债务。

分析:甲公司需偿还的负债金额随黄金价格变动而变动,同时,甲公司需交付的自身权益工具的数量随着其权益工具市场价格的变动而变动。在这种情况下,该金融工具应当划分为金融负债。

【例 4.2.5】将特定金额的优先股转换为自身权益工具

甲公司发行了名义金额人民币 100 元的优先股,合同条款规定甲公司在 3 年后将优先股强制转换为普通股,转股价格为转股日前一工作日的该普通股市价。

分析:转股价格是变动的,未来须交付的普通股数量是可变的,实质可视作甲公司将在 3 年后使用自身普通股并按其市价履行支付优先股每股人民币 100 元的义务。在这种情况下,该强制可转换优先股整体是一项金融负债。

在上述 3 个例子中,虽然企业通过交付自身权益工具来结算合同义务,但该合同仍属于一项金融负债,而并非企业的权益工具。因为企业以可变数量的自身权益工具作为合同结算方式,该合同不能证明持有方享有发行方在扣除所有负债后的资产中的剩余权益。

(2)基于自身权益工具的衍生工具。

对于衍生工具,如果发行方只能通过以固定数量的自身权益工具交换固定金额的现金或其他金融资产进行结算(即"固定换固定"),则该衍生工具是权益工具;如果发行方以固定数量自身权益工具交换可变金额现金或其他金融资产,或以可变数量自身权益工具交换固定金额现金或其他金融资产,或以可变数量自身权益工具交换可变金额现金或其他金融资产,则该衍生工具应当确认为衍生金融负债或衍生金融资产。因此,除非满足"固定换固定"条件,否则将来须用或可用企业自身权益工具结算的衍生工具应分类为衍生金融负债或衍生金融资产。

例如,发行在外的股票期权赋予了工具持有方以固定价格购买固定数量的发行方股票的权利。该合同的公允价值可能会随着股票价格以及市场利率的波动而变动。但是,只要该合同的公允价值变动不影响结算时发行方可收取的现金或其他金融资产的金额,也不影响需交付的权益工具的数量,则发行方应将该股票期权作为一项权益工具处理。

运用上述"固定换固定"原则来判断会计分类的金融工具常见于可转换债券、具备转股条款的永续债、优先股等。实务中,转股条款呈现的形式可能纷繁复杂,发行方应审慎确定其合同条款及所反映的经济实质是否能够满足"固定换固定"原则。

【例 4.2.6】企业发行期权约定出售固定数量的自身股份

甲公司发行期权,以约定的行权价格出售其固定数量的自身股份。该期权的条款规定特定的行权价格将随着企业股票的价格变化而变化,具体如下:

当股票价格为 0~10 元(不含 10 元),每份期权可以每股 10 元的行权价格购买 10 股公司股票;

当股票价格为 10~20 元,每份期权可以每股 15 元的行权价格购买 10 股公司股票;

以公司股票价格为机制的可变行权价格导致以可变金额的现金换取固定数量的股票,

违背了"固定换固定"的原则,因此该期权应划分为一项金融负债而非权益工具。

需要说明的是,在实务中,对于附有可转换为普通股条款的可转换债券等金融工具,在其转换权存续期内,发行方可能发生新的融资或者与资本结构调整有关的经济活动,例如股份拆分或合并、配股、转增股本、增发新股、发放现金股利等。通常情况下,即使转股价初始固定,但为了确保此类金融工具持有方在发行方权益中的潜在利益不会被稀释,合同条款会规定在此类事项发生时,转股价将相应进行调整。此类对转股价格以及相应转股数量的调整通常称为"反稀释"调整。原则上,如果按照转股价格调整公式进行调整,可使稀释事件发生之前和之后,每一份此类金融工具所代表的发行方剩余利益与每一份现有普通股所代表的剩余利益的比例保持不变,即此类金融工具持有方相对于现有普通股股东所享有的在发行方权益中的潜在相对利益保持不变,则这一调整被认为并不违背"固定换固定"原则。

【例 4.2.7】 甲公司发行基于自身股票的看涨期权

甲公司于 20×6 年 2 月 1 日向乙公司发行以自身普通股为标的的看涨期权。根据该期权合同,如果乙公司行权(行权价为 102 元),乙公司有权在 20×7 年 1 月 31 日以每股 102 元的价格从甲公司购入普通股 1 000 股。其他有关资料如下:

(1) 合同签订日   20×6 年 2 月 1 日
(2) 行权日(欧式期权)   20×7 年 1 月 31 日
(3) 20×6 年 2 月 1 日每股市价   100 元
(4) 20×6 年 12 月 31 日每股市价   104 元
(5) 20×7 年 1 月 31 日每股市价   104 元
(6) 20×7 年 1 月 31 日应支付的固定行权价格   102 元
(7) 期权合同中的普通股数量   1 000 股
(8) 20×6 年 2 月 1 日期权的公允价值   5 000 元
(9) 20×6 年 12 月 31 日期权的公允价值   3 000 元
(10) 20×7 年 1 月 31 日期权的公允价值   2 000 元

情形 1:期权将以现金净额结算

甲公司的会计处理如下。

① 20×6 年 2 月 1 日,确认发行的看涨期权:

借:银行存款   5 000
  贷:衍生工具——看涨期权   5 000

② 20×6 年 12 月 31 日,确认期权公允价值减少:

借:衍生工具——看涨期权   2 000
  贷:公允价值变动损益   2 000

③ 20×7 年 1 月 31 日,确认期权公允价值减少:

借:衍生工具——看涨期权   1 000
  贷:公允价值变动损益   1 000

在同一天,乙公司行使了该看涨期权,合同以现金净额方式进行结算。甲公司有义务向乙公司交付 104 000 元(104×1 000),并从乙公司收取 102 000 元(102×1 000),甲公司实际支付净额为 2 000 元。反映看涨期权结算的账务处理如下。

借：衍生工具——看涨期权　　　　　　　　2 000
　　贷：银行存款　　　　　　　　　　　　　　　2 000

情形 2：期权将以普通股净额结算

除期权以普通股净额结算外，其他资料与情形 1 相同。甲公司实际向乙公司交付普通股数量约为 19.2 股（2 000/104），因交付的普通股数量须为整数，实际交付 19 股，余下的金额 24 元将以现金方式支付。因此，甲公司除以下账务处理外，其他账务处理与情形 1 相同。

20×7 年 1 月 31 日：

借：衍生工具——看涨期权　　　　　　　　2 000
　　贷：股本　　　　　　　　　　　　　　　　　　19
　　　　资本公积——股本溢价　　　　　　　　　1 957
　　　　银行存款　　　　　　　　　　　　　　　　24

情形 3：期权将以普通股总额结算

除甲公司以约定的固定数量的自身普通股交换固定金额现金外，其他资料与情形 1 相同。因此，乙公司有权于 20×7 年 1 月 31 日以 102 000 元（102×1 000）购买甲公司 1 000 股普通股。

甲公司的会计处理如下。

① 20×6 年 2 月 1 日，确认发行的看涨期权：

借：银行存款　　　　　　　　　　　　　　5 000
　　贷：其他权益工具　　　　　　　　　　　　　5 000

由于甲公司将以固定数量的自身股票换取固定金额现金，应将该衍生工具确认为权益工具。

② 20×6 年 12 月 31 日：由于该期权合同确认为权益工具，甲公司无须就该期权的公允价值变动作出会计处理，因此无须在 20×6 年 12 月 31 日编制会计分录。

③ 20×7 年 1 月 31 日，乙公司行权：

借：银行存款　　　　　　　　　　　　　　102 000
　　其他权益工具　　　　　　　　　　　　　5 000
　　贷：股本　　　　　　　　　　　　　　　　　1 000
　　　　资本公积——股本溢价　　　　　　　　106 000

由于该看涨期权是价内期权（行权价格每股 102 元小于市场价格每股 104 元），乙公司在行权日行使了该期权，向甲公司支付了 102 000 元以获取 1 000 股甲公司股票。

【例 4.2.8】甲公司购入基于自身股票的看涨期权

甲公司于 20×6 年 2 月 1 日向乙公司买入以自身普通股为标的的看涨期权。根据该期权合同，如果甲公司行权（行权价为 102 元），甲公司有权在 20×7 年 1 月 31 日以 102 元价格从乙公司购买 1 000 股甲公司自身的普通股。其他有关资料如下：

（1）合同签订日　　　　　　　　　　　　　　20×6 年 2 月 1 日
（2）行权日（欧式期权）　　　　　　　　　　20×7 年 1 月 31 日
（3）20×6 年 2 月 1 日每股市价　　　　　　　100 元
（4）20×6 年 12 月 31 日每股市价　　　　　　104 元

（5）20×7年1月31日每股市价　　　　　　　　　　104元
（6）20×7年1月31日应支付的固定行权价格　　　　102元
（7）期权合同中的普通股数量　　　　　　　　　　1 000股
（8）20×6年2月1日期权的公允价值　　　　　　　5 000元
（9）20×6年12月31日期权的公允价值　　　　　　3 000元
（10）20×7年1月31日期权的公允价值　　　　　　2 000元

情形1：期权将以现金净额结算

甲公司的会计处理如下。

① 20×6年2月1日，确认购买的看涨期权：

借：衍生工具——看涨期权　　　　　　　　　　5 000
　　贷：银行存款　　　　　　　　　　　　　　　　　5 000

② 20×6年12月31日，确认期权公允价值减少：

借：公允价值变动损益　　　　　　　　　　　　2 000
　　贷：衍生工具——看涨期权　　　　　　　　　　　2 000

③ 20×7年1月31日，确认期权公允价值减少：

借：公允价值变动损益　　　　　　　　　　　　1 000
　　贷：衍生工具——看涨期权　　　　　　　　　　　1 000

在同一天，甲公司行使了该看涨期权，合同以现金净额方式进行结算。乙公司有义务向甲公司交付104 000元（104×1 000），并从甲公司收取102 000元（102×1 000），乙公司实际支付净额为2 000元。反映看涨期权结算的账务处理如下。

借：银行存款　　　　　　　　　　　　　　　　2 000
　　贷：衍生工具——看涨期权　　　　　　　　　　　2 000

情形2：期权将以普通股净额结算

除期权以普通股净额结算外，其他资料与情形1相同。乙公司实际向甲公司交付普通股数量约为19.2股（2 000/104），因交付的普通股数量须为整数，实际交付19股，余下的金额24元将以现金方式支付。因此，甲公司除以下账务处理外，其他账务处理与情形1相同。

20×7年1月31日：

借：库存股　　　　　　　　　　　　　　　　　19
　　资本公积——股本溢价　　　　　　　　　　1 957
　　银行存款　　　　　　　　　　　　　　　　24
　　贷：衍生工具——看涨期权　　　　　　　　　　　2 000

情形3：期权将以普通股总额结算

除甲公司支付固定金额现金以收取约定的固定数量的自身普通股外，其他资料与情形1相同。因此，甲公司有权于20×7年1月31日以102 000元（102×1 000）回购自身1 000股普通股。

甲公司的会计处理如下。

① 20×6年2月1日，确认购买的看涨期权：

借：其他权益工具　　　　　　　　　　　　　　5 000

贷:银行存款 5 000

由于甲公司支付固定金额现金以收取约定的固定数量的自身普通股,应将该衍生工具确认为权益工具。

② 20×6年12月31日,由于该期权合同确认为权益工具,甲公司无须就该期权的公允价值变动作出会计处理,因此无须在20×6年12月31日编制会计分录。

③ 20×7年1月31日,甲公司行权:

借:库存股 1 000
   资本公积——股本溢价 106 000
  贷:银行存款 102 000
     其他权益工具 5 000

由于该看涨期权是价内期权(行权价格每股102元小于市场价格每股104元),甲公司在行权日行使了该期权,向乙公司支付了102 000元以获取1 000股甲公司自身的股票。

【例4.2.9】甲公司发行基于自身股票的看跌期权

甲公司于20×6年2月1日向乙公司发行以自身普通股为标的的看跌期权。根据该期权合同,如果乙公司行权(行权价为98元),乙公司有权在20×7年1月31日以每股98元的价格向甲公司出售甲公司普通股1 000股。其他有关资料如下:

(1)合同签订日 20×6年2月1日
(2)行权日(欧式期权) 20×7年1月31日
(3)20×6年2月1日每股市价 100元
(4)20×6年12月31日每股市价 95元
(5)20×7年1月31日每股市价 95元
(6)20×7年1月31日应支付的固定行权价格 98元
(7)期权合同中的普通股数量 1 000股
(8)20×6年2月1日期权的公允价值 5 000元
(9)20×6年12月31日期权的公允价值 4 000元
(10)20×7年1月31日期权的公允价值 3 000元

情形1:期权将以现金净额结算

甲公司的会计处理如下。

① 20×6年2月1日,确认发行的看跌期权:

借:银行存款 5 000
  贷:衍生工具——看跌期权 5 000

② 20×6年12月31日,确认期权公允价值减少:

借:衍生工具——看跌期权 1 000
  贷:公允价值变动损益 1 000

③ 20×7年1月31日,确认期权公允价值减少:

借:衍生工具——看跌期权 1 000
  贷:公允价值变动损益 1 000

在同一天,乙公司行使了该看跌期权,合同以现金净额方式进行结算。甲公司有义务向乙公司交付 98 000 元（98×1 000），并从乙公司收取 95 000 元（95×1 000）的股票，甲公司实际支付净额为 3 000 元。反映看跌期权结算的账务处理如下。

借：衍生工具——看跌期权　　　　　3 000
　　贷：银行存款　　　　　　　　　　　　　3 000

情形 2：期权将以普通股净额结算

除期权以普通股净额结算外，其他资料与情形 1 相同。甲公司有义务向乙公司交付 98 000 元（98×1 000），并从乙公司收取 95 000 元（95×1 000）的股票，甲公司实际支付净额为 3 000 元。甲公司向乙公司交付价值为 3 000 元的甲公司股票 31.6（3 000/95），因交付的普通股数量须为整数，实际交付 31 股，余下的金额 55 元将以现金方式支付。因此，甲公司除以下账务处理外，其他账务处理与情形 1 相同。

20×7 年 1 月 31 日：

借：衍生工具——看跌期权　　　　　3 000
　　贷：股本/库存股　　　　　　　　　　　　31
　　　　资本公积——股本溢价　　　　　　2 914
　　　　银行存款　　　　　　　　　　　　　55

情形 3：期权将以普通股总额结算

除甲公司支付固定金额的现金以换取固定数量的自身股票外，其他资料与情形 1 相同。因此，乙公司有权于 20×7 年 1 月 31 日以 98 000 元（98×1 000）向甲公司出售 1 000 股普通股。

甲公司的会计处理如下。

① 20×6 年 2 月 1 日，确认发行的看跌期权：

借：银行存款　　　　　　　　　　　5 000
　　贷：其他权益工具　　　　　　　　　　　5 000

由于甲公司支付固定金额的现金以换取固定数量的自身股票，应将该衍生工具确认为权益工具。

借：其他权益工具　　　　　　　　　95 000
　　贷：预计负债　　　　　　　　　　　　　95 000

确认一年后交付 98 000 元的义务的现值，即 95 000 元计入负债。

② 20×6 年 12 月 31 日：

借：财务费用　　　　　　　　　　　2 750
　　贷：预计负债　　　　　　　　　　　　　2 750

根据实际利率法应计的基于股票赎回金额的负债的利息。

③ 20×7 年 1 月 31 日，乙公司行权，且该合同以总额进行结算。甲公司有义务向乙公司支付现金 98 000 元，以换取价值为 95 000 元的股票。

借：预计负债　　　　　　　　　　　98 000
　　贷：银行存款　　　　　　　　　　　　　98 000

【例 4.2.10】甲公司购入基于自身股票的看跌期权

甲公司于 20×6 年 2 月 1 日向乙公司买入以自身普通股为标的的看跌期权。根据该期权合同，如果甲公司行权（行权价为 98 元），则甲公司有权在 20×7 年 1 月 31 日以 98 元的价格向乙公司出售 1 000 股甲公司自身的普通股。其他有关资料如下：

(1) 合同签订日　　　　　　　　　　　　　　　20×6 年 2 月 1 日
(2) 行权日（欧式期权）　　　　　　　　　　　　20×7 年 1 月 31 日
(3) 20×6 年 2 月 1 日每股市价　　　　　　　　　100 元
(4) 20×6 年 12 月 31 日每股市价　　　　　　　　95 元
(5) 20×7 年 1 月 31 日每股市价　　　　　　　　95 元
(6) 20×7 年 1 月 31 日应支付的固定行权价格　　98 元
(7) 期权合同中的普通股数量　　　　　　　　　1 000 股
(8) 20×6 年 2 月 1 日期权的公允价值　　　　　5 000 元
(9) 20×6 年 12 月 31 日期权的公允价值　　　　4 000 元
(10) 20×7 年 1 月 31 日期权的公允价值　　　　3 000 元

情形 1：期权将以现金净额结算

甲公司的会计处理如下。

① 20×6 年 2 月 1 日，确认购买的看涨期权：

借：衍生工具——看跌期权　　　　　5 000
　　贷：银行存款　　　　　　　　　　　　　5 000

② 20×6 年 12 月 31 日，确认期权公允价值减少：

借：公允价值变动损益　　　　　　　1 000
　　贷：衍生工具——看跌期权　　　　　　　1 000

③ 20×7 年 1 月 31 日，确认期权公允价值减少：

借：公允价值变动损益　　　　　　　1 000
　　贷：衍生工具——看跌期权　　　　　　　1 000

在同一天，甲公司行使了该看跌期权，合同以现金净额方式进行结算。乙公司有义务向甲公司交付 98 000 元（98×1 000），并从甲公司收取 95 000 元（95×1 000）的股票，乙公司实际支付净额为 3 000 元。反映看跌期权结算的账务处理如下：

借：银行存款　　　　　　　　　　　3 000
　　贷：衍生工具——看跌期权　　　　　　　3 000

情形 2：期权将以普通股净额结算

除期权以普通股净额结算外，其他资料与情形 1 相同。乙公司实际向甲公司交付普通股数量约为 31.6 股（3 000/95），因交付的普通股数量须为整数，实际交付 31 股，余下的金额 55 元将以现金方式支付。因此，甲公司除以下账务处理外，其他账务处理与情形 1 相同。

20×7 年 1 月 31 日：

借：库存股　　　　　　　　　　　　　31
　　资本公积——股本溢价　　　　　　2 914
　　银行存款　　　　　　　　　　　　　55
　　贷：衍生工具——看跌期权　　　　　　　3 000

情形 3：期权将以普通股总额结算

除甲公司收取固定金额现金以出售约定的固定数量的自身普通股外，其他资料与情形 1 相同。因此，乙公司有义务向甲公司支付现金 98 000 元以换取 1 000 股甲公司发行在外的股票。

甲公司的会计处理如下。

① 20×6 年 2 月 1 日，确认购买的看跌期权：

借：其他权益工具　　　　　　　　　　　5 000
　　贷：银行存款　　　　　　　　　　　　5 000

由于甲公司收取固定金额现金以支付约定的固定数量的自身普通股，应将该衍生工具确认为权益工具。

② 20×6 年 12 月 31 日：由于该期权合同确认为权益工具，甲公司无须就该期权的公允价值变动作出会计处理，因此无须在 20×6 年 12 月 31 日编制会计分录。

③ 20×7 年 1 月 31 日，甲公司行权：

借：银行存款　　　　　　　　　　　　98 000
　　贷：其他权益工具　　　　　　　　　　5 000
　　　　股本/库存股　　　　　　　　　　1 000
　　　　资本公积——股本溢价　　　　　92 000

由于该看跌期权是价内期权（行权价格每股 98 元大于市场价格每股 95 元），甲公司在行权日行使了该期权，收取了 98 000 元。

4.2.3　以外币计价的配股权、期权或认股权证

如果企业的某项合同是通过固定金额的外币（即企业记账本位币以外的其他货币）交换固定数量的自身权益工具进行结算，由于固定金额的外币代表的是以企业记账本位币计价的可变金额，因此不符合"固定换固定"原则。但是，CAS 37（2017）对以外币计价的配股权、期权或认股权证提供了一个例外情况：企业对全部现有同类别非衍生自身权益工具的持有方同比例发行配股权、期权或认股权证，使之有权按比例以固定金额的任何货币交换固定数量的该企业自身权益工具的，该类配股权、期权或认股权证应当分类为权益工具。这是一个范围很窄的例外情况，不能以类推方式适用于其他工具（如以外币计价的可转换债券和并非按比例发行的配股权、期权或认股权证）。

【例 4.2.11】企业发行以外币计价的配股权

一家在多地上市的企业，向其所有的现有普通股股东提供每持有 2 股份可购买其 1 股普通股的权利（配股比例为 2 股配 1 股），配股价格为配股当日股价的 70%。由于该企业在多地上市，受到各国家和地区当地的法规限制，配股权行权价的币种须与当地货币一致。

分析：由于企业是按比例向其所有同类普通股股东提供配股权，且以固定金额的任何货币交换固定数量的该企业普通股，因此该配股权应当分类为权益工具。

4.2.4 或有结算条款

附有或有结算条款的金融工具,指是否通过交付现金或其他金融资产进行结算,或者是否以其他导致该金融工具成为金融负债的方式进行结算,需要由发行方和持有方均不能控制的未来不确定事项(如股价指数、消费价格指数变动、利率或税法变动、发行方未来收入、净收益或债务权益比率等)的发生或不发生(或发行方和持有方均不能控制的未来不确定事项的结果)来确定的金融工具。

对于附有或有结算条款的金融工具,发行方不能无条件地避免交付现金、其他金融资产或以其他导致该工具成为金融负债的方式进行结算的,应当分类为金融负债。但是,满足下列条件之一的,发行方应当将其分类为权益工具。

(1)要求以现金、其他金融资产或以其他导致该工具成为金融负债的方式进行结算的或有结算条款几乎不具有可能性,即相关情形极端罕见、显著异常且几乎不可能发生。

(2)只有在发行方清算时,才需以现金、其他金融资产或以其他导致该工具成为金融负债的方式进行结算。

(3)按照 CAS 37(2017)第三章分类为权益工具的可回售工具。

实务中,出于对自身商业利益的保障和公平原则的考虑,合同双方会对一些不能由各自控制的情况是否要求支付现金(包括股票)做出约定,这些"或有结算条款"可以包括与外部市场有关的、与发行方自身情况有关的事项等。出于防止低估负债和通过或有条款的设置来避免对复合工具中负债成分进行确认的目的,除非能够证明或有事件是极端罕见、显著异常或几乎不可能发生的情况或者仅限于清算事件,CAS 37(2017)规定,发行方需要针对这些条款确认金融负债。

例如,甲公司发行了一项永续债,每年按照合同条款支付利息,但同时约定其利息只在发行方有可供分配利润时才支付,如果发行方可供分配利润不足则可能无法履行该项支付义务。虽然利息的支付取决于是否有可供分配利润使得利息支付义务成为或有情况下的义务,但是甲公司并不能无条件地避免支付现金的合同义务,因此该公司应当将该永续债划分为一项金融负债。

如果合同的或有结算条款要求只有在发生了极端罕见、显著异常或几乎不可能发生的事件时才能以现金、其他金融资产或其他导致该工具成为金融负债的方式进结算,那么可将该或有结算条款视为一项不具有可能性的条款。如果一项合同只有在上述不具有可能性的事件发生时才须以现金、其他金融资产或其他导致该工具成为金融负债的方式进行结算,对金融工具进行分类时,不需要考虑这些或有结算条款,应将该合同确认为一项权益工具。

【例 4.2.12】优先股发行中或有结算条款

甲公司拟发行优先股。按合同条款约定,甲公司可根据相应的议事机制自行决定是否派发股利,如果甲公司的控股股东发生变更(假设该事项不受甲公司控制),甲公司必须按面值赎回该优先股。

分析：该或有事项（控股股东变更）不受甲公司控制，属于或有结算事项。同时，该事项的发生具有一定可能性。由于甲公司不能无条件地避免赎回股份的义务，因此，该工具应当划分为一项金融负债。

4.2.5　结算选择权

对于存在结算选择权的衍生工具（如合同规定发行方或持有方能选择以现金净额或以发行股份交换现金等方式进行结算的衍生工具），发行方应当将其确认为金融资产或金融负债，但所有可供选择的结算方式均表明该衍生工具应当确认为权益工具的除外。

例如，为防止附有转股权的金融工具的持有方行使转股权而导致发行方普通股股东的股权被稀释，发行方会在衍生工具合同中加入一项现金结算选择权：发行方有权以等值于所应交付的股票数量乘以股票市价的现金金额支付给工具持有方，而不再发行新股。按照CAS 37（2017）的规定，如果转股权这样的衍生工具给予合同任何一方选择结算方式的权利，除非所有可供选择的结算方式均表明该衍生工具应当确认为权益工具，否则发行方应当将这样的转股权确认为衍生金融负债或衍生金融资产。

4.2.6　复合金融工具

企业应对发行的非衍生工具进行评估，以确定所发行的工具是否为复合金融工具。企业所发行的非衍生工具可能同时包含金融负债成分和权益工具成分。对于复合金融工具，发行方应于初始确认时将各组成部分分别分类为金融负债、金融资产或权益工具。

例如，可转换成固定数量普通股的可转换债券或类似工具就是一项复合金融工具。从发行方主体的角度看，这种金融工具由两部分组成：一项金融负债（交付现金或其他金融资产的合同安排）和一项权益工具（一项看涨期权，赋予持有方在特定时期内将负债转换成固定数量的发行方普通股的权利）。发行这种金融工具的经济效果实质上与以下做法一样：同时发行一项可提前偿付的债务性工具和一项购买普通股的认股权证，或者发行一项附有可单独出售的认股权证的债务性工具。因此，在所有情况下，发行方均应在其资产负债表内分别列报金融负债和权益工具成分。

对于可转换工具的负债和权益部分的分类不应因行使可转换期权的可能性发生变化而改变，即使行使期权对某些持有方来说似乎在经济上更为有利。持有方并不总是按预期的方式行使期权。例如，转换产生的税务结果对不同的持有方可能不同。此外，转换的可能性也经常发生变化。发行方未来支付的义务一直有效存在，只有在发生转换、工具到期或其他某些交易发生的情况下才能得以解除。

企业发行的一项非衍生工具同时包含金融负债成分和权益工具成分的，应于初始计量时先确定金融负债成分的公允价值（包括其中可能包含的非权益性嵌入衍生工具的公允价值），再从复合金融工具公允价值中扣除负债成分的公允价值，作为权益工具成分的价值。复合金融工具中包含非权益性嵌入衍生工具的，非权益性嵌入衍生工具的公允价值应当包含在金融负债成分的公允价值中，并且按照《企业会计准则第 22 号——金融工具确认和计量》的规定对该金融负债成分进行会计处理。

可转换债券等可转换工具可能被分类为复合金融工具。发行方对该类可转换工具进行会计处理时,应当注意以下方面。

(1)在可转换工具转换时,应终止确认负债成分,并将其确认为权益。原来的权益成分仍旧保留为权益(从权益的一个项目结转到另一个项目,如从"其他权益工具"转入"资本公积——资本溢价或股本溢价")。可转换工具转换时不产生损益。

(2)企业通过在到期日前赎回或回购而终止一项仍具有转换权的可转换工具时,应在交易日将赎回或回购所支付的价款以及发生的交易费用分配至该工具的权益成分和负债成分。分配价款和交易费用的方法应与该工具发行时采用的分配方法一致。价款和交易费用分配后,所产生的利得或损失应分别根据权益成分和负债成分所适用的会计原则进行处理,分配至权益成分的款项计入权益,与债务成分相关的利得或损失计入损益。

【例4.2.13】复合金融工具:可转换债券发行的会计处理

甲公司20×6年1月1日按每份面值1 000元发行了2 000份可转换债券,取得总收入2 000 000元。该债券期限为3年,票面年利息为6%,利息按年支付;每份债券均可在债券发行1年后的任何时间转换为250股普通股。甲公司发行该债券时,二级市场上与之类似但没有转股权的债券的市场利率为9%。假定发行成本为2万元,甲公司将发行的债券划分为以摊余成本计量的金融负债。

(1)先对负债成分进行计量,债券发行收入与负债成分的公允价值之间的差额则分配到权益成分(见表4.2.1)。负债成分的现值按9%的折现率计算。

表4.2.1 负债成分与权益成分的计量 单位:元

项目	金额
本金的现值: 第3年末应付本金2 000 000元(复利现值系数为0.772 183 5)	1 544 367
利息的现值: 3年期内每年应付利息120 000元(年金现值系数为2.531 291 7)	303 755
负债成分总额	1 848 122
权益成分金额	151 878
债券发行总收入	2 000 000

(2)将发行成本按对价分配比例在负债和权益成分之间分配,其计算如表4.2.2所示。

表4.2.2 负债成分与权益成分的公允价值和账面价值的差异计算 单位:元

项目	权益成分	负债成分	合计
对价分配	151 878	1 848 122	2 000 000
发行交易成本	1 519	18 481	20 000
发行净收入	150 359	1 829 641	1 980 000

(3)利息费用和摊余成本的计算。甲公司将发行的债券划分为以摊余成本计量的金融负债,因此应按实际利率法计算利息费用。利息费用的计算如表4.2.3所示。

表 4.2.3　使用实际利率法计算债务成分利息费用　　　　单位：元

年份	期初摊余成本	利息费用	现金流出	利息调整	期末摊余成本
	(1)	(2)=(1)×9.39%	(3)=面值×6%	(4)=(3)−(2)	(5)=(1)+(2)−(3)
20×6	1 829 641	171 803	120 000	51 803	1 881 444
20×7	1 881 444	176 668	120 000	56 668	1 938 112
20×8	1 938 112	181 888	2 120 000	61 888	
财务费用合计		530 359			

（4）甲公司的账务处理如下。

① 20×6 年 1 月 1 日，发行可转换债券。

借：银行存款　　　　　　　　　　1 980 000
　　应付债券——利息调整　　　　　170 359
　　贷：应付债券——面值　　　　　2 000 000
　　　　其他权益工具　　　　　　　150 359

② 20×6 年 12 月 31 日，计提和实际支付利息。

计提债券利息时：

借：财务费用　　　　　　　　　　171 803
　　贷：应付利息　　　　　　　　　120 000
　　　　应付债券——利息调整　　　51 803

实际支付利息时：

借：应付利息　　　　　　　　　　120 000
　　贷：银行存款　　　　　　　　　120 000

③ 20×7 年 12 月 31 日，债券转换前，计提和实际支付利息。

计提债券利息时：

借：财务费用　　　　　　　　　　176 668
　　贷：应付利息　　　　　　　　　120 000
　　　　应付债券——利息调整　　　56 668

实际支付利息时：

借：应付利息　　　　　　　　　　120 000
　　贷：银行存款　　　　　　　　　120 000

至此，转换前应付债券的摊余成本为 1 938 112。

假定至 20×7 年 12 月 31 日，甲公司股票上涨幅度较大，可转换债券持有方均于当日将持有的可转换债券转为甲公司股份。由于甲公司对应付债券采用摊余成本后续计量，因此，在转换日，转换前应付债券的摊余成本应为 1 938 112 元，而权益成分的账面价值仍为 150 359 元。同样在转换日，甲公司发行股票数量为 500 000 股。对此，甲公司的账务处理如下。

借：应付债券——面值　　　　　　2 000 000
　　贷：应付债券——利息调整　　　61 888

股本		500 000
资本公积——股本溢价		1 438 112
借:其他权益工具		150 359
贷:资本公积——股本溢价		150 359

(3)企业可能修订可转换工具的条款以促成持有方提前转换。例如,提供更有利的转换比率或在特定日期前转换则支付额外的对价。在条款修订日,对于持有方根据修订后的条款进行转换所能获得的对价的公允价值与根据原有条款进行转换所能获得的对价的公允价值之间的差额,企业应将其确认为一项损失。

【例 4.2.14】复合金融工具:可转换债券赎回的会计处理

接【例 4.2.13】,假定 20×7 年 1 月 1 日,甲公司向债券持有人提出以债券在该日的公允价值 220 万元回购该债券,债券持有人同意赎回。在回购当日,甲公司也可以发行两年期、利率为 7% 的不可转换债券。赎回的交易成本为 2.2 万元。

赎回之前负债成分在第 1 年年末的账面价值是 1 881 444 元,初始权益成分的金额是 150 359 元。

回购价值应该按照与初始分配流程相同的方法在负债和权益成分之间分配。这要求采用 7% 的折现率将剩余的未来现金流量(利息和本金)折现为第 2 年年初的现值来对负债成分的公允价值进行计量,该折现率为没有转股权的类似债券的市场利率。

(1)先对负债成分进行计量,债券发行收入与负债成分的公允价值之间的差额则分配到权益成分(见表 4.2.4)。负债成分的现值按 7% 的折现率计算。

表 4.2.4 负债成分与权益成分的计量   单位:元

项目	金额
本金的现值: 第 3 年年末应付本金 2 000 000 元(复利现值系数为 0.873 437)	1 746 877
利息的现值: 未来两年每年应付利息 120 000 元(年金现值系数为 1.808 018)	216 962
负债成分总额	1 963 839
权益成分金额	236 161
债券发行总收入	2 200 000

(2)将赎回的交易成本按对价分配比例在负债和权益成分之间分配。负债成分与权益成分的公允价值和账面价值的差异计算如表 4.2.5 所示。

表 4.2.5 负债成分与权益成分的公允价值和账面价值的差异计算   单位:元

项目	权益成分	负债成分	合计
对价分配	236 161	1 963 839	2 200 000
赎回交易成本	2 362	19 638	22 000
合计	238 523	1 983 477	2 222 000
赎回前账面价值	150 359	1 881 444	2 031 803
差额	88 164	102 033	190 197

（3）债券回购的账务处理如下。

确认负债成分的回购及相关损益：

借：应付债券——面值　　　　　　2 000 000
　　财务费用　　　　　　　　　　　102 033
　　贷：应付债券——利息调整　　　　118 556
　　　　银行存款　　　　　　　　　1 983 477

确认权益成分的回购及相关损益：

借：其他权益工具　　　　　　　　　150 359
　　资本公积　　　　　　　　　　　　88 164
　　贷：银行存款　　　　　　　　　　238 523

（4）企业发行认股权和债权分离交易的可转换公司债券，所发行的认股权符合 CAS 37（2017）有关权益工具定义的，应当确认为一项权益工具（其他权益工具），并以发行价格减去不附认股权且其他条件相同的公司债券公允价值后的净额进行计量。认股权持有方到期没有行权的，企业应当在到期时将原计入其他权益工具的部分转入资本公积（股本溢价）。

4.2.7　合并财务报表中金融负债和权益工具的区分

在合并财务报表中对金融工具（或其组成部分）进行分类时，企业应当考虑企业集团成员和金融工具的持有方之间达成的所有条款和条件。企业集团作为一个整体，因该工具承担了交付现金、其他金融资产或以其他导致该工具成为金融负债的方式进行结算的义务的，该工具在企业集团合并财务报表中应当分类为金融负债。

例如，某集团一子公司发行一项金融工具，同时其母公司或集团其他成员与该工具的持有方达成了其他附加协议，母公司或集团其他成员可能对股份相关的支付金额（如股利）作出担保；或者集团另一成员可能承诺在该子公司不能支付预期款项时购买这些股份。在这种情形下，尽管集团子公司（发行方）在没有考虑这些附加协议的情况下，在其个别财务报表中对这项工具进行了适当的分类，但是在合并财务报表中，集团成员与该工具持有方之间的附加协议的影响意味着集团作为一个整体无法避免经济利益的转移。因此合并财务报表应当考虑这些附加协议，以确保从集团整体的角度反映所签订的所有合同和相关交易。只要集团作为一个整体，由于该工具承担了交付现金、其他金融资产或以其他导致该工具成为金融负债的方式进行结算的义务，则该工具（或其中与上述义务相关的部分）在合并财务报表中就应当分类为金融负债。

【例4.2.15】个别和合并财务报表中金融负债和权益工具的区分

甲公司为乙公司的母公司，其与乙公司的少数股东签订了一份在未来6个月后以乙公司普通股为基础的看跌期权。如果6个月后乙公司股票价格下跌，乙公司少数股东有权要求甲公司无条件地以固定价格购入乙公司少数股东所持有的乙公司股份。

分析：在甲公司个别财务报表中，由于该看跌期权的价值随着乙公司股票价格的变动而变动，并将于未来约定日期进行结算，因此该看跌期权符合衍生工具的定义而确认为一项衍生金融负债。而在集团合并财务报表中，少数股东所持有的乙公司股份也是集团自身权益工具，由于看跌期权使集团整体承担了不能无条件地避免以现金或其他金融资产回购自身权益工具的合同义务，应当将该义务在合并财务报表中确认为一项金融负债（尽管现金的支付取决于持有方是否行使期权），其金额等于回购所需支付金额的现值。

4.3　特殊金融工具的区分

4.3.1　可回售工具

可回售工具是指根据合同约定，持有方有权将该工具回售给发行方以获取现金或其他金融资产的权利，或者在未来某一不确定事项发生或者持有方死亡或退休时，自动回售给发行方的金融工具。这些金融工具通常由共同基金、单位信托基金、合伙企业和类似的主体发行，且回购金额等于主体净资产的特定比例。

符合金融负债定义，但同时具有下列特征的可回售工具，应当分类为权益工具。

（1）赋予持有方在企业清算时按比例份额获得该企业净资产的权利。这里所指企业净资产是扣除所有优先于该工具对企业资产要求权之后的剩余资产；这里所指按比例份额是清算时将企业的净资产分拆为金额相等的单位，并且将单位金额乘以持有方所持有的单位数量。

（2）该工具所属的类别次于其他所有工具类别，即该工具在归属于该类别前无须转换为另一种工具，且在清算时对企业资产没有优先于其他工具的要求权。

（3）该工具所属的类别中（该类别次于其他所有工具类别），所有工具具有相同的特征（如它们必须都具有可回售特征，并且用于计算回购或赎回价格的公式或其他方法都相同）。

（4）除了发行方应当以现金或其他金融资产回购或赎回该工具的合同义务外，该工具不满足 CAS 37（2017）规定的金融负债定义中的任何其他特征。

（5）该工具在存续期内的预计现金流量总额，应当实质上基于该工具存续期内企业的损益、已确认净资产的变动、已确认和未确认净资产的公允价值变动（不包括该工具的任何影响）。

对于符合上述规定的分类为权益工具的可回售工具的特征要求，有以下几点补充说明。

（1）在企业清算时具有优先要求权的工具不是有权按比例份额获得企业净资产的工具。例如，如果一项工具使持有方有权在企业清算时享有除企业净资产份额之外的固定股利，而类别次于该工具的其他工具在企业清算时仅享有企业净资产份额，则该工具所属类别中所有工具均不属于在企业清算时有权按比例份额获得企业净资产的工具。

（2）在确定一项工具是否属于最次级类别时，应当评估若企业在评估日发生清算时该工具对企业净资产的要求权。同时，应当在相关情况发生变化时重新评估对该工具的分类。例如，如果企业发行或赎回了另一项金融工具，可能会影响对该工具是否属于最次级类别的评估结果。如果企业只发行一类金融工具，则可视为该工具属于最次级类别。

【例 4.3.1】可回售工具：A、B 类股份

甲公司设立时发行了 100 单位 A 类股份，而后发行了 10 000 单位 B 类股份给其他投资人，B 类股份为可回售股份。假定甲公司只发行了 A、B 两种金融工具，A 类股份为甲公司最次级权益工具。

分析：在甲公司的整个资本结构中，A 类股份并不重大，且甲公司的主要资本来自 B 类股份，但由于 B 类股份并非甲公司发行的最次级的工具，因此不应当将 B 类股份归类为权益工具。

（3）除了发行方应当以现金或金融资产回购或赎回该工具的合同义务外，该工具不包括其他符合金融负债定义的合同义务。将特征限于该唯一义务可以确保有限范围的例外，不能适用于具有除回售权以外其他合同义务的可回售工具。将具有除回售权以外的其他合同义务的可回售工具纳入有限范围的例外，将可能不代表企业剩余权益的工具包括在内，因为持有方可能会对一些净资产拥有优先于其他工具持有方的要求权。

例如，企业发行的工具是可回售的，除了这一回售特征外，还在合同中约定每年必须向工具持有方按照净利润的一定比例进行分配，这一约定构成了一项交付现金的义务，因此企业发行的这项可回售工具不应分类为权益工具。

【例 4.3.2】可回售工具：合伙人入股合同

甲企业为一合伙企业。相关入股合同约定：新合伙人加入时按确定的金额和持股比例入股，合伙人退休或退出时以其持股的公允价值予以退还；合伙企业营运资金均来自合伙人入股，合伙人持股期间可按持股比例分得合伙企业的利润（但利润分配由合伙企业自主决定）；当合伙企业清算时，合伙人可按持股比例获得合伙企业的净资产。

分析：由于合伙企业在合伙人退休或退出时有向合伙人交付金融资产的义务，因而该可回售工具（合伙人入股合同）满足金融负债的定义。同时，其作为可回售工具具备了以下特征：①合伙企业清算时合伙人可按持股比例获得合伙企业的净资产；②该入股款属于合伙企业中最次级类别的工具；③所有的入股款具有相同的特征；④合伙企业仅有以现金或其他金融资产回购该工具的合同义务；⑤合伙人持股期间可获得的现金流量总额，实质上基于该工具存续期内企业的损益、已确认净资产的变动、已确认和未确认净资产的公允价值变动。因而，该金融工具应当确认为权益工具。

4.3.2 发行方仅在清算时才有义务向另一方按比例交付其净资产的金融工具

符合金融负债定义，但同时具有下列特征的发行方仅在清算时才有义务向另一方按比例交付其净资产的金融工具，应当分类为权益工具：

（1）赋予持有方在企业清算时按比例份额获得该企业净资产的权利。

（2）该工具所属的类别次于其他所有工具类别。

（3）该工具所属的类别中（该类别次于其他所有工具类别），发行方对该类别中所有工具都应当在清算时承担按比例份额交付其净资产的同等合同义务。

产生上述合同义务的清算确定将会发生并且不受发行方的控制（如发行方本身是有限寿命主体），或者发生与否取决于该工具的持有方。

上述特征要求与针对可回售工具的几条特征要求是类似的,但本项特征要求相对较少。原因在于清算是触发该合同支付义务的唯一条件,可以不必考虑清算事件以外的合同支付义务,包括:不要求考虑除清算以外的其他合同支付义务(如股利分配);不要求考虑存续期间预期现金流量的确定方法(如根据净利润或净资产);不要求该类别工具的所有特征均相同,仅要求清算时按比例支付净资产份额的特征相同。

【例4.3.3】发行方仅在清算时才有义务向另一方按比例交付其净资产的金融工具

甲企业为一家中外合作经营企业,成立于20×7年1月1日,经营期限为20年。按照相关合同约定,甲企业的营运资金及主要固定资产均来自双方股东投入,经营期间甲企业按照合作经营合同进行运营;经营到期时,该企业的净资产根据合同约定按出资比例向合作双方偿还。

分析:由于该合作企业依照合同约定,于经营期限届满将企业的净资产交付给双方股东,上述合作方的入股款符合金融负债的定义,但合作企业仅在清算时才有义务向合作双方交付其净资产且其同时具备下列特征:①合作双方在合作企业发生清算时可按合同规定比例份额获得企业净资产;②该入股款属于合作企业中最次级类别的工具。因而该金融工具应当确认为权益工具。

4.3.3 特殊金融工具分类为权益工具的其他条件

分类为权益工具的可回售工具,或发行方仅在清算时才有义务向另一方按比例交付其净资产的金融工具,除应当具有 CAS 37(2017)第十六条或第十七条所述特征外,其发行方应当没有同时具备下列特征的其他金融工具或合同:

(1)现金流量总额实质上基于企业的损益、已确认净资产的变动、已确认和未确认净资产的公允价值变动(不包括该工具或合同的任何影响)。

(2)实质上限制或锁定了 CAS 37(2017)第十六条或第十七条所述工具持有方所获得的剩余回报。

在运用上述条件时,对于发行方与 CAS 37(2017)第十六条或第十七条所述工具持有方签订的非金融合同,如果其条款和条件与发行方和其他方之间可能订立的同等合同类似,不应考虑该非金融合同的影响。但如果不能做出此判断,则不得将该工具分类为权益工具。

下列按照涉及非关联方的正常商业条款订立的合同,不大可能会导致满足 CAS 37(2017)特征要求的可回售工具或发行方,仅在清算时才有义务向另一方按比例交付其净资产的金融工具无法被分类为权益工具:①现金流量总额实质上基于企业的特定资产;②现金流量总额基于企业收入的一定比例;③就员工为企业提供的服务给予报酬的合同;④要求企业为其所提供的产品或服务支付一定报酬(占利润的比例非常小)的合同。

4.3.4 权益工具和金融负债的重分类

按照规定分类为权益工具的金融工具,自不再具有 CAS 37(2017)第十六条或第十七条所述特征,或发行方不再满足 CAS 37(2017)第十八条规定条件之日起,发行方应当将其重分类为金融负债,以重分类日该工具的公允价值计量,并将重分类日权益工具的账面价值和金融负债的公允价值之间的差额确认为权益。

按照规定分类为金融负债的金融工具，自具有 CAS 37（2017）第十六条或第十七条所述特征，且发行方满足 CAS 37（2017）第十八条规定条件之日起，发行方应当将其重分类为权益工具，以重分类日金融负债的账面价值计量。

4.3.5 特殊金融工具在母公司合并财务报表中的处理

将某些可回售工具以及仅在清算时才有义务向另一方按比例交付其净资产的金融工具分类为权益工具而不是金融负债，上述情况是 CAS 37（2017）原则的一个例外，CAS 37（2017）不允许将该例外扩大到发行方母公司合并财务报表中少数股东权益的分类。因此，企业的发行满足本章规定分类为权益工具的金融工具，在企业集团合并财务报表中对应的少数股东权益部分，应当分类为金融负债。

【例 4.3.4】可回售工具在母公司合并财务报表中的处理

甲公司控制乙公司，因此甲公司的合并财务报表包括乙公司。乙公司资本结构的一部分由可回售工具（其中一部分由甲公司持有，其余部分由其他外部投资者持有）组成，这些可回售工具在乙公司个别财务报表中符合权益分类的要求。甲公司在可回售工具中的权益在合并时抵销。对于其他外部投资者持有的乙公司发行的可回售工具，其在甲公司合并财务报表中不应作为少数股东权益列示，而应作为金融负债列示。

4.4 收益和库存股

4.4.1 利息、股利、利得或损失的处理

将金融工具或其组成部分划分为金融负债还是权益工具，决定了与该工具或其组成部分相关的利息、股利、利得或损失的会计处理方法。

金融工具或其组成部分属于金融负债的，相关利息、股利（或股息）、利得或损失，以及赎回或再融资产生的利得或损失等，应当计入当期损益。

金融工具或其组成部分属于权益工具的，其发行（含再融资）、回购、出售或注销时，发行方应当作为权益的变动处理。发行方不应当确认权益工具的公允价值变动。发行方向权益工具持有方的分配应当作为其利润分配处理，发放的股票股利不影响发行方的所有者权益总额。

与权益性交易相关的交易费用应当从权益中扣减。企业发行或取得自身权益工具时发生的交易费用（如登记费，承销费，法律、会计、评估及其他专业服务费用，印刷成本和印花税等），可直接归属于权益性交易的，应当从权益中扣减。终止的未完成权益性交易所发生的交易费用应当计入当期损益。例如，在企业首次公开募股的过程中，除了会新发行一部分可流通的股份之外，往往会将已发行的股份进行上市流通，在这种情况下，企业需运用专业判断以确定哪些交易费用与权益交易（发行新股）相关，应计入权益核算；哪些交易费用与其他活动（将已发行的股份上市流通）相关，尽管也是在发行权益工具的同

时发生的,但是不得计入权益。与多项交易相关的共同交易费用,应当在合理的基础上,采用与其他类似交易一致的方法,在各项交易间进行分摊。

利息、股利、利得或损失的会计处理原则同样也适用于复合金融工具。任何与负债成分相关的利息、股利、利得或损失应计入损益,任何与权益成分相关的利息、股利、利得或损失应计入权益。发行复合金融工具发生的交易费用,应当在金融负债成分和权益工具成分之间按照各自占总发行价款的比例进行分摊。与多项交易相关的共同交易费用,应当在合理的基础上,采用与其他类似交易一致的方法,在各项交易间进行分摊。例如,企业发行一项 5 年后以现金强制赎回的非累积优先股。在优先股存续期间内,企业可以自行决定是否支付股利。这一非累积可赎回优先股是一项复合金融工具,其中的负债成分为赎回金额的折现值。负债成分采用实际利率法确认的利息支出应计入损益,而与权益成分相关的股利支付应确认为利润分配。如果该优先股的赎回不是强制性的而是取决于持有方是否要求企业进行赎回,或者该优先股需转换为可变数量的普通股,同样的会计处理仍然适用。但是,如果该优先股赎回时所支付的金额还包括未支付的股利,则整个工具是一项金融负债,在这种情况下,支付的所有股利都应计入损益。

发行方分类为金融负债的金融工具支付的股利,在利润表中应当确认为费用,与其他负债的利息费用合并列示,并在财务报表附注中单独披露。

作为权益扣减项的交易费用,应当在财务报表附注中单独披露。

4.4.2 库存股

回购自身权益工具(库存股)支付的对价和交易费用,应当减少所有者权益,不得确认金融资产。库存股可由企业自身购回和持有,也可由企业集团合并财务报表范围内的其他成员购回和持有。其他成员包括子公司,但是不包括集团的联营和合营企业。此外,如果企业是替他人持有自身权益工具,例如,金融机构作为代理人代其客户持有该金融机构自身的股票,那么所持有的这些股票不是金融机构自身的资产,也不属于库存股。

如果企业持有库存股之后又将其重新出售,反映的是不同所有者之间的转让,而非企业本身的利得或损失。因此,无论这些库存股的公允价值如何波动,企业应直接将支付或收取的所有对价在权益中确认,而不产生任何损益。

企业应当按照《企业会计准则第 30 号——财务报表列报》的规定在资产负债表中单独列示所持有的库存股金额。

企业从关联方回购自身权益工具的,还应当按照《企业会计准则第 36 号——关联方披露》的相关规定进行披露。

4.5 金融资产和金融负债的抵销

4.5.1 金融资产和金融负债相互抵销的条件

金融资产和金融负债应当在资产负债表内分别列示,不得相互抵销。但同时满足下列

条件的,应当以相互抵销后的净额在资产负债表内列示:

1. 企业具有抵销已确认金额的法定权利,且该种法定权利是当前可执行的

抵销权是债务人根据合同或其他协议,以应收债权人的金额全部或部分抵销应付债权人的金额的法定权利。在某些情况下,如果债务人、债权人和第三方三者之间签署的协议明确表示债务人拥有该抵销权,并且不违反法律法规或其他相关规定,债务人可能拥有以应收第三方的金额抵销应付债权人的金额的法定权利。

抵销权应当不取决于未来事项,而且在企业和所有交易对手方的正常经营过程中,或在出现违约、无力偿债或破产等各种情形下,企业均可执行该法定权利。

在确定抵销权是否可执行时,企业应当充分考虑法律法规或其他相关规定以及合同约定等各方面因素。

当前可执行的抵销权不构成相互抵销的充分条件,企业既不打算行使抵销权(即净额结算),又无计划同时结算金融资产和金融负债的,该金融资产和金融负债不得抵销。

在没有法定权利的情况下,一方或双方即使有意向以净额为基础进行结算或同时结算相关金融资产和金融负债的,该金融资产和金融负债也不得抵销。

需要说明的是,抵销协议中将支付或将收取的金额的不确定性并不妨碍企业的抵销权成为当前可执行的法定权利。同样的,时间的推移也不会影响企业的抵销权成为当前可执行的法定权利,因为时间的推移并不意味着该抵销权取决于未来事件。但是,在某些未来事件发生之后则消失或成为不可执行的抵销权不满足抵销条件。例如,一项在交易对手方出现信用评级下降之后则成为不可执行的抵销权是不满足抵销条件的。

2. 企业计划以净额结算,或同时变现该金融资产和清偿该金融负债

当企业分别通过收取和支付总额来结算两项金融工具时,即使该两项工具结算的间隔期很短,但企业需承受的可能是重大的资产信用风险和负债流动性风险,在这种情况下以净额列报并不适合。但是,金融市场中清算机构的运作机制可能有助于两项金融工具达到同时结算。在这种情况下,若符合 CAS 37(2017)第三十二条相关条件,相关的现金流量实际上等于一项净额,企业所承受的信用风险或流动性风险并非针对总额,因而满足净额结算的条件。

企业同时结算金融资产和金融负债的,如果该结算方式相当于净额结算,则满足 CAS 37(2017)以净额结算的标准。这种结算方式必须在同一结算过程或周期内处理了相关应收和应付款项,最终消除或几乎消除了信用风险和流动性风险。如果某结算方式同时具备如下特征,可视为满足净额结算标准。

(1)符合抵销条件的金融资产和金融负债在同一时点提交处理。

(2)金融资产和金融负债一经提交处理,各方即承诺履行结算义务。

(3)金融资产和金融负债一经提交处理,除非处理失败,这些资产和负债产生的现金流量不可能发生变动。

(4)以证券作为担保物的金融资产和金融负债,通过证券结算系统或其他类似机制进行结算(如券款对付),即如果证券交付失败,则以证券作为抵押的应收款项或应付款项

的处理也将失败；反之亦然。

（5）若发生本条（4）所述的失败交易，将重新进入处理程序，直至结算完成。

（6）由同一结算机构执行。

（7）有足够的日间信用额度，并且能够确保该日间信用额度一经申请提取即可履行，以支持各方能够在结算日进行支付处理。

不满足终止确认条件的金融资产转移，转出方不得将已转移的金融资产和相关负债进行抵销。

4.5.2 金融资产和金融负债不能相互抵销的情形

在下列情况下，通常认为不满足抵消的条件，不得抵销相关金融资产和金融负债。

（1）使用多项不同金融工具来仿效单项金融工具的特征（即合成工具）。例如利用浮动利率长期债券与收取浮动利息且支付固定利息的利率互换，合成一项固定利率长期负债。

（2）金融资产和金融负债虽然具有相同的主要风险敞口（例如，远期合同或其他衍生工具组合中的资产和负债），但涉及不同的交易对手方。

（3）无追索权金融负债与作为其担保物的金融资产或其他资产。

（4）债务人为解除某项负债而将一定的金融资产进行托管（例如，偿债基金或类似安排），但债权人尚未接受以这些资产清偿负债。

（5）因某些导致损失的事项而产生的义务预计可以通过保险合同向第三方索赔而得以补偿。

4.5.3 总互抵协议

总互抵协议是指协议所涵盖的所有金融工具中的任何一项合同在发生违约或终止时，就协议所涵盖的所有金融工具按单一净额进行结算。

企业与同一交易对手方进行多项金融工具交易时，可能与对手方签订总互抵协议。这些总互抵协议形成的法定抵销权利只有在出现特定的违约事项时，或在正常经营过程中出现预计不会发生的其他情况时，才会生效并影响单项金融资产的变现和单项金融负债的结算。这种协议常常被金融机构用于在交易对手方破产或发生其他导致交易对手方无法履行义务的情况时保护金融机构免受损失。一旦发生触发事件，这些协议通常规定对协议涵盖的所有金融工具按单一净额进行结算。

总互抵协议的存在本身并不一定构成协议所涵盖的资产和负债相互抵销的基础。如果总互抵协议仅形成抵销已确认金额的有条件权利，这不符合企业必须拥有当前可执行的抵销已确认金额的法定权利的要求；同时企业可能没有以净额为基础进行结算或同时变现资产和清偿负债的意图。

企业应当区分金融资产和金融负债的抵销与终止确认。抵销金融资产和金融负债并在资产负债表中以净额列示，不应当产生利得或损失；终止确认是从资产负债表列示的项目中移除相关金融资产或金融负债，有可能产生利得或损失。

4.6 金融工具对财务状况和经营成果影响的列报

4.6.1 一般性规定

（1）企业在对金融工具各项目进行列报时，应当根据金融工具的特点及相关信息的性质对金融工具进行归类，并充分披露与金融工具相关的信息，使财务报表附注中的披露与财务报表列示的各项目相互对应。例如，对衍生工具进行披露时，应当将其恰当归类，如按外汇衍生工具、利率衍生工具、信用衍生工具等归类。

（2）在确定金融工具的列报类型时，企业至少应当将 CAS 37（2017）范围内的金融工具区分为以摊余成本计量和以公允价值计量的类型。

（3）企业应当披露编制财务报表时对金融工具所采用的重要会计政策、计量基础和与理解财务报表相关的其他会计政策等信息。主要包括以下信息。

① 对于指定为以公允价值计量且其变动计入当期损益的金融资产，企业应当披露下列信息。

a. 指定的金融资产的性质。

b. 企业如何满足运用指定的标准。企业应当披露该指定所针对的确认或计量不一致的描述性说明。

② 对于指定为以公允价值计量且其变动计入当期损益的金融负债，企业应当披露下列信息。

a. 指定的金融负债的性质。

b. 初始确认时对上述金融负债做出指定的标准。

c. 企业如何运用指定的标准。对于以消除或显著减少会计错配为目的的指定，企业应当披露该指定所针对的确认或计量不一致的描述性说明。对于以更好地反映组合的管理实质为目的的指定，企业应当披露该指定符合企业正式书面文件载明的风险管理或投资策略的描述性说明。对于整体指定为以公允价值计量且其变动计入当期损益的混合工具，企业应当披露运用指定标准的描述性说明。

③ 如何确定每类金融工具的利得或损失。

【例 4.6.1】以公允价值计量且其变动计入当期损益的金融资产或金融负债有关的会计政策的披露

甲保险公司 20×7 年年报对指定为以公允价值计量且其变动计入当期损益的金融资产或金融负债有关的会计政策作出如下披露。

符合以下一项或一项以上标准的金融工具（不包括为交易目的所持有的金融工具），在初始确认时，公司管理层将其指定为以公允价值计量且其变动计入当期损益的金融资产或金融负债。

（1）公司的该项指定可以消除或明显减少由于金融资产或金融负债的计量基础不同所导致的相关利得或损失在确认或计量方面不一致的情况。按照此标准，公司所指定的金融工具主要包括以下几种。

① 部分长期债券及次级债务

若干已发行的固定利率长期债券及次级债务的应付利息,已与"收固定支付浮动"利率互换的利息相匹配,并在公司利率风险管理策略正式书面文件中说明。如果这些金融负债仍以摊余成本计量,则会因为相关的衍生工具以公允价值计量且其变动计入当期损益而产生会计错配。因此,公司将这些金融负债指定为以公允价值计量且其变动计入当期损益的金融负债。

② 投资连结合同项下的金融资产及金融负债

在投资连结合同项下,公司对所购资产按照公允价值计量且其变动计入当期损益。为消除会计错配,公司按照与所购资产计量基础相一致的原则,将相关负债指定为以公允价值计量且其变动计入当期损益的金融负债。

(2) 公司风险管理或投资策略的正式书面文件已载明,该金融资产组合、该金融负债组合,或该金融资产和金融负债组合,以公允价值为基础进行管理、评价并向关键管理人员报告。

(3) 该项指定运用于某些包含一项或一项以上嵌入衍生工具的混合工具,但嵌入衍生工具对该混合工具的现金流量没有重大改变或这些嵌入衍生工具明显不应当从该混合工具中分拆的除外。公司拥有的这类金融工具包括发行的债务工具和持有的债权性质的证券等。

公司对上述金融资产或金融负债的指定,一经作出,将不会撤销。

4.6.2 资产负债表中的列示及相关披露

(1) 企业应当在资产负债表或相关附注中列报下列金融资产或金融负债的账面价值。

① 以摊余成本计量的金融资产。

② 以摊余成本计量的金融负债。

③ 以公允价值计量且其变动计入其他综合收益的金融资产,并分别反映:根据《企业会计准则第22号——金融工具确认和计量》第十八条的规定分类为以公允价值计量且其变动计入其他综合收益的金融资产;根据《企业会计准则第22号——金融工具确认和计量》第十九条的规定在初始确认时被指定为以公允价值计量且其变动计入其他综合收益的非交易性权益工具投资。

④ 以公允价值计量且其变动计入当期损益的金融资产,并分别反映:根据《企业会计准则第22号——金融工具确认和计量》第十九条的规定分类为以公允价值计量且其变动计入当期损益的金融资产;根据《企业会计准则第22号——金融工具确认和计量》第二十条的规定指定为以公允价值计量且其变动计入当期损益的金融资产;根据《企业会计准则第24号——套期会计》第三十四条的规定在初始确认或后续计量时指定为以公允价值计量且其变动计入当期损益的金融资产。

⑤ 以公允价值计量且其变动计入当期损益的金融负债,并分别反映:根据《企业会计准则第22号——金融工具确认和计量》第二十一条的规定分类为以公允价值计量且其变动计入当期损益的金融负债;根据《企业会计准则第22号——金融工具确认和计量》第二

十二条的规定在初始确认时指定为以公允价值计量且其变动计入当期损益的金融负债；根据《企业会计准则第 24 号——套期会计》第三十四条的规定在初始确认和后续计量时指定为以公允价值计量且其变动计入当期损益的金融负债。

（2）企业将本应按摊余成本或以公允价值计量且其变动计入其他综合收益计量的一项或一组金融资产指定为以公允价值计量且其变动计入当期损益的金融资产的，应当披露下列信息：

① 该金融资产在资产负债表日使企业面临的最大信用风险敞口。

② 企业通过任何相关信用衍生工具或类似工具使该最大信用风险敞口降低的金额。

③ 该金融资产因信用风险变动引起的公允价值本期变动额和累计变动额。

④ 相关信用衍生工具或类似工具自该金融资产被指定以来的公允价值本期变动额和累计变动额。

信用风险是指金融工具的一方不履行义务，造成另一方发生财务损失的风险。

金融资产在资产负债表日的最大信用风险敞口，通常是金融工具账面余额减去减值损失准备后的金额[已减去根据 CAS 37（2017）规定已抵销的金额]。

【例 4.6.2】将应收款项指定为以公允价值计量且其变动计入当期损益的金融资产时的披露

某企业持有的一组以摊余成本计量的应收款项符合金融工具确认和计量准则中指定为以公允价值计量且其变动计入当期损益的条件。基于管理需要，该企业将该组应收款项指定为以公允价值计量且其变动计入当期损益的金融资产，且在管理中未使用信用衍生工具或类似工具。有关信息披露如下：

对于指定为以公允价值计量且其变动计入当期损益的应收款项。

① 截至 20×7 年 12 月 31 日使企业面临的最大信用风险敞口为 3 696 万元。

② 信用风险变动引起的公允价值本期变动额为 10.8 万元、累计变动额为 35.4 万元。

此外，该企业还按照 CAS 37（2017）第四十三条的规定，披露了该组应收款项因信用风险变动引起的公允价值本期变动额和累计变动额的确定方法。

（3）企业将一项金融负债指定为以公允价值计量且其变动计入当期损益的金融负债，且企业自身信用风险变动引起的该金融负债公允价值的变动金额计入其他综合收益的，应当披露下列信息：

① 该金融负债因自身信用风险变动引起的公允价值本期变动额和累计变动额。

② 该金融负债的账面价值与按合同约定到期应支付债权人金额之间的差额。

③ 该金融负债的累计利得或损失本期从其他综合收益转入留存收益的金额和原因。

【例 4.6.3】指定为以公允价值计量且其变动计入当期损益的金融负债的相关信息披露

某公司对指定为以公允价值计量且其变动计入当期损益的金融负债的相关信息披露如表 4.6.1 所示。

20×7 年 12 月 31 日，指定为以公允价值计量且其变动计入当期损益的金融负债的账面价值与按合同约定到期应支付债权人金额之间的差额为 58 300 元。

表 4.6.1　指定为以公允价值计量且其变动计入当期损益的
金融负债的相关信息披露　　　　　　　单位：元

项　目	20×7 年公允价值变动额	因相关信用风险变动引起的公允价值本期变动额	因相关信用风险变动引起的公允价值累计变动额
（1）发行的普通债券	1 236 358	835 000	1 034 610
（2）发行的次级债券	3 693 000	2 100 000	3 000 600
合计	4 929 358	2 935 000	4 035 210

（4）企业将一项金融负债指定为以公允价值计量且其变动计入当期损益的金融负债，且该金融负债（包括企业自身信用风险变动的影响）的全部利得或损失计入当期损益的，应当披露下列信息：

① 该金融负债因自身信用风险变动引起的公允价值本期变动额和累计变动额。

② 该金融负债的账面价值与按合同约定到期应支付债权人金额之间的差额。

企业应当披露用于确定上述所要求披露的金融资产因信用风险变动引起的公允价值变动额的估值方法，以及用于确定所要求披露的金融负债因自身信用风险变动引起的公允价值变动额的估值方法，并说明选用该方法的原因。如果企业认为披露的信息未能如实反映相关金融工具公允价值变动中由信用风险引起的部分，则应当披露企业得出此结论的原因及其他需要考虑的因素。

企业应当披露其用于确定金融负债自身信用风险变动引起的公允价值的变动计入其他综合收益是否会造成或扩大损益中的会计错配的方法。企业根据《企业会计准则第 22 号——金融工具确认和计量》第六十八条的规定将金融负债因企业自身信用风险变动引起的公允价值变动计入当期损益的，企业应当披露该金融负债与预期能够抵销其自身信用风险变动引起的公允价值变动的金融工具之间的经济关系。

（5）企业将非交易性权益工具投资指定为以公允价值计量且其变动计入其他综合收益的，应当披露下列信息：

① 企业每一项指定为以公允价值计量且其变动计入其他综合收益的权益工具投资。

② 企业做出该指定的原因。

③ 企业每一项指定为以公允价值计量且其变动计入其他综合收益的权益工具投资的期末公允价值。

④ 本期确认的股利收入，其中对本期终止确认的权益工具投资相关的股利收入和资产负债表日仍持有的权益工具投资相关的股利收入应当分别单独披露。

⑤ 该权益工具投资的累计利得和损失本期从其他综合收益转入留存收益的金额及其原因。

（6）企业本期终止确认了指定为以公允价值计量且其变动计入其他综合收益的非交易性权益工具投资的，应当披露下列信息：

① 企业处置该权益工具投资的原因。

② 该权益工具投资在终止确认时的公允价值。

③ 该权益工具投资在终止确认时的累计利得或损失。

（7）企业在当期或以前报告期间将金融资产进行重分类的，对于每一项重分类，应当披露重分类日、对业务模式变更的具体说明及其对财务报表影响的定性描述，以及该金融资产重分类前后的金额。

企业自上一年度报告日起将以公允价值计量且其变动计入其他综合收益的金融资产重分类为以摊余成本计量的金融资产的，或者将以公允价值计量且其变动计入当期损益的金融资产重分类为其他类别的，应当披露下列信息：

① 该金融资产在资产负债表日的公允价值。

② 如果未被重分类，该金融资产原来应在当期损益或其他综合收益中确认的公允价值利得或损失。

企业将以公允价值计量且其变动计入当期损益的金融资产重分类为其他类别的，自重分类日起到终止确认的每一个报告期间内，都应当披露该金融资产在重分类日确定的实际利率和当期已确认的利息收入。

（8）对于所有可执行的总互抵协议或类似协议下的已确认金融工具，以及符合 CAS 37（2017）第二十八条抵销条件的已确认金融工具，企业应当在报告期末以表格形式（除非企业有更恰当的披露形式）分别按金融资产和金融负债披露下列定量信息。

① 已确认金融资产和金融负债的总额。

② 按 CAS 37（2017）规定抵销的金额。

③ 在资产负债表中列示的净额。

④ 可执行的总互抵协议或类似协议确定的，未包含在②中的金额。包括：

a. 不满足 CAS 37（2017）抵销条件的已确认金融工具的金额；

b. 与财务担保物（包括现金担保）相关的金额，以在资产负债表中列示的净额扣除④、⑥后的余额为限。

⑤ 资产负债表中列示的净额扣除④后的余额。企业应当披露④所述协议中抵销权的条款及其性质等信息，以及不同计量基础的金融工具适用本条时产生的计量差异。上述信息未在财务报表同一附注中披露的，企业应当提供不同附注之间的交叉索引。

【例 4.6.4】金融资产和金融负债抵销的相关披露

① 抵销的金融资产以及遵循可执行的总互抵协议或类似协议下的金融资产的披露（见表 4.6.2）。

② 抵销的金融负债以及遵循可执行的总互抵协议或类似协议下的金融负债的披露（见表 4.6.3）。

（9）分类为权益工具的可回售工具，企业应当披露下列信息：

① 可回售工具的汇总定量信息。

② 对于按持有方要求承担的回购或赎回义务，企业的管理目标、政策和程序及其变化。

③ 回购或赎回可回售工具的预期现金流出金额以及确定方法。

表 4.6.2　20×7 年 12 月 31 日的披露　　　　　　　　　　单位：百万元

项目	（1）	（2）	（3）=（1)-(2)	（4）		（5）=（3)-(4)
类型	已确认金融资产的总额	在资产负债表中抵销的已确认金融负债的总额	在资产负债表中列示的金融资产净额	可执行的总互抵协议或类似协议下不符合全部或部分抵销条件的已确认金融工具的相关金额		资产负债表中列示的净额扣除④中金额后的余额
				金融工具（不包括现金担保物金额）	财务担保物	
衍生工具	200	80	120	80	30	10
逆回购、证券借贷协议或类似协议	90		90	90		
其他金融工具						
合计	290	80	210	170	30	10

表 4.6.3　20×7 年 12 月 31 日的披露　　　　　　　　　　单位：百万元

项目	（1）	（2）	（3）=（1)-(2)	（4）		（5）=（3)-(4)
类型	已确认金融资产的总额	在资产负债表中抵销的已确认金融负债的总额	在资产负债表中列示的金融资产净额	可执行的总互抵协议或类似协议下不符合全部或部分抵销条件的已确认金融工具的相关金额		资产负债表中列示的净额扣除④中金额后的余额
				金融工具（不包括现金担保物金额）	财务担保物	
衍生工具	160	80	80	80		
逆回购、证券借贷协议或类似协议	80		80	80		
其他金融工具						
合计	240	80	160	160		

（10）企业将特殊金融工具在金融负债和权益工具之间重分类的，应当分别披露重分类前后的公允价值或账面价值，以及重分类的时间和原因。

（11）企业应当披露作为负债或或有负债担保物的金融资产的账面价值，以及与该项担保有关的条款和条件。根据《企业会计准则第 23 号——金融资产转移》第二十六条的规定，企业（转出方）向金融资产转入方提供了非现金担保物（如债务工具或权益工具投资等），转入方按照合同或惯例有权出售该担保物或将其再作为担保物的，企业应当将该非现金担保物在财务报表中单独列报。

（12）企业取得担保物（担保物为金融资产或非金融资产），在担保物所有人未违约时可将该担保物出售或再抵押的，应当披露该担保物的公允价值、企业已出售或再抵押担保物的公允价值，以及承担的返还义务和使用担保物的条款和条件。

（13）对于按照《企业会计准则第 22 号——金融工具确认和计量》第十八条的规定分类为以公允价值计量且其变动计入其他综合收益的金融资产，企业应当在财务报表附注中披露其确认的损失准备，但不应在资产负债表中将损失准备作为金融资产账面金额的扣减项目单独列示。

（14）对于企业发行的包含金融负债成分和权益工具成分的复合金融工具，嵌入了价值相互关联的多项衍生工具（如可赎回的可转换债务工具）的，应当披露相关特征。

（15）对于除基于正常信用条款的短期贸易应付款项之外的金融负债，企业应当披露下列信息：

① 本期发生违约的金融负债的本金、利息、偿债基金、赎回条款的详细情况。

② 发生违约的金融负债的期末账面价值。

③ 在财务报告批准对外报出前，就违约事项已采取的补救措施、对债务条款的重新议定等情况。

企业本期发生其他违反合同的情况，且债权人有权在发生违约或其他违反合同情况时要求企业提前偿还的，企业应当按上述要求披露。如果在期末前违约或其他违反合同情况已得到补救或已重新议定债务条款，则无须披露。

4.6.3 利润表中的列示及相关披露

（1）企业应当披露与金融工具有关的下列收入、费用、利得或损失。

① 以公允价值计量且其变动计入当期损益的金融资产和金融负债所产生的利得或损失。其中，指定为以公允价值计量且其变动计入当期损益的金融资产和金融负债，以及根据《企业会计准则第22号——金融工具确认和计量》第十九条的规定必须分类为以公允价值计量且其变动计入当期损益的金融资产和根据《企业会计准则第22号——金融工具确认和计量》第二十一条的规定必须分类为以公允价值计量且其变动计入当期损益的金融负债的净利得或净损失，应当分别披露。

② 对于指定为以公允价值计量且其变动计入当期损益的金融负债，企业应当分别披露本期在其他综合收益中确认的和在当期损益中确认的利得或损失。

③ 对于根据《企业会计准则第22号——金融工具确认和计量》第十八条的规定分类为以公允价值计量且其变动计入其他综合收益的金融资产，企业应当分别披露当期在其他综合收益中确认的以及当期终止确认时从其他综合收益转入当期损益的利得或损失。

④ 对于根据《企业会计准则第22号——金融工具确认和计量》第十九条的规定指定为以公允价值计量且其变动计入其他综合收益的非交易性权益工具投资，企业应当分别披露在其他综合收益中确认的利得和损失以及在当期损益中确认的股利收入。

⑤ 除以公允价值计量且其变动计入当期损益的金融资产或金融负债外，按实际利率法计算的金融资产或金融负债产生的利息收入或利息费用总额，以及在确定实际利率时未予包括并直接计入当期损益的手续费收入或支出。

⑥ 企业通过信托和其他托管活动代他人持有资产或进行投资而形成的，直接计入当期损益的手续费收入或支出。

（2）企业应当分别披露以摊余成本计量的金融资产终止确认时在利润表中确认的利得和损失金额及其相关分析，包括终止确认金融资产的原因。

4.6.4 套期会计相关披露

(1) 企业应当披露与套期会计有关的下列信息:

① 企业的风险管理策略以及如何应用该策略来管理风险。

② 企业的套期活动可能对其未来现金流量金额、时间和不确定性的影响。

③ 套期会计对企业的资产负债表、利润表及所有者权益变动表的影响。

企业在披露套期会计相关信息时,应当合理确定披露的详细程度、披露的重点、恰当的汇总或分解水平,以及财务报表使用者是否需要额外的说明以评估企业披露的定量信息。企业按照 CAS 37(2017)要求所确定的信息披露汇总或分解水平应当和《企业会计准则第 39 号——公允价值计量》的披露要求所使用的汇总或分解水平相同。

(2) 企业应当披露其进行套期和运用套期会计的各类风险的风险敞口的风险管理策略相关信息,从而有助于财务报表使用者评价:每类风险是如何产生的,企业是如何管理各类风险的(包括企业是对某一项目整体的所有风险进行套期还是对某一项目的单个或多个风险成分进行套期及其理由),以及企业管理风险敞口的程度。与风险管理策略相关的信息应当包括:

① 企业指定的套期工具。

② 企业如何运用套期工具对被套期项目的特定风险敞口进行套期。

③ 企业如何确定被套期项目与套期工具的经济关系以评估套期有效性。

④ 套期比率的确定方法。

⑤ 套期无效部分的来源。

(3) 企业将某一特定的风险成分指定为被套期项目的,除应当披露 CAS 37(2017)第五十八条规定的相关信息外,还应当披露下列定性或定量信息:

① 企业如何确定该风险成分,包括风险成分与项目整体之间关系性质的说明。

② 风险成分与项目整体的关联程度(如被指定的风险成分以往平均涵盖项目整体公允价值变动的百分比)。

(4) 企业应当按照风险类型披露相关定量信息,从而有助于财务报表使用者评价套期工具的条款和条件及这些条款和条件如何影响企业未来现金流量的金额、时间和不确定性。这些要求披露的明细信息应当包括:

① 套期工具名义金额的时间分布。

② 套期工具的平均价格或利率(如适用)。

(5) 在因套期工具和被套期项目频繁变更而导致企业频繁地重设(即终止及重新开始)套期关系的情况下,企业无须披露 CAS 37(2017)第六十条规定的信息,但应当披露下列信息:

① 企业基本风险管理策略与该套期关系相关的信息。

② 企业如何通过运用套期会计以及指定特定的套期关系来反映其风险管理策略。

③ 企业重设套期关系的频率。在因套期工具和被套期项目频繁变更而导致企业频繁地重设套期关系的情况下，如果资产负债表日的套期关系数量并不代表本期内的正常数量，企业应当披露这一情况以及该数量不具代表性的原因。

（6）企业应当按照风险类型披露在套期关系存续期内预期将影响套期关系的套期无效部分的来源，如果在套期关系中出现导致套期无效部分的其他来源，也应当按照风险类型披露相关来源及导致套期无效的原因。

（7）企业应当披露已运用套期会计但预计不再发生的预期交易的现金流量套期。

（8）对于公允价值套期，企业应当以表格形式、按风险类型分别披露与被套期项目相关的下列金额：

① 在资产负债表中确认的被套期项目的账面价值，其中资产和负债应当分别单独列示。

② 资产负债表中已确认的被套期项目的账面价值、针对被套期项目的公允价值套期调整的累计金额，其中资产和负债应当分别单独列示。

③ 包含被套期项目的资产负债表列示项目。

④ 本期用作确认套期无效部分基础的被套期项目价值变动。

⑤ 被套期项目为以摊余成本计量的金融工具的，若已终止针对套期利得和损失进行调整，则应披露在资产负债表中保留的公允价值套期调整的累计金额。

（9）对于现金流量套期和境外经营净投资套期，企业应当以表格形式、按风险类型分别披露与被套期项目相关的下列金额：

① 本期用作确认套期无效部分基础的被套期项目价值变动。

② 根据《企业会计准则第24号——套期会计》第二十四条的规定继续按照套期会计处理的现金流量套期储备的余额。

③ 根据《企业会计准则第24号——套期会计》第二十七条的规定继续按照套期会计处理的境外经营净投资套期计入其他综合收益的余额。

④ 套期会计不再适用的套期关系所导致的现金流量套期储备和境外经营净投资套期中计入其他综合收益的利得和损失的余额。

根据上述要求，对被套期项目有关项目金额可以按表4.6.4进行披露。

表4.6.4 被套期项目按风险类型披露 单位：元

风险类型		被套期项目的账面金额		包括在被套期项目账面金额中的被套期项目公允价值套期调整累计金额		资产负债表中包括被套期项目的列报项目	20×7年用于计算无效套期的价值变动	现金套期储备
		资产	负债	资产	负债			
现金流量套期								
商品价格风险	预测销售	不适用	不适用	不适用	不适用	不适用	×	×
	非连续性套期（预测销售）	不适用	不适用	不适用	不适用	不适用	不适用	×

续表

风险类型		被套期项目的账面金额		包括在被套期项目账面金额中的被套期项目公允价值套期调整累计金额		资产负债表中包括被套期项目的列报项	20×7年用于计算无效套期的价值变动	现金套期储备
		资产	负债	资产	负债			
公允价值套期								
利率风险	应付贷款	—	×	—		列报项目×	×	不适用
	非连续性套期（应付贷款）	—	×	—		列报项目×	不适用	不适用
外汇风险	公司承诺	×	×	×	×	列报项目×	×	不适用

（10）对于每类套期类型，企业应当以表格形式、按风险类型分别披露与套期工具相关的下列金额：

① 套期工具的账面价值，其中金融资产和金融负债应当分别单独列示。
② 包含套期工具的资产负债表列示项目。
③ 本期用作确认套期无效部分基础的套期工具的公允价值变动。
④ 套期工具的名义金额或数量。

根据上述要求，对套期工具的有关项目金额可以按表4.6.5进行披露。

表4.6.5 套期工具按风险类型披露格式   单位：元

风险类型	套期工具的名义金额	套期工具的账面金额		资产负债表中套期工具	20×7年用于计算无效套期的
		资产	负债		
现金流量套期					
商品价格风险——远期销售合同	×	×	×	列报项目×	×
公允价值套期					
利率风险——利率互换	×	×	×	列报项目×	×
外汇风险——外币贷款	×	×	×	列报项目×	×

（11）对于公允价值套期，企业应当以表格形式、按风险类型分别披露与套期工具相关的下列金额：

① 计入当期损益的套期无效部分。
② 计入其他综合收益的套期无效部分。
③ 包含已确认的套期无效部分的利润表列示项目。

（12）对于现金流量套期和境外经营净投资套期，企业应当以表格形式、按风险类型分别披露与套期工具相关的下列金额：

① 当期计入其他综合收益的套期利得或损失。
② 计入当期损益的套期无效部分。
③ 包含已确认的套期无效部分的利润表列示项目。

④ 从现金流量套期储备或境外经营净投资套期计入其他综合收益的利得和损失重分类至当期损益的金额，并应区分之前已运用套期会计但因被套期项目的未来现金流量预计不再发生而转出的金额和因被套期项目影响当期损益而转出的金额。

⑤ 包含重分类调整的利润表列示项目。

⑥ 对于风险净敞口套期，计入利润表中单列项目的套期利得或损失。

根据上述要求，对因采用套期会计方法而影响综合收益的金额可以按表 4.6.6 和表 4.6.7 进行披露：

表 4.6.6　现金流量套期下因采用套期会计方法而影响综合收益的披露　　单位：元

现金流套期（1）	对净头寸进行套期形成的分别确认为损益的列报项（2）	在其他综合收益中确认的套期工具的价值变动	确认为损益的无效套期	损益表的列报项（包括无效套期）	从现金流套期储备重分类至损益的金额	因重分类影响损益列报项
商品价格风险						
商品×	不适用	×	×	列报项目×	×	列报项目×
非连续性套期	不适用	不适用	不适用	不适用	×	列报项目×

（1）在所有者权益变动表中披露的信息（现金流套期储备）应与此处的披露有相同的详细程度
（2）该披露仅适用于外汇风险的现金流套期

表 4.6.7　公允价值套期下因采用套期会计方法而影响损益的披露　　单位：元

公允价值套期	因无效确认的损益	损益表的列报项（包括无效套期）
利率风险	×	列报项目×
外汇风险	×	列报项目×

（13）企业按照《企业会计准则第 30 号——财务报表列报》的规定在提供所有者权益各组成部分的调节情况以及其他综合收益的分析时，应当按照风险类型披露下列信息：

① 分别披露按照 CAS 37（2017）第六十八条（一）和（四）的规定披露的金额。

② 分别披露按照《企业会计准则第 24 号——套期会计》第二十五条（一）和（三）的规定处理的现金流量套期储备的金额。

③ 分别披露对与交易相关的被套期项目进行套期的期权时间价值所涉及的金额，以及对与时间段相关的被套期项目进行套期的期权时间价值所涉及的金额。

④ 分别披露对与交易相关的被套期项目进行套期的远期合同的远期要素和金融工具的外汇基差所涉及的金额，以及对与时间段相关的被套期项目进行套期的远期合同的远期要素和金融工具的外汇基差所涉及的金额。

（14）企业因使用信用衍生工具管理金融工具的信用风险敞口而将金融工具（或其一定比例）指定为以公允价值计量且其变动计入当期损益的，应当披露下列信息：

① 对于用于管理根据《企业会计准则第 24 号——套期会计》第三十四条的规定被指定为以公允价值计量且其变动计入当期损益的金融工具信用风险敞口的信用衍生工具，每

一项名义金额与当期期初和期末公允价值的调节表。

② 根据《企业会计准则第24号——套期会计》第三十四条的规定将金融工具（或其一定比例）指定为以公允价值计量且其变动计入当期损益时，在损益中确认的利得或损失。

③ 当企业根据《企业会计准则第24号——套期会计》第三十五条的规定对该金融工具（或其一定比例）终止以公允价值计量且其变动计入当期损益时，作为其新账面价值的该金融工具的公允价值和相关的名义金额或本金金额，企业在后续期间无须继续披露这一信息，除非根据《企业会计准则第30号——财务报表列报》的规定需要提供比较信息。

4.6.5 公允价值披露

除企业可以不披露下列金融资产或金融负债的公允价值信息外：

（1）账面价值与公允价值差异很小的金融资产或金融负债（如短期应收账款或应付账款）。

（2）包含相机分红特征且其公允价值无法可靠计量的合同。

（3）租赁负债。

企业应当披露每一类金融资产和金融负债的公允价值，并与账面价值进行比较。对于在资产负债表中相互抵销的金融资产和金融负债，其公允价值应当以抵销后的金额披露。

金融资产或金融负债初始确认的公允价值与交易价格存在差异时，如果其公允价值并非基于相同资产或负债在活跃市场中的报价确定的，也非基于仅使用可观察市场数据的估值技术确定的，企业在初始确认金融资产或金融负债时不应确认利得或损失。在此情况下，企业应当按金融资产或金融负债的类型披露下列信息。

（1）企业在损益中确认交易价格与初始确认的公允价值之间差额时所采用的会计政策，以反映市场参与者对资产或负债进行定价时所考虑的因素（包括时间因素）的变动。

（2）该项差异期初和期末尚未在损益中确认的总额和本期变动额的调节表；在这种情况下，企业还应当披露下列信息。

① 对金融工具的描述及其账面价值，以及因公允价值无法可靠计量而未披露其公允价值的事实和说明。

② 金融工具的相关市场信息。

③ 企业是否有意图处置以及如何处置这些金融工具。

④ 之前公允价值无法可靠计量的金融工具终止确认的，应当披露终止确认的事实，终止确认时该金融工具的账面价值和所确认的利得或损失金额。

（3）企业如何认定交易价格并非公允价值的最佳证据，以及确定公允价值的证据。

【例4.6.5】金融资产公允价值的披露

背景：在20×7年1月1日，企业购买了15 000 000元不在活跃市场交易的金融资产。企业仅有一类这样的金融资产。交易价格15 000 000元为初始确认的公允价值。在初始确认后，企业将使用估值技术来确定该金融资产的公允价值。估值技术包含了除来自可观测市场的数据以外的变量。在初始确认时，使用相同估值技术得到的金额为14 000 000元，与公允价值相差1 000 000元。

在 20×7 年 1 月 1 日，企业结余的差额为 5 000 000 元。

披露要求的应用

企业在 20×8 年的披露如下

（1）会计政策。

企业使用下述估值技术来计量不在活跃市场上交易的金融工具的公允价值：

（本例不包括关于估值技术的描述）初始确认的公允价值（根据企业会计准则第 39 号和第 22 号，通常为交易价格）和在初始确认时使用估值技术所确定的金额之间存在差额。任何这样的差额是（补充企业会计政策的描述）。

（2）在财务报表附注中的披露。

企业使用（补充估值技术的名称）来计量下述不在活跃市场上交易的金融工具的公允价值。但是，根据《企业会计准则第 39 号》和《企业会计准则第 22 号》，金融工具的公允价值在初始确认时通常为交易价格。

如果交易价格不同于使用估值技术在初始确认时确定的金额，则两者的差额是（补充企业会计政策的描述）。

这一差额将在损益中确认如下（见表 4.6.8）。

表 4.6.8　交易价格不同于使用估值技术确定金额的披露　单位：百万元

项　目	20×8 年 12 月 31 日	20×7 年 12 月 31 日
年初余额	5.3	5.0
新交易		1.0
本年在损益中确认的金额	（0.7）*	（0.8）
其他增加		0.2
其他减少	（0.1）	（0.1）
年末余额	4.5	5.3

注：加括号表示金额为负。

4.7　与金融工具相关的风险披露

4.7.1　定性和定量信息

企业应当披露与各类金融工具风险相关的定性和定量信息，以便财务报表使用者评估报告期末金融工具产生的风险的性质和程度，更好地评价企业所面临的风险敞口。相关风险包括信用风险、流动性风险和市场风险等。

1. 定性信息

对金融工具产生的各类风险，企业应当披露下列定性信息：

（1）风险敞口及其形成原因，以及在本期发生的变化。

（2）风险管理目标、政策和程序以及计量风险的方法及其在本期发生的变化。

在定量披露的基础上提供定性披露有助于财务报表使用者将相关披露联系起来，从而了解金融工具所产生风险的性质和程度的全貌。定性披露和定量披露的相互补充使企业披露的信息能够更好地帮助财务报表使用者评估企业所面临的风险敞口。

企业可以按总额和以扣除风险转移或其他分散风险交易后的净额为基础进行披露。由于这些信息强调金融工具之间的关系，有助于财务报表使用者了解这些关系如何影响企业未来现金流量的性质、时间和不确定性。因此，披露这些信息是必要的。

有关企业接受、计量、管理和控制风险的政策和程序的披露包括：①企业风险管理职能的结构和组织形式；②企业的风险报告或计量系统的范围和性质；③企业对风险进行套期或降低风险的政策，包括接受担保物的政策和程序；④企业对这种套期或降低风险的方法的持续有效性进行监控的流程；⑤企业避免风险过度集中的政策和程序。

企业应当披露定性信息与前期相比的所有变化。这些变化可能是企业面临的风险敞口改变或企业管理风险敞口的方式改变的结果。由于财务报表使用者需要了解这些变化对未来现金流量的性质、时间和不确定性的影响，因此，披露这些信息十分重要。

【例4.7.1】某集团有关金融工具风险管理的定性披露

（1）风险管理。

本集团在日常活动中面临各种金融工具的风险，主要包括信用风险、流动性风险、市场风险（包括汇率风险、利率风险和商品价格风险）。本集团的主要金融工具包括货币资金、股权投资、债权投资、借款、应收账款、应付账款及可转换债券等。与这些金融工具相关的风险，以及本集团为降低这些风险所采取的风险管理政策如下所述。

董事会负责规划并建立本集团的风险管理架构，制定本集团的风险管理政策和相关指引并监督风险管理措施的执行情况。本集团已制定风险管理政策以识别和分析本集团所面临的风险，这些风险管理政策对特定风险进行了明确规定，涵盖了市场风险、信用风险和流动性风险管理等诸多方面。本集团定期评估市场环境及本集团经营活动的变化以决定是否对风险管理政策及系统进行更新。本集团的风险管理由风险管理委员会按照董事会批准的政策开展。风险管理委员会通过与本集团其他业务部门的紧密合作来识别、评价和规避相关风险。本集团内部审计部门就风险管理控制及程序进行定期的审核，并将审核结果上报本集团的审计委员会。

本集团通过适当的多样化投资及业务组合来分散金融工具风险，并通过制定相应的风险管理政策减少集中于任何单一行业、特定地区或特定交易对手方的风险。

（2）信用风险。

信用风险是指交易对手方未能履行合同义务而导致本集团产生财务损失的风险。本集团已采取政策只与信用良好的交易对手方合作并在必要时获取足够的抵押品，以此缓解因交易对手方未能履行合同义务而产生财务损失的风险。本集团只与被评定为等同于投资级别或以上的主体进行交易。评级信息由独立评级机构提供，如不能获得此类信息，本集团将利用其他可公开获得的财务信息及自身的交易记录对主要顾客进行评级。本集团持续监控所面临的风险敞口及众多交易对手方的信用评级。信用风险敞口通过对交易对手方设定额度加以控制，且每年经由风险管理委员会复核和审批。

应收账款的债务人为大量分布于不同行业和地区的客户。本集团持续对应收账款的财务状况实施信用评估，并在适当时购买信用担保保险。货币资金和衍生金融工具的信用风险是有限的，因为交易对手方是声誉良好并拥有较高信用评级的银行。

（3）流动性风险。

流动性风险是指本集团在履行以交付现金或其他金融资产结算的义务时遇到资金短缺的风险。本集团下属成员企业各自负责其现金流量预测。集团下属财务公司基于各成员企业的现金流量预测结果，在集团层面监控长短期资金需求。本集团通过在大型银行业金融机构设立的资金池计划统筹调度集团内的盈余资金，并确保各成员企业拥有充裕的现金储备以履行到期结算的付款义务。此外，本集团与主要业务往来银行订立融资额度授信协议，从而为本集团履行与商业票据相关的义务提供支持。

（4）汇率风险。

本集团以人民币编制合并财务报表并以多种外币开展业务，因此面临由于汇率波动而产生的汇率风险，该风险对本集团的交易及境外经营的业绩和净资产的折算均构成影响。若采用套期会计，本集团将记录相关套期活动并在持续基础上评估套期有效性。

对于境外经营净投资，本集团通过指定持有的外币净借款并使用外币互换及远期合同对境外经营因美元汇率波动而面临的大部分风险敞口进行套期。

对于本集团外汇交易形成的外汇风险净敞口，本集团的套期政策是寻求对预期交易的外汇风险进行80%~100%的套期（以24个月期限的远期合同为限）。

对于外币债务，本集团使用交叉货币利率互换对外币借款相关的汇率风险进行套期。

本集团预期设定的套期持续有效，因此预计套期无效性不会对利润表构成重大影响。

（5）利率风险。

本集团的利率风险敞口主要源自人民币、美元、欧元和英镑的利率波动。为了对利率风险进行管理，本集团于董事会批准限额范围内通过使用利率衍生工具管理付息负债的固定利率及浮动利率敞口的比例。这些风险管理的措施有助于减少本集团财务业绩的波动程度。为了便于业务操作及运用套期会计，本集团的政策旨在将固定利率借款占预计净借款的比例维持在40%~60%之间，并根据其存续期内的指标管理整体净借贷组合。本集团大部分现有利率衍生工具均被指定为套期工具且预计该类套期是有效的。

（6）商品价格风险。

本集团使用商品期货合同对特定商品的价格风险进行套期。所有商品期货合同均对预期在未来发生的原材料采购进行套期。资产负债表中的商品期货合同以公允价值计量。套期工具的公允价值变动中的有效套期部分计入其他综合收益且在相关被套期交易影响损益的当期计入利润表。

2. 定量信息

对金融工具产生的各类风险，企业应当按类别披露下列定量信息。

（1）期末风险敞口的汇总数据。该数据应当以向内部关键管理人员提供的相关信息为基础。企业运用多种方法管理风险的，披露的信息应当以最相关和可靠的方法为基础。

（2）按照 CAS 37（2017）第七十八条至第九十七条披露的信息。

（3）期末风险集中度信息，包括管理层确定风险集中度的说明和参考因素（包括交易对手方、地理区域、货币种类、市场类型等），以及各风险集中度相关的风险敞口金额。

上述期末定量信息不能代表企业本期风险敞口情况的，应当进一步提供相关信息。

【例 4.7.2】某公司有关金融工具风险集中度的定量披露

不同行业及地区经济发展的不均衡以及经济周期的不同使得相关行业和地区的信用

风险也不相同。某一行业或地区的授信客户因共同具备某些经济特征,故信用风险可能会相应提高。本公司主要通过客户授信环节的额度控制来统筹管理贷款和垫款的行业及地区信用风险集中度。

(1)发放贷款和垫款按行业类别分布情况如表 4.7.1 所示。

表 4.7.1　发放贷款和垫款按行业类别分布情况　　单位:百万元

行业类别	20×7 年 12 月 31 日	20×6 年 12 月 31 日
制造业	21 320	19 275
批发及零售业	15 943	16 237
房地产业	10 692	12 838
交通运输业	8 253	7 735
服务业	5 217	8 269
建筑业	4 927	3 184
金融业	4 356	5 769
公共事业	2 148	2 582
个人	5 629	8 237
合计	81 485	84 126

(2)发放贷款和垫款按地区分布情况如表 4.7.2 所示。

表 4.7.2　发放贷款和垫款按地区分布情况　　单位:百万元

行业类别	20×7 年 12 月 31 日	20×6 年 12 月 31 日
中国内地大陆	65 743	67 298
中国港澳特区和台湾地区	5 673	6 245
北美	4 239	3 853
欧洲	3 267	2 941
其他国家和地区	2 563	3 789
合计	81 485	84 126

4.7.2　信用风险披露

对于适用《企业会计准则第 22 号——金融工具确认和计量》金融工具减值规定的各类金融工具和相关合同权利,企业应当按照以下第(2)项~第(9)项的要求披露。

对于始终按照相当于整个存续期内预期信用损失的金额计量其减值损失准备的应收款项、合同资产和租赁应收款,在逾期超过 30 日后对合同现金流量作出修改的,按第(7)段①项的要求披露。

租赁应收款不适用第(8)段②项的要求。

(1)为使财务报表使用者了解信用风险对未来现金流量的金额、时间和不确定性的影响,企业应当披露与信用风险有关的下列信息:

① 企业信用风险管理实务的相关信息及其与预期信用损失的确认和计量的关系,包

括计量金融工具预期信用损失的方法、假设和信息。

② 有助于财务报表使用者评价在财务报表中确认的预期信用损失金额的定量和定性信息，包括预期信用损失金额的变动及其原因。

③ 企业的信用风险敞口，包括重大信用风险集中度。

④ 其他有助于财务报表使用者了解信用风险对未来现金流量金额、时间和不确定性的影响的信息。

（2）信用风险信息已经在其他报告（如管理层讨论与分析）中予以披露并与财务报告交叉索引，且财务报告和其他报告可以同时同条件获得的，则信用风险信息无须重复列报。企业应当根据自身实际情况，合理确定相关披露的详细程度、汇总或分解水平以及是否需对所披露的定量信息作补充说明。

（3）企业应当披露与信用风险管理实务有关的下列信息。

① 企业评估信用风险自初始确认后是否已显著增加的方法，并披露下列信息。

a. 根据《企业会计准则第 22 号——金融资产确认和计量》第五十五条的规定，在资产负债表日只具有较低的信用风险的金融工具及其确定依据（包括适用该情况的金融工具类别）。

b. 逾期超过 30 日，而信用风险自初始确认后未被认定为显著增加的金融资产及其确定依据。

② 企业对违约的界定及其原因。

③ 以组合为基础评估预期信用风险的金融工具的组合方法。

④ 确定金融资产已发生信用减值的依据。

⑤ 企业直接减记金融工具的政策，包括没有合理预期金融资产可以收回的迹象和已经直接减记但仍受执行活动影响的金融资产相关政策的信息。

⑥ 根据《企业会计准则第 22 号——金融工具确认和计量》第五十六条的规定评估合同现金流量修改后金融资产的信用风险的，企业应当披露其信用风险的评估方法以及下列信息。

a. 对于损失准备相当于整个存续期预期信用损失的金融资产，在发生合同现金流修改时，评估信用风险是否已下降，从而企业可以按照相当于该金融资产未来 12 个月内预期信用损失的金额确认计量其损失准备。

b. 对于符合本条⑥a 中所述的金融资产，企业应当披露其如何监控后续该金融资产的信用风险是否显著增加，从而按照相当于整个存续期预期信用损失的金额重新计量损失准备。

（4）企业应当披露《企业会计准则第 22 号——金融工具确认和计量》第八章有关金融工具减值所采用的输入值、假设和估值技术等相关信息。具体包括以下信息。

① 用于确定下列各事项或数据的输入值、假设和估计技术。

a. 未来 12 个月内预期信用损失和整个存续期的预期信用损失的计量。

b. 金融工具的信用风险自初始确认后是否已显著增加。

c. 金融资产是否已发生信用减值。
② 确定预期信用损失时如何考虑前瞻性信息，包括宏观经济信息的使用。
③ 报告期估计技术或重大假设的变更及其原因。

（5）企业应当以表格形式按金融工具的类别编制损失准备期初余额与期末余额的调节表，分别说明下列项目的变动情况。

① 按相当于未来12个月预期信用损失的金额计量的损失准备。

② 按相当于整个存续期预期信用损失的金额计量的下列各项的损失准备。

a. 自初始确认后信用风险已显著增加但并未发生信用减值的金融工具。

b. 对于资产负债表日已发生信用减值但并非购买或源生的已发生信用减值的金融资产。

c. 根据《企业会计准则第22号——金融工具确认和计量》第六十三条的规定计量减值损失准备的应收账款、合同资产和租赁应收款。

③ 购买或源生的已发生信用减值的金融资产的变动。除调节表外，企业还应当披露本期初始确认的该类金融资产在初始确认时未折现的预期信用损失总额。

（6）为有助于财务报表使用者了解企业按照 CAS 37（2017）第八十三条规定披露的损失准备变动信息，企业应当对本期发生损失准备变动的金融工具账面余额显著变动情况作出说明，这些说明信息应当包括定性和定量信息，并应当对按照 CAS 37（2017）第八十三条规定披露损失准备的各项目单独披露，具体可包括下列情况下发生损失准备变动的金融工具账面余额显著变动信息。

① 本期因购买或源生的金融工具所导致的变动。

② 未导致终止确认的金融资产的合同现金流量修改所导致的变动。

③ 本期终止确认的金融工具（包括直接减记的金融工具）所导致的变动。

对于当期已直接减记但仍受执行活动影响的金融资产，还应当披露尚未结算的合同金额。

④ 因按照相当于未来12个月预期信用损失或整个存续期内预期信用损失金额计量损失准备而导致的金融工具账面余额变动信息。

例如，对企业根据上述第（5）段至第（6）段的要求提供关于损失准备变动及引起该变动的金融资产本期账面总额重大变动的信息可以按表4.7.3进行披露。

表 4.7.3 损失准备变动及引起该变动的金融资产本期账面总额变动的信息披露　单位：元

抵押贷款——损失准备	12个月预期信用损失	整个存续期预期信用损失（组合评估）	整个存续期预期信用损失（单项评估）	已发生信用减值的金融资产（整个存续期信用损失）
截至1月1日的损失准备	×	×	×	×
源于1月1日已确认金融工具的变动：				
转为整个存续期间预期信用损失	（×）	×	×	—
转为已发生信用减值的金融资产	（×）	—	（×）	×

续表

转为12个月预期信用损失	×	(×)	(×)	—
本期终止确认的金融资产	(×)	(×)	(×)	(×)
源生或购入的新金融资产	×	—	—	—
核销	—	—	(×)	(×)
模型/风险参数变动	×	×	×	×
外汇及其他变动	×	×	×	×
截至12月31日的损失准备	×	×	×	×

引起损失准备变动的抵押贷款账面总额重大变动包括：

购入 ABC 贷款组合导致住宅抵押账面金额增加×%，并相应导致 12 个月预期信用损失的增加。

本地市场崩盘后，核销 DEF 资产组合××，导致有客观证据表明减值的金融资产的损失准备减少×。

某地区的预期失业率上升导致按整个存续期预期信用损失计提损失准备的金融资产净增加，导致整个存续期预期信用损失准备净增加×。

关于抵押贷款账面总额的重大变动可按表4.7.4进一步解释如下。

表 4.7.4　抵押贷款账面总额重大变动披露　　　　　　　　　　　单位：元

抵押贷款——账面总额	12个月预期信用损失	整个存续期间预期信用损失（组合评估）	整个存续期间预期信用损失（单项评估）	已发生信用减值的金融资产（整个存续期间预期信用损失）
截至1月1日的损失准备	×	×	×	×
转为按照整个存续期预期信用损失计量的单项金融资产	(×)	—	×	—
转入已发生信用减值金融资产的单项金融资产	(×)	—	(×)	×
从已发生信用减值金融资产中转出的单项金融资产	×	—	×	(×)
组合评估的金融资产	(×)	×	—	—
源生或购入的新金融资产	×	—	—	—
核销	—	—	(×)	(×)
终止确认的金融资产	(×)	(×)	(×)	(×)
源于未导致终止确认的修订的变动	(×)	—	(×)	(×)
其他变动	×	×	×	×
截至12月31日的账面总额	×	×	×	×

（7）为有助于财务报表使用者了解未导致终止确认的金融资产合同现金流量修改的性质和影响，及其对预期信用损失计量的影响，企业应当披露下列信息：

① 企业在本期修改了金融资产合同现金流量，且修改前损失准备是按相当于整个存续期预期信用损失金额计量的，应当披露修改或重新议定合同前的摊余成本及修改合同现金流量的净利得或净损失。

② 对于之前按照相当于整个存续期内预期信用损失的金额计量了损失准备的金融资产，而当期按照相当于未来12个月内预期信用损失的金额计量该金融资产的损失准备的，应当披露该金融资产在资产负债表日的账面余额。

（8）为有助于财务报表使用者了解担保物或其他信用增级对源自预期信用损失的金额的影响，企业应当按照金融工具的类别披露下列信息。

① 在不考虑可利用的担保物或其他信用增级的情况下，企业在资产负债表日的最大信用风险敞口。

② 作为抵押持有的担保物和其他信用增级的描述。包括以下内容。

a. 所持有担保物的性质和质量的描述。

b. 本期由于信用恶化或企业担保政策变更，导致担保物或信用增级的质量发生显著变化的说明。

c. 由于存在担保物而未确认损失准备的金融工具的信息。

③ 企业在资产负债表日持有的担保物和其他信用增级为已发生信用减值的金融资产作抵押的定量信息（如对担保物和其他信用增级降低信用风险程度的量化信息）。

【例4.7.3】某集团有关可利用担保物或其他信用增级信息的披露

本集团通过一系列信用增级措施降低信用风险。本集团通常要求借款人交付保证金、提供抵质押物或担保以将信用风险敞口降至可接受水平。本集团在发现相关的贷款存在减值迹象时，一般会要求借款人提供额外担保。本集团制定了授信业务担保物管理办法，由风险管理委员会确定合格担保物的种类、范围以及贷款成数。本集团根据借款人的信用风险评估决定所需的担保物金额及类型。

房地产和可流通转让的金融资产（股票或债券）是本集团主要的担保物类型。本集团专门制定估价模型对最主要的几类担保物进行估值，计算方法为市场价值扣除折价因素。折价代表本集团需要处置担保物时相关费用的保守估计。处置费用包括资产待售期间的维护费用、外部咨询服务费、拍卖费用、交易税费及任何价值损失。房地产的折价取决于不动产的类型、状况、位置及其他条件，通常在房产市场价值的××%到××%之间。上市证券的折价采用基于如价格波动性和可销售性等变量的内部模型计算。对于不存在估值模型的担保物，本集团将定期委托具备相应资质的外部评估机构单独评估并计算其价值。

20×7年12月31日，相关信息披露如表4.7.5所示。

表4.7.5 可利用担保物或其他信用增级信息的披露　　单位：百万元

项　目	个人客户	机构客户	总额
抵押贷款信用风险敞口	3 028	8 005	11 033
担保物价值	2 959	7 854	10 813
房地产	1 624	3 867	5 491
银行存单	326	965	1 291
股票及债券	180	371	551
交通工具	820	105	925
机器设备	9	2 546	2 555

注：表中所汇总的各项担保物价值金额，以其所担保的每一金融资产的信用风险敞口为限。

（9）为有助于财务报表使用者评估企业的信用风险敞口并了解其重大信用风险集中度，企业应当按照信用风险等级披露相关金融资产的账面余额以及贷款承诺和财务担保合同的信用风险敞口。这些信息应当按照下列各类金融工具分别披露。

① 按相当于未来 12 个月预期信用损失的金额计量损失准备的金融工具。

② 按相当于整个存续期预期信用损失的金额计量损失准备的下列金融工具。

a. 自初始确认后信用风险已显著增加的金融工具（但并非已发生信用减值的金融资产）。

b. 在资产负债表日已发生信用减值但并非所购买或源生的已发生信用减值的金融资产。

c. 根据《企业会计准则第 22 号——金融工具确认和计量》第六十三条规定计量减值损失准备的应收账款、合同资产或者租赁应收款。

③ 购买或源生的已发生信用减值的金融资产。

信用风险等级是指基于金融工具发生违约的风险对信用风险划分的等级。

关于上述企业信用风险敞口和重大信用风险集中度信息的若干方式可以按表 4.7.6~4.7.8 进行披露。

表 4.7.6　企业信用风险敞口披露——按内部评级列示　　　单位：元

按照内部评级列示消费贷款信用风险尚知				
20××年	消费者——信用卡		消费者——汽车	
	账面总额		账面总额	
	整个存续期	12 个月	整个存续期	12 个月
内部评级 1~2	×	×	×	×
内部评级 2~3	×	×	×	×
内部评级 3~4	×	×	×	×
内部评级 4~5	×	×	×	×
合计	×	×	×	×

表 4.7.7　企业信用风险敞口披露——按外部评级列示　　　单位：元

按照外部评级列示公司贷款信用风险概况				
20××年	公司——设备		公司——建造	
	账面总额		账面总额	
	整个存续期	12 个月	整个存续期	12 个月
AAA~AA	×	×	×	×
A	×	×	×	×
BBB~BB	×	×	×	×
B	×	×	×	×
CCC~CC	×	×	×	×
C	×	×	×	×
D	×	×	×	×
合计	×	×	×	×

表 4.7.8　企业信用风险敞口披露——按违约概率列示　　　　　单位：万元

20××年	按照违约概率列示公司贷款概况			
	公司——未担保		公司——担保	
	账面总额		账面总额	
	整个存续期	12个月	整个存续期	12个月
0.00~0.10	×	×	×	×
0.11~0.40	×	×	×	×
0.41~1.00	×	×	×	×
1.01~3.00	×	×	×	×
3.01~6.00	×	×	×	×
6.01~11.00	×	×	×	×
11.01~17.00	×	×	×	×
17.01~25.00	×	×	×	×
25.01~50.00	×	×	×	×
>0.01	×	×	×	×
合计	×	×	×	×

企业 A 制造汽车并为经销商和最终客户提供融资。企业将经销商融资及客户融资作为单独类别的金融工具披露，并对贸易类应收账款运用简化方法，因此，损失准备一直按照等同于整个存续期预期信用损失的金额计量。表 4.7.9 说明了按照简化方法使用准备矩阵作为风险概况披露的示例。

表 4.7.9　使用准备矩阵披露减值风险　　　　　单位：万元

20××年	贸易类应收账款逾期天数				
	现行利率	30天以上	60天以上	90天以上	合计
经销商融资预期信用损失比率/%	0.1	2	5	13	
经销商融资预期违约的账面总额合计	20 777	1 416	673	235	23 101
整个存续期预期信用损失——经销商融资	21	28	34	31	114
客户融资预期信用损失比率/%	0.2	3	8	15	
客户融资预期违约的账面总额合计	19 222	2 010	301	154	21 687
整个存续期预期信用损失——客户融资	38	60	24	23	145

（10）对于属于 CAS 37（2017）范围，但不适用《企业会计准则第 22 号——金融工具确认和计量》金融工具减值规定的各类金融工具，企业应当披露与每类金融工具信用风险有关的下列信息。

① 在不考虑可利用的担保物或其他信用增级的情况下，企业在资产负债表日的最大信用风险敞口。金融工具的账面价值能代表最大信用风险敞口的，不再要求披露此项信息。

② 无论是否适用本条①中的披露要求，企业都应当披露可利用担保物或其他信用增级的信息及其对最大信用风险敞口的财务影响。

（11）企业本期通过取得担保物或其他信用增级所确认的金融资产或非金融资产，应当披露下列信息：

① 所确认资产的性质和账面价值。

② 对于不易变现的资产，应当披露处置或拟将其用于日常经营的政策等。

4.7.3　流动性风险披露

（1）企业应当披露金融负债按剩余到期期限进行的到期期限分析，以及管理这些金融负债流动性风险的方法。

① 对于非衍生金融负债（包括财务担保合同），到期期限分析应当基于合同剩余到期期限。对于包含嵌入衍生工具的混合金融工具，应当将其整体视为非衍生金融负债进行披露。

② 对于衍生金融负债，如果合同到期期限是理解现金流量时间分布的关键因素，到期期限分析应当基于合同剩余到期期限。

当企业将所持有的金融资产作为流动性风险管理的一部分，且披露金融资产的到期期限分析使财务报表使用者能够恰当地评估企业流动性风险的性质和范围时，企业应当披露金融资产的到期期限分析。

流动性风险是指企业在履行以交付现金或其他金融资产的方式结算的义务时发生资金短缺的风险。

（2）企业在披露到期期限分析时，应当运用职业判断确定适当的时间段。列入各时间段内按照 CAS 37（2017）第九十条的规定披露的金额，应当是未经折现的合同现金流量。企业可以但不限于按下列时间段进行到期期限分析：

① 一个月以内（含一个月，下同）。

② 一个月至三个月以内。

③ 三个月至一年以内。

④ 一年至五年以内。

⑤ 五年以上。

（3）债权人可以选择收回债权时间的，债务人应当将相应的金融负债列入债权人可以要求收回债权的最早时间段内。

债务人应付债务金额不固定的，应当根据资产负债表日的情况确定到期期限分析所披露的金额。如分期付款的，债务人应当把每期将支付的款项列入相应的最早时间段内。

财务担保合同形成的金融负债，担保人应当将最大担保金额列入相关方可以要求支付的最早时间段内。

（4）企业应当披露流动性风险敞口汇总定量信息的确定方法。此类汇总定量信息中的现金（或另一项金融资产）流出符合下列条件之一的，应当说明相关事实，并提供有助于评价该风险程度的额外定量信息。

① 该现金的流出可能显著早于汇总定量信息中所列示的时间。

② 该现金的流出可能与汇总定量信息中所列示的金额存在重大差异。

如果以上信息已包括在 CAS 37（2017）第九十条规定的到期期限分析中，则无须披露上述额外定量信息。

4.7.4 市场风险披露

（1）金融工具的市场风险是指金融工具的公允价值或未来现金流量因市场价格变动而发生波动的风险，包括汇率风险、利率风险和其他价格风险。

汇率风险是指金融工具的公允价值或未来现金流量因外汇汇率变动而发生波动的风险。汇率风险可源于以记账本位币之外的外币进行计价的金融工具。

利率风险是指金融工具的公允价值或未来现金流量因市场利率变动而发生波动的风险。利率风险可源于已确认的计息金融工具和未确认的金融工具（如某些贷款承诺）。

其他价格风险是指金融工具的公允价值或未来现金流量因汇率风险和利率风险以外的市场价格变动而发生波动的风险，无论这些变动是由于与单项金融工具或其发行方有关的因素引起的，还是由于与市场内交易的所有类似金融工具有关的因素引起的。其他价格风险可源于商品价格或权益工具价格等的变化。

（2）在对市场风险进行敏感性分析时，应当以整个企业为基础，披露下列信息。

① 资产负债表日所面临的各类市场风险的敏感性分析。该项披露应当反映资产负债表日相关风险变量发生合理、可能的变动时，将对企业损益和所有者权益产生的影响。

对具有重大汇率风险敞口的每一种货币，应当分币种进行敏感性分析。

【例4.7.4】利率风险和汇率风险的披露

1. 利率风险

20×7 年 12 月 31 日，在其他风险变量保持不变的情况下，如果当日利率下降 10 个基点，当年的税后利润就会增加 1 700 000 元（20×6 年为 2 400 000 元），这一增加主要来自可变利率借款利息费用的降低。在其他风险变量保持不变的情况下，如果当日利率上升 10 个基点，税后利润就会减少 1 500 000 元（20×6 年为 2 100 000 元），这一减少主要来自可变利率借款利息费用的增加。由于借款有利率上浮限制，因此利润对利率下降较利率上升更加敏感。由于企业部分债务在 20×7 年到期使得借款余额减少，因此，20×7 年的敏感性要比 20×6 年的敏感性低。

2. 汇率风险

20×7 年 12 月 31 日，在其他风险变量保持不变的情况下，如果货币单位相对于美元贬值 10%，那么当年的税后利润将减少 2 800 000 元（20×6 年为 6 400 000 元），而其他综合收益将会增加 1 200 000 元（20×6 年为 1 100 000 元）。相反，在其他风险变量保持不变的情况下，如果货币单位相对于美元升值 10%，那么当年的税后利润将增加 2 800 000 元（20×6 年为 6 400 000 元），而其他综合收益将会减少 1 200 000 元（20×6 年为 1 100 000 元）。与 20×6 年相比，由于外币债务的减少，20×7 年利润对汇率的敏感性降低。此外，由于增加对外币购买交易进行套期,并且外币债务的减少抵减了其影响,因此,与 20×6 年相比,20×7 年的权益对汇率变动更敏感。

② 本期敏感性分析所使用的方法和假设,以及本期发生的变化和原因。

(3)企业采用风险价值法或类似方法进行敏感性分析能够反映金融风险变量之间(如利率和汇率之间等)的关联性,且企业已采用该种方法管理金融风险的,可不按照本准则第九十五条的规定进行披露,但应当披露下列信息:

① 用于该种敏感性分析的方法、选用的主要参数和假设。

② 所用方法的目的,以及该方法提供的信息在反映相关资产和负债公允价值方面的局限性。

(4)按照 CAS 37(2017)第九十五条或第九十六条对敏感性分析的披露不能反映金融工具市场风险的(如期末的风险敞口不能反映当期的风险状况),企业应当披露这一事实及其原因。

【例 4.7.5】市场风险中敏感性分析披露

甲公司为一家投资公司,财务业绩面临权益投资价格变动的风险。在资产负债表日,甲公司预期价格风险变量的合理可能变动为上涨或下跌 8%。假定所得税税率为 25%。截至 20×7 年 12 月 31 日,甲公司税后利润为人民币 275 000 万元,所有者权益为人民币 100 000 万元。在资产负债表日,甲公司拥有以下金融工具。

(1)分类为以公允价值计量且其变动计入当期损益的金融资产的上市公司股票,账面价值为人民币 50 000 万元。

(2)指定为以公允价值计量且其变动计入其他综合收益的金融资产的上市公司股票,账面价值为人民币 20 000 万元。

甲公司对于市场风险敏感性分析的计算如下。

如果权益投资价格上涨或下跌 8%:

第(1)项,分类为以公允价值计量且其变动计入当期损益的金融资产的上市公司股票将引起损益变动的金额为增加或减少 4 000 万元(50 000×8%)。

第(2)项,指定为其他权益工具投资的上市公司股票将引起其他综合收益变动的金额为增加或减少 1 600 万元(20 000×8%)。

上市公司股票价格变动引起的损益变动的税后总额为增加或减少 3 000 万元[4 000×(1−25%)]。

上市公司股票价格变动引起的其他综合收益变动的税后总额为增加或减少 1 200 万元[1 600×(1−25%)]。

甲公司据此所作的相关披露如下(本例中未包含比较财务信息):

本公司采用敏感性分析方法评估所持有的金融工具在所有相关市场风险变量的假定变化下的公允价值和现金流量的变动。敏感性分析所得出的结果是假设在特定市场状况下对市场风险的前瞻性预测。鉴于金融市场所固有的不确定性,未来实际结果可能与这些推测的结果存在差异。本公司所采用的方法和假设与以往报告期间相同。

20×7 年 12 月 31 日按税后基础列示的相关风险变量变动引起的损益和所有者权益的变

动如表 4.7.10 所示。上市公司股票价格变动引起的公允价值的预计变动基于资产负债表日权益价格立即上涨或下跌 8%。而所有其他变量保持不变。

表 4.7.10　市场风险敞口变动引起的损益和所有者权益变动　　单位：万元

市场风险敞口	损益变动	其他综合收益变动	所有者权益合计变动
上市公司股票价格上涨	3 000	1 200	4 200
上市公司股票价格下跌	-3 000	-1 200	-4 200

上例敏感性分析仅供理解本准则使用。在实务中，企业可能面临多种风险变量，而各类风险变量是相互关联和相互作用的，极少发生孤立变动。

4.8　金融资产转移的披露

（1）企业应当就资产负债表日存在的所有未终止确认的已转移金融资产，以及对已转移金融资产的继续涉入，按 CAS 37（2017）要求单独披露。

本章所述的金融资产转移，包括下列两种情形。

① 企业将收取金融资产现金流量的合同权利转移给另一方。

② 企业保留了收取金融资产现金流量的合同权利，但承担了将收取的现金流量支付给一个或多个最终收款方的合同义务。

（2）企业对于金融资产转移所披露的信息，应当有助于财务报表使用者了解未整体终止确认的已转移金融资产与相关负债之间的关系，评价企业继续涉入已终止确认金融资产的性质和相关风险。

对于已转移但未整体终止确认的金融资产和已整体终止确认但转出方继续涉入已转移金融资产所披露信息不能满足上述要求的，应当披露其他补充信息。

（3）本章所述的继续涉入，是指企业保留了已转移金融资产中内在的合同权利或义务，或者取得了与已转移金融资产相关的新合同权利或义务。转出方与转入方签订的转让协议或与第三方单独签订的与转让相关的协议，都有可能形成对已转移金融资产的继续涉入。如果企业对已转移金融资产的未来业绩不享有任何利益，也不承担与已转移金融资产相关的任何未来支付义务，则不形成继续涉入。下列情形不形成继续涉入。

① 与转移的真实性以及合理、诚信和公平交易等原则有关的常规声明和保证，这些声明和保证可能因法律行为导致转移无效。

② 以公允价值回购已转移金融资产的远期、期权和其他合同。

③ 使企业保留了收取金融资产现金流量的合同权利但承担了将收取的现金流量支付给一个或多个最终收款方的合同义务的安排，且这类安排满足《企业会计准则第 23 号——金融资产转移》第六条（二）中的 3 个条件。

（4）对于已转移但未整体终止确认的金融资产，企业应当按照类别披露下列信息。

① 已转移金融资产的性质。

② 仍保留的与所有权有关的风险和报酬的性质。

③ 已转移金融资产与相关负债之间关系的性质，包括因转移引起的对企业使用已转移金融资产的限制。

④ 在转移金融资产形成的相关负债的交易对手方仅对已转移金融资产有追索权的情况下，应当以表格形式披露所转移金融资产和相关负债的公允价值以及净头寸，即已转移金融资产和相关负债公允价值之间的差额。

⑤ 继续确认已转移金融资产整体的，披露已转移金融资产和相关负债的账面价值。

说明上述④和⑤条的应用（见表4.8.1）。

表4.8.1 已转移金融资产和相关负债账面价值的披露　　　　单位：元

项 目	公允价值变动计入损益的金融资产		以摊余成本计量的金融资产		公允价值变动计入其他综合收益的金融资产
	交易性证券	衍生品	抵押贷款	消费贷款	股权投资
资产账面价值	×	×	×	×	×
相关负债账面价值	(×)	(×)	(×)	(×)	(×)
只对被转让资产有追索权的负债：					
资产公允价值	×	×	×	×	×
相关负债账面价值	(×)	(×)	(×)	(×)	(×)
净头寸	×	×	×	×	×

⑥ 按继续涉入程度确认所转移金融资产的，披露转移前该金融资产整体的账面价值、按继续涉入程度确认的资产和相关负债的账面价值。

（5）对于已整体终止确认但转出方继续涉入已转移金融资产的，企业应当至少按照类别披露下列信息。

① 因继续涉入确认的资产和负债的账面价值和公允价值，以及在资产负债表中对应的项目。

② 因继续涉入导致企业发生损失的最大风险敞口及确定方法。

③ 应当或可能回购已终止确认的金融资产需要支付的未折现现金流量（如期权协议中的行权价格）或其他应向转入方支付的款项，以及对这些现金流量或款项的到期期限分析。如果到期期限可能为一个区间，应当以企业必须或可能支付的最早日期为依据归入相应的时间段。到期期限分析应当分别反映企业应当支付的现金流量（如远期合同）、企业可能支付的现金流量（如签出看跌期权）以及企业可选择支付的现金流量（如购入看涨期权）。在现金流量不固定的情形下，上述金额应当基于每个资产负债表日的情况披露。

说明上述①和③条的应用（见表4.8.2）。

表 4.8.2　已转移但继续涉入的金融资产账面价值和公允价值披露　　单位：元

项　目	以公允价值计量且其变动计入当期损益的金融资产		以摊余成本计量的金融资产		以公允价值计量且其变动计入其他综合收益的金融资产
	交易性金融资产	衍生品	抵押贷款	消费贷款	权益投资
已转移金融资产的账面价值	×	×	×	×	×
相关负债的账面价值	（×）	（×）	（×）	（×）	（×）
只对被转让资产有追索权的负债：					
已转移金融资产的公允价值	×	×	×	×	×
相关负债的账面价值	（×）	（×）	（×）	（×）	（×）
净头寸	×	×	×	×	×

说明上述①和②条的应用（见表 4.8.3）。

表 4.8.3　继续涉入金融资产分种类披露账面价值和公允价值　　单位：元

项　目	回购已转移（已终止确认）资产需要支付的现金流量	因继续涉入确认的资产和负债的账面价值			因继续涉入确认的资产和负债的公允价值		损失的最大风险敞口
继续涉入的种类		以公允价值计量且其变动计入当期损益的金融资产	以公允价值计量且其变动计入其他综合收益的金融资产	以公允价值计量且其变动计入当期损益的金融负债	资产	负债	
签出看跌期权	（×）			（×）		（×）	×
买入看涨期权	（×）	×			×		×
融券业务	（×）			（×）		（×）	×
总计		×		（×）	×	（×）	×

说明上述第（3）段的应用（见表 4.8.4）。

表 4.8.4　按继续涉入的到期期限披露回购已转移金融资产需要
支付的未折现现金流量　　单位：元

	回购已转移金融资产需要支付的未折现现金流量						
	继续涉入的到期期限						
继续涉入的种类	总计	小于1月	1~3月	3~6月	6月~1年	1~3年	3~5年	大于5年
卖出看跌期权	×		×	×	×	×		
买入看涨期权	×			×	×	×		×
融券业务	×	×	×					

④　对本段①至③条定量信息的解释性说明，包括对已转移金融资产、继续涉入的性

质和目的，以及企业所面临风险的描述等。其中，对企业所面临风险的描述包括下列各项：

　　a. 企业对继续涉入已终止确认金融资产的风险进行管理的方法。

　　b. 企业是否应先于其他方承担有关损失，以及先于本企业承担损失的其他方应承担损失的顺序及金额。

　　c. 企业向已转移金融资产提供财务支持或回购该金融资产的义务的触发条件。

　　⑤ 金融资产转移日确认的利得或损失，以及因继续涉入已终止确认金融资产当期和累计确认的收益或费用（如衍生工具的公允价值变动）。

　　⑥ 终止确认产生的收款总额在本期分布不均衡的（如大部分转移金额在临近报告期末发生），企业应当披露本期最大转移活动发生的时间段、该段期间所确认的金额（如相关利得或损失）和收款总额。

　　企业在披露本条所规定的信息时，应当按照其继续涉入面临的风险敞口类型分类汇总披露。例如，可按金融工具类别（如附担保或看涨期权继续涉入方式）或转让类型（如应收账款保理、证券化和融券）分类汇总披露。企业对某项终止确认的金融资产存在多种继续涉入方式的，可按其中一类汇总披露。

　　（6）企业按照 CAS 37（2017）第一百条的规定确定是否继续涉入已转移金融资产时，应当以自身财务报告为基础进行考虑。

4.9　新旧比较与衔接规定

4.9.1　新旧比较

　　《企业会计准则第 37 号——金融工具列报》（2017）是在对《企业会计准则第 37 号——金融工具列报》（2014）进行修订的基础上完成的，新准则与原准则相比，主要变化如下：

　　1. 修改了对不同类别的金融资产和金融负债的列报和披露

　　《企业会计准则第 37 号——金融工具确认和计量》（2017）将金融资产分为以摊余成本计量的金融资产、以公允价值计量且其变动计入其他综合收益的金融资产和以公允价值计量且其变动计入当期损益的金融资产三类，将金融负债分为以公允价值计量且其变动计入当期损益的金融负债和其他。相应地，CAS 37（2017）改变了分类信息的披露。

　　2. 修改了对金融资产减值信息的披露

　　原准则中，对金融资产采用"已发生损失法"。新准则中，采用"预期信用损失法"，考虑包括前瞻性信息在内的各种可获得信息。对于购入或源生的未发生信用减值的金融资产，企业应当判断金融工具的违约风险自初始确认以来是否显著增加，如果已显著增加，企业应采用概率加权方法，计算确定该金融工具在整个存续期的预期信用损失，以此确认和计提减值损失准备。如果未显著增加，企业应当按照相当于该金融工具未来 12 个月内预期信用损失的金额确认和计提损失准备。

3. 修改了对套期会计信息的披露

由于套期会计准则拓宽了套期工具和被套期项目的范围，增加了允许将以公允价值计量且其变动计入当期损益的非衍生金融工具指定为套期工具，拓宽了可以被指定的被套期项目的范围；改进了套期有效性评估，更加注重预期有效性评估；引入了套期关系"再平衡"机制；允许对指定为以公允价值计量且其变动计入其他综合收益的权益投资运用套期会计；增加了期权时间价值的会计处理方法；增加了信用风险敞口的公允价值选择权。相应对套期会计信息的披露也进行了修订。

4.9.2 衔接规定

自 CAS 37(2017)施行日起，企业应当按照 CAS 37（2017）的要求列报金融工具相关信息。企业比较财务报表列报的信息与 CAS 37（2017）要求不一致的，不需要按照 CAS 37（2017）的要求进行调整。

参 考 文 献

[1] 财政部. 企业会计准则第 22 号——金融工具确认和计量[S]. 2017.
[2] 财政部. 企业会计准则第 23 号——金融资产转移[S]. 2017.
[3] 财政部. 企业会计准则第 24 号——套期会计[S]. 2017.
[4] 财政部. 企业会计准则第 37 号——金融工具列报[S]. 2017.
[5] 财政部会计司. 企业会计准则第 37 号——金融工具列报[S]. 北京: 中国财政经济出版社, 2015.
[6] 财政部会计司编写组. 企业会计讲解 2010[M]. 北京: 人民出版社, 2010.
[7] 普华永道编, 普华永道国际财务报告准则实务指引——金融工具系列(第一册)[M]. 陈燕华, 译. 北京: 中国财政经济出版社, 2011.
[8] 普华永道编, 普华永道国际财务报告准则实务指引——金融工具系列(第二册)[M]. 陈燕华, 译. 北京: 中国财政经济出版社, 2012.
[9] 普华永道编, 普华永道国际财务报告准则实务指引——金融工具系列(第三册)[M]. 陈燕华, 译. 北京: 中国财政经济出版社, 2014.
[10] 陈燕华, 王伟, 陈婷, 等. 实施 IFRS 9 减值模型对银行业影响的研究与应对策略[J]. 金融会计, 2016(9): 11-19.
[11] 国际会计准则理事会. 国际财务报告准则 2015[M]. 中国会计准则委员会组织, 译. 北京: 中国财政经济出版社, 2015.
[12] Colquitt, J. 信用风险管理[M]. 杨农, 等译. 3 版. 北京: 清华大学出版社, 2014.
[13] Hull, J. 期货与期权市场导论[M]. 周春生, 等译. 5 版. 北京: 北京大学出版社, 2006.

《企业会计准则
第 22 号——金融工具
确认和计量》（2017）

《企业会计准则
第 23 号——金融
资产转移》（2017）

《企业会计准则
第 24 号——套期会计》
（2017）

《企业会计准则
第 37 号——金融
工具列报》（2017）

教学支持说明

▶▶ 课件申请

尊敬的老师:

您好!感谢您选用清华大学出版社的教材!为更好地服务教学,我们为采用本书作为教材的老师提供教学辅助资源。鉴于部分资源仅提供给授课教师使用,请您直接手机扫描下方二维码实时申请教学资源。

任课教师扫描二维码
可获取教学辅助资源

▶▶ 样书申请

为方便教师选用教材,我们为您提供免费赠送样书服务。授课教师扫描下方二维码即可获取清华大学出版社教材电子书目。在线填写个人信息,经审核认证后即可获取所选教材。我们会第一时间为您寄送样书。

任课教师扫描二维码
可获取教材电子书目

清华大学出版社

E-mail: tupfuwu@163.com	网址: http://www.tup.com.cn/
电话: 8610-62770175-4506/4340	传真: 8610-62775511
地址: 北京市海淀区双清路学研大厦B座509室	邮编: 100084